U0106479

粵港澳大灣區
生態環境保護
協同治理研究

Collaborative Governance of Environment
and Ecology in the Greater Bay Area

主編
苗波

責任編輯	葉昊洋
書籍設計	a_kun
排　版	楊　錄

書　　名	粵港澳大灣區生態環境保護協同治理研究
主　　編	苗　波
出　　版	三聯書店（香港）有限公司
	香港北角英皇道 499 號北角工業大廈 20 樓
	Joint Publishing (H.K.) Co., Ltd.
	20/F., North Point Industrial Building,
	499 King's Road, North Point, Hong Kong
香港發行	香港聯合書刊物流有限公司
	香港新界荃灣德士古道 220-248 號 16 樓
印　　刷	美雅印刷製本有限公司
	香港九龍觀塘榮業街 6 號 4 樓 A 室
版　　次	2023 年 5 月香港第一版第一次印刷
規　　格	16 開（170mm × 240mm）336 面
國際書號	ISBN 978-962-04-5160-7

目錄

前言　研究的緣起

　　協同治理（Collaborative Governance）一語源於當代公共管理領域，意在為跨區域的公共治理難題提供破解之道。環境、生態困境的跨時空特徵更加凸顯了這一治理途徑對決策者的重要性。粵港澳大灣區作為中國經濟支點之一，在為中國發展提供重要自信之際，如何有效應對日益嚴峻的環境、生態挑戰亦是管理者不可忽視的重要議題。

　　2019 年 2 月 18 日中共中央、國務院印發了《粵港澳大灣區發展規劃綱要》（以下簡稱"綱要"）。這份綱領性文件對粵港澳大灣區的戰略定位、發展目標、空間佈局等方面作了全面規劃。綱要重點提到：大力推進生態文明建設，樹立綠色發展理念，堅持節約資源和保護環境的基本國策，實行最嚴格的生態環境保護制度，堅持最嚴格的耕地保護制度和最嚴格的節約用地制度，推動形成綠色低碳的生產生活方式和城市建設運營模式，為居民提供良好生態環境，促進大灣區可持續發展。當前，"加強粵港澳生態環境保護合作，共同改善生態環境系統"已經上升到了國家戰略的層面。

　　2018 年，習近平總書記在廣東考察時提出："要深入抓好生態文明建設，統籌山水林田湖草系統治理，深化同香港、澳門生態環保合作，加強同鄰近省份開展污染聯防聯治協作，補上生態欠帳。"而實現生態環境協同治理正是探索區域生態文明建設合作新路子，深化大灣區生態環境協同合作、發展的可行之路。為實現綱要中制定的生態保護目標，項目以實現粵港澳大灣區各級政府的協同治理為核心，致力於為粵港澳大灣區生態環境保護提供對策研究。然而，現實情況是，一國兩制之下，珠三角九城市、香港、澳門分屬不同法律體系，追求生態協同治理必須克服不同法律制度帶來的立法、行政及司法障礙。此外，大灣區內各地區間經濟發展程度的顯著差異也對如何實現有效的生態協同治理提出了嚴峻的挑戰。

目前，粵港澳大灣區已經建立了以《深化粵港澳合作推進大灣區建設框架協議》《粵港合作框架協議》《粵澳合作框架協議》為基礎、以聯席會議為核心的合作機制，通過粵港、粵澳環保合作小組及其下設的專責（項）小組，落實執行相關環境合作規劃、協議和行動方案。此外，粵港澳也開展了一些具體的環境合作項目，如"粵港澳珠江三角洲區域空氣監測網絡""清潔生產夥伴計劃項目""粵港碳標籤合作"等。但是現有的區域合作機制存在明顯不足：一是粵港澳大灣區環境合作以雙邊合作為主，缺乏統一、權威高效、溝通順暢的三方合作機制；二是環境合作碎片化，以單目標為主，一事一議，缺乏總體統籌規劃，合作層次較低；三是合作機制以政府為主，民間合作機制較少。

在此背景下，加之城市間經濟、社會文明發展程度的顯著差異，實現粵港澳大灣區生態環境協同治理需克服不同法律制度帶來的立法、行政以及司法障礙。同時，生態環境協同治理涵蓋面廣，當前理論研究存在研究角度單一、研究深度不足、與實踐無法銜接等問題，尚未就實現粵港澳大灣區生態環境協同治理提供切實可行的一體化解決法案。為解決上述問題，本書從污染防治、生態保護、能源利用、氣候變化應對等多方面出發，總結粵港澳大灣區生態環境治理現狀，分析當前實現大灣區生態環境協同治理存在的困境，在結合域外經驗和實地調研的基礎上，為大灣區生態環境協同治理提供對策研究。通過多學科結合、多領域涵蓋以及多方法運用，針對實務中存在的生態環境協同治理難點、痛點進行深入細緻分析，進而為實現粵港澳大灣區生態環境協同治理提供全方位、多角度的對策建議，力圖為加強粵港澳大灣區生態環境保護合作，改善生態環境系統，進而促進粵港澳大灣區經濟、社會的高質量、可持續發展提供支撐。

第一章

大灣區協同治理機制研究

第一節 探索生態環境多元共治體系

一、治理現狀

（一）粵港生態環境治理合作現狀

粵港兩地的生態環境治理合作自上世紀 80 年代初開始，迄今已有約 40 年的歷史。起初，粵港兩地的生態環境治理合作以信息交換、技術交流為主要手段。現在，粵港已經逐步建立區域生態環境治理合作機制，這意味著兩地的生態環境治理合作領域不斷拓展，層次不斷提升。粵港的生態環境治理合作目前已經形成了包括決策層、協調層和執行層"三級運作"的模式。

決策層為"粵港合作聯席會議"，於 1998 年 3 月開設，當時由廣東省常務副省長與香港特區政府政務司司長為首長（即"雙首長制"）主持會議，主要為粵港生態環境治理合作搭建交流和協商平臺，通過簽訂各種生態環境治理合作協議，為粵港生態環境治理合作工作提供宏觀指導。[1]1998-2002 年期間，粵港兩地在粵港合作聯席會議機制下舉行了 5 次會議，先後成立了粵港信息技術與產業化合作、旅遊合作、口岸合作等專家組，研究和制定合作項目的有關計劃。同時，針對兩地關注的生態環境治理問題成立了珠江三角洲空氣質素管理及監察專責小組。為更好推動粵港合作，2003 年，粵港合作聯席會議第 6 次會議由 "雙首長制" 升格為 "雙首腦制"（即由廣東省省長與香港特區行政長官共同主持），形成了由全體大會、工作會議、聯絡辦公室及專責小組等構成的聯席會議基本框架，推動粵港兩地協作治理的有序開展。[2]

協調層為 "粵港持續發展與環保合作小組"，於 2000 年成立，由香港環境局和廣東省生態環境廳共同建立，負責兩地間生態環境治理聯繫和合作事宜，將聯席會議取得的指導性成果轉化為可操作的執行方案，具體落實合作小組的工作計劃和政策。

執行層為 "專責、專題小組"。專責、專題小組主要負責具體領域的生態環境治理聯繫和合作事宜，對粵港合作聯席會議確定的具體合作事項和專項工作進行跟蹤研究、對接磋商，擬定年度工作計劃，將指導性的協議轉化為具體的執行方案，包括珠江三角洲空氣質素管理及監察專責小組、粵港林業及護理專題小組、粵港海洋資源護理專題小組、珠江三角洲水質保護專題小組、東江水質保護專題小組、大鵬灣及後海灣（深圳灣）區域環境管理專題小組、粵港海洋環境管理專題小組。

迄今為止，粵港兩地已成功舉辦 22 次粵港聯席會議、16 次粵港持續發展與環保合作小組會議和 15 次粵港持續發展與環保合作小組專家小組會議。雙方分別於 2009 年和 2016 年簽署了《粵港環保合作協議》和《2016-2020 年粵港環保合作協議》，以推動粵港在空氣、水、環境

---

1   胡道遠,馬曉明,易志斌.粵港環境合作機制及其對我國其他區域環境合作的啟示[J].安徽農業科學,
     2009,37(14):6660-6662.
2   李建平.粵港澳大灣區協作治理機制的演進與展望[J].規劃師,2017,33(11):53-59.

監測、環保科研、環保產業、突發環境事件事故通報等領域的合作。[1]

（二）粵澳生態環境治理合作現狀

粵澳生態環境治理合作始於 20 世紀 90 年代初。在澳門回歸後的前三年，粵澳之間的協作主要由粵澳高層會晤制度對重要事務進行協調。會晤制度下設經貿、旅遊、基建交通和環保合作 4 個專責小組以及多個專項小組。會晤制度的執行者主要為粵澳合作聯絡小組，每年輪流在廣東和澳門舉行不少於 1 次的全體會議。隨著 2003 年粵港合作聯席會議升格，粵澳之間也在粵澳高層會晤制度的基礎上建立了粵澳合作聯席會議制度，其總體架構包括決策層即粵澳聯席會議、協調層即聯絡辦公室和執行層即專責小組的 "三級運作"。粵澳於 2002 年 5 月成立了 "粵澳環保合作專責小組"，負責具體的生態環境治理合作工作。此外，為促進珠澳兩地更緊密地合作和建立珠澳間直接溝通聯繫機制，深化兩地事務性交流與合作，2008 年 12 月，在粵澳合作聯席會議專責小組下成立了珠澳合作專責小組。

近年來，在粵澳合作聯席會議框架下，粵澳雙方在環境宣傳教育、環保產業、空氣監測、固體廢物處理、水葫蘆治理等方面開展了交流合作，取得了明顯成效。粵、澳環保部門分別於 2013 年和 2017 年簽署了《粵澳環保合作框架協議》和《2017-2020 年粵澳環保合作協議》，以推動粵、澳在環境監測、環保產業、突發環境事件事故通報等領域的合作。

（三）港澳生態環境治理合作現狀

自 2008 年開始，港澳兩地建立年度港澳環保合作會議機制，在年度港澳環保合作會議的督導下，港澳在多個範疇進行交流與合作。2016 年 10 月，港澳簽訂了《港澳環境保護合作協議》，以加強雙方在空氣污染防治、環境影響評估、廢物管理、污水管理、環境監測與研究、環

1　周麗旋,羅趙慧,朱璐平,于錫軍,房巧麗,張曉君.粵港澳大灣區生態文明共建機制研究[J].中國環境管理,2019,11(06):28-31.

保宣傳教育、環保培訓與交流、重大跨境環境突發事故通報以及環保產業合作等多個領域的交流與合作。[1]

（四）粵港澳三方生態環境治理合作現狀

2005 年，粵港澳與其他 8 個省份共同參與並簽署了《泛珠三角區域環境保護合作協議》，標誌著粵港澳在泛珠三角區域生態環境治理合作構建了區域性協作平臺。而在區域大氣污染聯防聯治等具體領域，粵港澳也建立了三方合作機制。但是，這一階段的生態環境治理合作更多是粵港澳三地政府基於需要自主進行，系"珠江三角洲一體化"的體現，此時還未上升到"粵港澳大灣區建設"的層面上。

2009 年，國家發展和改革委員會編製《珠江三角洲地區改革發展規劃綱要（2008-2020 年）》（以下簡稱《珠三角綱要》）把珠三角九市統一納入規劃，首提"灣區"概念，將珠三角地區的發展提升至國家發展戰略佈局層面，並把粵港澳合作明確為國家政策。在重大基礎設施對接、產業合作、共建優質生活圈以及創新合作方式上進一步明確了推動粵港澳緊密合作的政策意圖。[2] 為共同推進《珠三角綱要》的實施，廣東省副省長、香港特區政務司司長、澳門特區經濟財政司司長於 2009 年 2 月 19 日在香港首次舉行三地聯絡協調會議，就金融、產業、基礎設施及城市規劃、生態環境保護、教育培訓等領域加強合作的提議達成共識，並以基礎設施及城市規劃、旅遊等領域為突破口，試點推進共同編製有關專項規劃、共建綠色優質生活圈的工作。為進一步落實《珠三角綱要》和 CEPA 及其補充協議，促進三地更緊密合作，2010 年 4 月廣東省政府分別於 2010 年 4 月與 2011 年 3 月和香港特區政府、澳門特區政府共同簽署《粵港合作框架協議》《粵澳合作框架協議》，此外還頒佈了《共建優質生活圈專項規劃》《粵港澳基礎設施建設合作專項計劃》

1　周麗旋,羅趙慧,朱璐平,于錫軍,房巧麗,張曉君.粵港澳大灣區生態文明共建機制研究[J].中國環境管理,2019,11(06):28-31.

2　劉雲剛,侯璐璐,許志樺.粵港澳大灣區跨境區域協調：現狀、問題與展望[J].城市觀察,2018(01):7-25.

《環珠三角宜居灣區建設重點行動計劃》等專項規劃，標誌著粵港澳合作進入新的階段，使粵港澳在生態環境等領域的協同治理有了制度保障。[1]

2014 年 9 月，粵港澳三地環保部門共同簽署了《粵港澳區域大氣污染聯防聯治合作協議書》，標誌著粵港澳在大氣污染防治合作領域由雙邊合作走向三邊合作。然而，基於雙邊協作是區域合作中交易成本最低的合作形式，粵港澳大氣污染治理實際操作中仍以粵港、粵澳間的兩兩合作為主。[2] 其他領域如水污染治理也仍然以粵港、粵澳或港澳雙邊合作為主。

2017 年 7 月，香港特別行政區行政長官林鄭月娥、澳門特別行政區行政長官崔世安、國家發展和改革委員會主任何立峰、廣東省省長馬興瑞共同簽署了《深化粵港澳合作推進大灣區建設框架協議》，協議提出共同建設宜居、宜業、宜遊的優質生活圈，"共建健康灣區，完善生態建設和環境保護合作機制，建設綠色低碳灣區"。粵港澳三地合作多元發展，得到了中央和社會各界的支持和認同。

當前，粵港澳大灣區的生態環境治理合作框架具體體現為以"聯席會議"制度以及環境合作小組或專責小組的形式，進行水環境治理、空氣質量以及其他環境合作，以行政協議為頂層設計，體現了"一事一議"以及協商性的協作治理機制。[3]

二、現實困境

然而，目前粵港澳三地的生態環境協同治理在治理主體方面還存在以下現實困境：

1　李建平.粵港澳大灣區協作治理機制的演進與展望[J].規劃師, 2017,33(11):53-59.

2　蔡嵐.粵港澳大灣區大氣污染聯動治理機制研究——制度性集體行動理論的視域[J].學術研究, 2019(1):56-63.

3　李建平.粵港澳大灣區協作治理機制的演進與展望[J].規劃師, 2017,33(11):53-59.

（一）未能形成三方生態環境協同治理關係

首先，如前文所述，目前粵港澳大灣區的生態環境治理實際上仍然以雙邊合作為主，未能形成三方或區域性的關係。粵港澳三地的生態環境協同治理機制具體體現為以"聯席會議"制度以及環境合作小組或專責小組的形式，進行水環境治理、空氣質量以及其他環境合作，以行政協議為頂層設計，體現了"一事一議"以及協商性的協作治理機制。雖然粵港澳大灣區的生態環境合作治理層次已從粵港、粵澳或港澳延伸至深港、穗港、珠港、珠澳、穗澳和中澳等城市層面，但合作中仍以粵港或粵澳雙方為主，在粵港澳三方合作、協調方面較薄弱。2009 年 2 月粵港澳三方協調聯絡會議的召開雖開啟了粵港澳三方協作治理機制探索，但未有持續深入的研究。2018 年後，在大灣區建設的帶動下，仍有待進一步推動對區域性生態環境協同治理事件的報道。[1]

粵港澳大灣區的生態環境治理協作，不僅跨越了三個區域、兩種政治制度，而且三地在法律制度、環境保護制度以及環境體制等方面存在明顯差異，因此在生態環境治理過程中往往存在土地權屬與管轄等問題衝突。為降低溝通和合作成本，粵港澳三地在生態環境協同治理中往往選擇低成本的雙邊協作，因此未能形成多邊治理關係，即意味著粵港澳大灣區未能形成可持續的生態環境協同治理機制，無法共享相關信息和經驗。[2] 三地政府部門缺乏整體性的合作規劃，導致各地生態環境治理措施不一致、步調不統一、效果不相同，難以適應大灣區生態文明建設的整體性要求。

（二）未能形成可持續發展的"制度性"的協同治理機制

其次，粵港澳大灣區目前採取的是問題導向的生態環境治理模式，即出現了嚴重的跨境生態破壞或環境污染問題後，粵港澳政府才針對該

1　許堞,馬麗.粵港澳大灣區環境協同治理制約因素與推進路徑[J].地理研究, 2020,39(09):2165-2175.

2　潘澤強,寧超喬,袁媛.區域環境管理中的協作規劃——以粵港澳大灣區跨界河流為例[A].中國城市規劃學會、重慶市人民政府.活力城鄉 美好人居——2019中國城市規劃年會論文集（16區域規劃與城市經濟）[C].中國城市規劃學會、重慶市人民政府：中國城市規劃學會, 2019:10.

問題展開合作治理。總體而言，粵港澳大灣區在生態環境治理方面的合作是"共識性合作"，即主要依託高層會晤、聯席會議及專責小組等政府合作工作機制，在出現某個嚴重的跨境生態破壞或環境污染問題後，進行深化交流尋求合作"共識"，成熟一項推進一項，以共識合作實現共贏合作，而未能形成可持續發展的協同治理機制，即"制度性"的協同治理機制。[1]如由於深圳河的水污染問題嚴重影響到粵港兩地沿岸居民的日常生活，兩地政府才推動了跨界合作治理。在治理的過程中，主要以問題為導向開展協作，而未能從源頭入手，往往是"治標不治本"，治理成效不能滿足預期目標，甚至會出現治理工程中斷的情形。整個治理過程由於缺乏長期的持續性的協同治理機制，未能達到預期的治理目標。

（三）未構建有效運行的灣區協調和管理機制

2018 年，中央層面正式成立了"粵港澳大灣區建設領導小組"，以國家力量集中推進粵港澳大灣區建設中的重大基礎設施和合作共建問題。從跨域治理視域看，粵港澳大灣區建設領導小組是具有中國特色的"官方型"跨域治理機構，而且是位階最高、權能最足的官方型機構，是迄今為止國家成立的最高規格的粵港澳跨域治理議事協調機構：由中共中央政治局常委、國務院常務副總理擔任組長，在國家發展與改革委員會內設推動日常工作的辦公室，統籌協調粵港澳大灣區建設的重大決策和重大事項。自成立運作以來，該領導小組已經召開過若干次會議，研究部署推進大灣區建設的諸多重大問題。

但是在實際運作中，具體的協調體制機制仍未取得實質性突破，仍採取原有的協調機制，即以粵港、粵澳合作聯席會議、經貿協定、聯合規劃等為主要表現形式的"一事一議"機制。這種兩兩共存而非三方乃至四方共治的地方性政府間合作機制，由於政治位階較低、管理方式分

1 　黎澤國.粵港粵澳合作框架協議實施考察[J].開放導報, 2017(02):30-35.

散而制約了自身的重大決策統籌能力，而且在管理職權上也與現有行政主體存在交叉和重疊，使得這些機制聚焦的只是粵港或粵澳的雙邊利益而非粵港澳大灣區的整體利益，因此難以適應和滿足粵港澳三地共謀灣區發展的需要，難以滿足灣區的跨區域治理要求，[1] 導致灣區在產業發展、基礎設施建設、生態環境保護等方面存在缺乏整體統籌的問題，[2] 難以適應大灣區生態文明建設的協同性要求，亟需在粵港澳大灣區建設領導小組指導下進行相應的制度創新，建構聚焦三地公共利益的新型跨域治理機構。[3]

此外，粵港澳三地政府之間往往存在各自的利益訴求，而實現粵港澳大灣區生態環境協同治理實質上是利益關係的重新調整，如果各治理主體間複雜的利益關係難以衡平，則會加大協同治理的難度，導致協同的制度惰性。[4] 如果沒有完善的、統一的利益協調體制機制，沒有強有力的約束機制，很難實現各自的合理的利益訴求，或者會出現三方因利益分歧導致的目標分化的情形，[5] 合作的動力難免會打折扣。例如，目前粵港澳三地政府對建立粵港澳金融共同市場的試驗區已經達成共識，但珠海橫琴島和深圳前海地區都定位為金融合作區，其具體的方向、分工都還不明確，面臨很多競爭甚至利益衝突的情況。[6]

（四）行政協議效力不足

受 "一國兩制" 制度的影響，粵港澳三地生態環境治理合作的制度條件仍然停留在以行政協議為主的政策導向型機制層面，缺乏立法先行的法治推進型合作機制，而粵澳港三地簽訂的生態環境協同治理行政

1　秦天寶,段帷帷.多元共治視角下灣區城市生態文明建設路徑探究[J].環境保護, 2016,44(10):33-36.

2　慕亞平,董李培.CEPA框架下內地與港澳環境保護合作的法律問題思考[J].河北法學, 2008,26(8):93-98．

3　楊愛平,張吉星.紐約—新澤西港務局運作模式對粵港澳大灣區跨境治理的啟示[J].華南師範大學學報(社會科學版), 2019(01):102-108、191.

4　余敏江.論區域生態環境協同治理的制度基礎——基於社會學制度主義的分析視角[J].理論探討, 2013(02):13-17.

5　黎澤國.粵港粵澳合作框架協議實施考察[J].開放導報, 2017(02):30-35.

6　劉雲剛,侯璐璐,許志樺.粵港澳大灣區跨境區域協調:現狀、問題與展望[J].城市觀察, 2018(01):7-25.

協議、框架協議面臨著效力不足的問題，制約著粵港澳大灣區的融合發展。

首先，粵港澳大灣區制定的生態環境協同治理行政合作協議法律地位不明。《粵港合作框架協議》《粵澳合作框架協議》及其他環境合作協議沒有法律法規的明確授權。[1]如葉必豐學者所說："我國的行政協議雖然有民間認同的事實上的合法性，但是卻沒有制定法上的合法性。"[2]當前，我國區域進行生態環境治理合作達成的行政協議名稱和形式多種多樣，有合作協議、框架協議、意見書、共同宣言、建議、倡議、協議書、規劃、共識、議定書、會議紀要等，但在我國立法對於生態環境治理合作行政協議的法律地位並無相關規定的情況下，行政協議的法律效力模糊。《中華人民共和國憲法》《中華人民共和國組織法》《中華人民共和國行政法》均沒有對政府間生態環境治理合作行政協議作出任何規定，《環境保護法》雖然提出要建立跨行政區域的重點區域、流域環境污染和生態破壞聯合防治協調機制，實行統一規劃、統一標準、統一監測、統一防治的措施，但沒有對政府間聯防共治的環境合作協議作任何規定。另外，政府間生態環境治理合作行政協議的形式類似于行政合同，而《中華人民共和國合同法》明確規定其調整的是平等主體的自然人、法人、其他組織之間設立、變更、終止民事權利義務關係，但政府間生態環境治理合作行政協議的主體是具有公權力的政府，涉及到的是行政責任和權力，因此，政府間環境合作協議不在《合同法》調整的範疇之內。同時，行政規章、條例和規範性文件中也沒有對政府間環境合作協議作出任何規定。[3]

與此同時，區域生態環境治理合作行政協議也不屬《立法法》規定

---

1 王玉明.粵港澳大灣區環境治理合作的回顧與展望[J].哈爾濱工業大學學報(社會科學版), 2018, 20(01):117-126.

2 葉必豐等.行政協議——區域政府間合作機制研究[M].北京:法律出版社, 2009.

3 晏呂霞,王玉明.政府間環境合作協議存在的問題及完善建議——以珠三角為例[J].行政與法, 2016(09):1-9.

的法律淵源，且區域生態環境治理合作行政協議的達成與立法程序相差甚遠，一般是行政首長通過座談會、聯席會議、論壇等形式，在短時間內就共同關心的話題達成原則性的一致，缺乏民意基礎。因此，區域合作協議缺乏法律效力，缺乏對合作主體剛性的約束力，為後期合作各方不嚴格執行埋下了伏筆。[1]

其次，大多數區域生態環境治理合作行政協議內容綱領性和原則性較強，操作性不強，加之許多協議沒有相關的責任條款和監督、懲罰機制，協議常常流於形式。[2]合同當事方是否能夠自覺按照合作協議履行合作義務，取決於雙方的自律行為，並無較強的法律約束力。[3]因此，導致生態環境治理合作行政協議在實踐中難以執行，往往依靠地方政府行政首長的誠信履約，而地方政府即使不履行合作協議，也不會產生法律上或行政上的責任，因此也容易導致地方政府一些政策被架空。目前，僅在粵港珠江三角洲空氣素質管理中實現了聯合制定區域性策略並提出共同的、可考核的目標，同時對目標完成情況實施評估並滾動實施，而其他粵港澳環保合作領域均缺乏對執行和目標實現的約束條款。《粵港合作框架協議》中環境合作事項的安排性條款中僅僅指出雙方的合作機制，沒有涉及權利義務條款、成本條款等。[4]粵澳雙邊的生態環境合作也面臨同樣的狀況。除此之外，《共建優質生活圈專項規劃》雖然包括了區域生態環境內容，但未提出粵港澳區域整體生態環境目標，對大灣區環保合作指導力較弱。[5]

造成粵港澳三地政府簽訂的生態環境治理協議效力不足主要有以下原因：一是由於地方事權的有限性，我國法律對地方政府在各自轄區內

1　何登輝,王克穩.我國區域合作：困境、成因及法律規制[J].城市規劃, 2018,42(11):64-70.

2　朱最新.區域一體化下粵港澳政府合作的法律基礎思考[J].廣東外語外貿大學學報,2013,24(03):15-19.

3　周盛盈.論珠港澳深度合作法律制度的保障[J].中共珠海市委黨校珠海市行政學院學報,2014(04):74-77.

4　晏呂霞.政府間環境合作協議研究——以珠三角為例[D].廣州: 中共廣東省委黨校, 2016.

5　周麗旋,羅趙慧,朱璐平,于錫軍,房巧麗,張曉君.粵港澳大灣區生態文明共建機制研究[J].中國環境管理, 2019,11(06):28-31.

的環境責任有著明確的規定，但是對於區域環境責任的主體、邊界、責任承擔並沒有明確的規定，規劃綱要及合作協議的各方主體雖然認識到了生態保護的重要性，但未必願意在其中增加責任條款給自己增加約束，特別是那些亟需發展且環境治理能力較弱的落後地區。二是責任條款的設定必然伴隨著對於責任追究主體、責任形式和追責程序的需求。但是在粵港澳大灣區中，若是同級政府之間進行追責，難以設定追責的方式和相關依據。[1]

（五）未形成多元共治體系

目前粵港澳大灣區的生態環境協同治理尚處於初級階段，地方政府、企業、社會公眾等力量分散，參與生態環境協同治理的過程仍然是"條條"和"塊塊"分割，未形成整體的協同效應：地方政府主導生態環境協同治理，但僅憑一己之力難以實現好的治理效果；部分企業沒有動力參與灣區生態環境治理；社會公眾缺乏參與生態環境治理的積極性。[2]

三、域外經驗

（一）東京灣區

東京灣區的生態環境治理採用的是"政府規劃+民間智庫參與"模式。自 1959 年起，東京灣區就開始制定灣區基本規劃，具體是由大都市整備局負責，其中包括生態環境保護相關規劃和實施，具有行政效力，實施效果較強。國土交通局、都市局以及關東地方整備局是東京灣區的管理和協調機構，屬官方型跨域治理機構，主要通過設立大型規劃項目或行政指令，自上而下地開展規劃工作，推動區域內各方行動主體交流協作，以解決跨域問題。從類同度的角度看，官方型跨域治理機構因應國家的區域規劃需要而設立，其運作模式與政府有高度的一致性。

1　談蕭,黃夢慧.論粵港澳大灣區環境立法的協同[J].廣東行政學院學報, 2020,32(04):44-52.
2　余敏江.論區域生態環境協同治理的制度基礎——基於社會學制度主義的分析視角[J].理論探討, 2013(02):13-17.

從依存度的角度看，官方型跨域治理機構的資金來源於公共財政，成員都是公務員，規劃的成果也由相應的上下級部門採納使用。因此，官方型跨域治理機構的類同度和依存度均很強，本質上是一種行政單位。[1]

東京灣區整體由政府主導，在發展過程中同時重視智庫、企業等相關主體的參與，特別是將環境智庫作為推動東京灣區綠色發展的重要力量。[2]東京灣區規劃不是由中央政府出面完成的，而是由多個智庫居中協調實施的。日本開發構想研究所、東京灣綜合開發協議會等智庫，作為銜接各種規劃的平臺，對本地區發展有長期研究和推動。政府尊重與重用這些智庫，把他們作為開發管理東京灣的重要力量。[3]智庫作為區域發展的參與者和伴隨者，既在每一個當下擔任了東京灣不同層級和不同領域規劃方案協同執行者的角色，又在時代更迭中扮演了東京灣城市規劃知識與數據傳遞者的角色，從層層疊疊的規劃方案中甚至可以引導並推動東京灣的區域發展，成為了日本開發並管理東京灣的重要價值平臺。[4]即以"首都圈港灣合作推進協議會"為代表的智庫組織成為主導該灣區綠色佈局、提出生態補償方案的重要力量；分區域成立公信力極強的環保自治體，推廣綠色低碳經驗、傳授環保知識、監督區域生態環境、開展跨區域環保交流合作；在"首都圈港灣合作推進協議會"的支持下，東京灣區還成立了眾多非政府組織（NGO），他們以家庭為代表開展環保活動，為公眾建立環保知識庫，並積極宣傳低碳可持續的環保理念。[5]

東京灣在發展中主要面臨自然岸線消失、灣區水質改善效果不明顯等問題。過度圍海造陸導致東京灣 95% 自然岸線消失，進而影響港灣

1　楊愛平,林振群.世界三大灣區的跨域治理機構：模式分類與比較分析[J].公共行政評論, 2020,13(02):40-57,194-195.

2　趙秀娟.粵港澳大灣區實現綠色發展的機制與政策——基於與國際其他灣區的比較[J].中國市場,2020(20):7-9.

3　李麗平,張莉,張彬,李媛媛,趙嘉,雷健.國際三大灣區經驗可資借鑒[N].中國環境報, 2019-05-21(003).

4　樊明捷.區域協同：舊金山、紐約與東京灣區借鑒[J].城市開發, 2019(22):39-41.

5　錢程.日本優化生活垃圾分類體系的路徑探索[J].城市管理與科技, 2019,21(05):86-89.

納潮量和海水自淨能力，造成嚴重的富營養化問題，水質污染日益嚴重；由於缺乏具有決策效力的、綜合性的機構推進灣區流域水環境管理而導致灣區水環境管理政策協調不足，影響水質改善效果。東京灣成立灣區環保合作機制，實施"東京灣復興行動計劃"，統籌組織和實施灣區環境保護措施，實施封閉性海域污染物總量控制，建立區域性水質實時監測並聯動管理，鼓勵不同群體協力參與開展灣區環境保護，建立灣區環境治理工作實施評估機制等多項區域性環保合作做法，有效推進東京灣環境整體改善。[1]

（二）舊金山灣區

舊金山灣區採用的"定期規劃＋專業化分類管理"模式。如前所述，舊金山灣區每 5 年做一次城市規劃。此外，舊金山灣區採取"專業化"分類治理模式，集中解決灣區發展過程中面臨的公共治理問題：灣區空氣質量管理局負責灣區空氣質量問題，區域水資源質量控制委員會負責灣區水質問題，灣區保護和發展委員會處理灣區海濱事務。以灣區空氣質量控制局為例，這是美國第一個區域空氣污染控制機構，任務是監管舊金山灣城市的固定源空氣污染。1970 年《清潔空氣法》頒佈後，該局開始制定污染物減排實施方案，針對臭氧污染問題，重點控制揮發性有機物和氮氧化物排放，對重點工業污染源、汽車尾氣等進行嚴格要求。在水污染方面，區域水資源質量控制委員會制定了流域管理規劃，確定了日負荷最大總量，制定了地下水保護及毒性污染物清除、非點源污染控制、流域監測及評估等多個方案，系統性地進行水污染治理。"專業化"分類管理模式打破了灣區內的行政邊界，提高了灣區內部公共事務處理的專業性和透明度，加強了同一領域的合作。[2]

舊金山灣區內環境合作關係主要通過建立區域規劃委員會、特區

---

1 周麗旋,羅趙慧,朱璐平,于錫軍,房巧麗,張曉君.粵港澳大灣區生態文明共建機制研究[J].中國環境管理, 2019,11(06):28-31.
2 李麗平,張莉,張彬,李媛媛,趙嘉,雷健.國際三大灣區經驗可資借鑒[N].中國環境報, 2019-05-21(003).

（特別區）、夥伴關係等區域性管理機構實現，地方政府服從區域環境資源管理機構環境資源管理決策，灣區內各地區各方面的代表充分參與灣區決策並監督其執行。依法成立的具有廣泛執法權力的綜合性灣區環保機構——舊金山灣保護與發展委員會，通過許可管理灣區與用地相關的利用海濱的行為，同時積極參與其他環保活動。舊金山灣保護與發展委員會屬半官方型跨域治理機構，從類同度和依存度的角度看，半官方型跨域治理機構是指那些雖不是行政單位但又屬政府體系中的一員，一般需經過立法機關頒佈相關法律或條例後方能成立的跨域規劃和治理機構。其核心成員、資金和意見輸出雖主要源於政府和面向政府，但又不完全依賴於政府。例如，半官方型跨域治理機構的領導核心一般通過民主選舉或政府委任理事的方式組建，通常稱為董事會、理事會或委員會。在舊金山灣區範圍內，每個地區在領導核心中都有各自的席位，以確保各方都能參與決策並代表各地區發聲。[1] 可見，半官方型跨域治理機構不僅具有較強的類同度，同時也具有較高的依存度，在性質上類似於國內俗稱的 "法定機構"。[2] 如果說有決策和監督權的區域性環境保護合作機構是舊金山灣實現灣區一體化環境管理的基石，那麼同時吸納聯邦政府、地方政府、非政府組織和社會資金的區域環境基金則為舊金山灣區區域環境治理提供了充足的資金支持。[3]

此外，舊金山灣區在水污染治理的問題上，確保公眾享有相應的權利參與其中並針對污染問題反映自己的意見和主張，最終形成了一個由官方、智庫、利益相關者以及普通民眾所組成的多元化規劃和治理體系，幾乎每個社會階層都可以從自身的角度出發來參與其中。

1　據MTC官方網站，MTC制定的重大規劃都需要經委員會審核和表決通過後方能實施，其委員會由21名專員組成，21名專員中有17人是灣區九縣的現任官員，如監察委員市長委任的官員和BCDC的指派官員；還有1名專員來自灣區政府協會的董事會；剩下3名專員為不擁有投票權的觀察員，分別來自美國運輸部、美國住房和城市發展部、加州交通廳。

2　楊愛平,林振群.世界三大灣區的跨域治理機構：模式分類與比較分析[J].公共行政評論,2020,13(02):40-57、194-195.

3　周麗旋,羅趙慧,朱璐平,于錫軍,房巧麗,張曉君.粵港澳大灣區生態文明共建機制研究[J].中國環境管理,2019,11(06):28-31.

（三）紐約灣區

紐約灣區則採用 "立法＋獨立機構統籌協調規劃" 的模式。紐約灣區曾經飽受霧霾的侵擾，直至聯邦政府發佈《清潔空氣法》《清潔水法》等一系列環境法規和污染排放禁令。面臨紐約 —— 新澤西港灣和長島海峽水質污染以及臭氧和顆粒物為主的大氣環境污染等區域性環境問題，紐約灣區建立了政府、企業、社會的三方合作機制，既有獨立統一的規劃組織 —— "紐約都市圈規劃組織" 和 "區域委員會"，共同促進區域合作發展，分別負責交通建設和經濟發展的協調規劃工作，也有民間智庫，即獨立的非營利性區域規劃組織 —— "紐約區域規劃協會" 主導跨行政區域的統籌協調規劃，[1] 推動公眾、企業、智庫共同參與灣區環境治理。[2] 具體做法為：由獨立的董事會和 3 個州的市民、社區領導、商人和其他專家組成的非官方、非營利組織 —— 紐約區域規劃協會（RPA），自 1921 年起先後 4 次開展紐約大都市地區規劃，突破行政區界限，從整體上統一規劃灣區發展與保護。在區域性大氣環境污染治理方面，紐約灣區內各區均為臭氧傳輸委員會（OTC）成員，灣區內各州通過合作協議，相互合作、共同協商合作區域內流動污染源的控制。在區域性水環境治理方面，通過多方合作的夥伴關係吸納聯邦政府、地方政府、非政府組織和社會力量共同修復和保護海灣及河口的生態環境。[3] 此外，針對高度國際化而產生的環境問題，組建紐約灣區生態環境可持續發展國際諮詢委員會，制定預警方案。

四、解決措施

（一）構建以粵港澳大灣區建設領導小組為主導的灣區協調治理機制

國際三大灣區均建立了符合各自體制情況的區域規劃協調與管理機

---

1 李麗平,張莉,張彬,李媛媛,趙嘉,雷健.國際三大灣區經驗可資借鑒[N].中國環境報, 2019-05-21(003).

2 孟美俠,張學良,潘洲.跨越行政邊界的都市區規劃實踐——紐約大都市四次總體規劃及其對中國的啟示.重慶大學學報(社會科學版), 2019,25(04):22-37.

3 周麗旋,羅趙慧,朱璐平,于錫軍,房巧麗,張曉君.粵港澳大灣區生態文明共建機制研究[J].中國環境管理, 2019,11(06):28-31.

構，雖然機構的名稱、層級、職務等各有區別，但其都在灣區的發展建設中發揮了重要的管理和協調功能，實現了灣區各個權力主體之間的相互制衡，這種權力上的制衡使灣區的發展始終處於相對穩定的狀態，使灣區內因行政區域交錯所造成的各種衝突迎刃而解，[1]也有效提高區域生態環境保護建設和管理的效率，結合、協調各方面利益以求得共同發展。主管灣區協調以及發展規劃工作的專門機構，將灣區建設的決策權和規劃權進行統一，以保證灣區整體規劃和建設的一致性。當灣區建設和規劃的權力被集中後，灣區內各個城市將成為一個有機整體，而不是被片面地分割出來各自為政、多頭管理、權責不清。生態環境問題往往具有整體性，因此需要權力讓渡與相互協作、統一規劃與協同治理才能有效解決。若生態環境治理權力被割裂，其弊端就在於，一個城市的問題得以解決後，卻引發了另一個城市的問題，舊的問題得以解決後又引發新的問題，如污染問題轉化成經濟問題、經濟問題又轉化成社會問題等。基於此，可以將大灣區內的區域協調權力與規劃權力集中統一之後再進行科學配置，分別由相應的協調機構以及科研機構承擔具體職能。

粵港澳大灣區在生態環境協同治理過程中，可以借鑒三大灣區區域協調和治理體系的成功經驗，構建以"粵港澳大灣區建設領導小組"為主導的多元化跨區域協調和治理體系。

一方面，如前文所述，中央層面成立的粵港澳大灣區建設領導小組在實際運行中仍採取原有的協調機制。因此，未來還需進一步發揮粵港澳大灣區建設領導小組的力量，發揮其頂層推動的制度優勢作用，促進粵港澳三地的官方型跨域治理機構的有機聯動，更好地釋放出中央與地方層面的官方型跨域治理機構的整體治理效能。以粵港澳大灣區建設領導小組為主導聯動官方型生態環境跨域治理機構共同管理和決策區域和各個地方的生態環境治理規劃及重大發展事務，包括區域性的規劃和管

1　劉田原.粵港澳大灣區水污染治理研究:現實困境、域外經驗及修補路徑[J].治理現代化研究,2020,36(05):87-96.

理等等。

　　另一方面，完善粵港澳聯席會議機制，構建新型的協會型生態環境跨域治理機構。粵港、粵澳合作聯席會議機制是廣東省政府分別與香港、澳門兩個特別行政區政府建立的相對獨立的兩兩合作聯席會議機制，這種兩兩並存而非三方乃至四方共治的地方性政府間合作機制，由於政治位階偏低制約了自身的重大決策統籌協調能力；同時，兩兩合作聯席會議機制，聚焦的只是粵港或粵澳的雙邊利益而非粵港澳大灣區的整體利益，因此已難以適應和滿足粵港澳三地共謀灣區發展的需要，亟需在粵港澳大灣區建設領導小組指導下進行相應的制度創新，構建聚焦三地公共利益的新型跨域治理機構。因此，可以借鑒三大灣區的經驗，創設粵港澳大灣區城市群政府協會，構建一個涵蓋 11 個城市政府、灣區商界精英、智庫領袖、大學學者、社會賢達等多方力量協同參與的開放性公共協商平臺。[1]另外，在之形成方面，可以圍繞粵港澳合作的六大領域整合優化現有專責小組。同時，可應事物協調需要，探索構建粵港澳三方協同合作的專責小組，如大灣區全域旅遊專責小組、應對氣候變化專責小組和推進珠江口水上交通運輸專責小組等；適時增設珠三角地市參與粵港合作的專責小組，通過行政協議或行政授權方式將具體的日常事務協作下移至地市層面，以提高地方政府參與大灣區發展治理的能動性。[2]

（二）增加區域生態環境治理合作協議的剛性條款，充分發揮合作協議的約束力

　　首先，明確生態環境治理合作協議中合作各方的權利義務，使生態

1　楊愛平,林振群.世界三大灣區的跨域治理機構:模式分類與比較分析[J].公共行政評論, 2020,13(02): 40-57、194-195.

2　李建平.粵港澳大灣區協作治理機制的演進與展望[J].規劃師, 2017,33(11):53-59.

環境治理合作協議具有操作性和執行性。正是因為生態環境治理合作協議規定的內容太宏觀，在實踐中很難操作執行，因此達成的生態環境治理合作協議內容應盡量細化，採取的各項合作舉措要具有可操作性，合作各方的權利義務要具體明確，尤其是對利益如何分配、表達、協調和補償等相關條款。一方面，對合作主體來說，直接可以依據協議履行相關義務；另一方面，一旦有合作主體存在違約行為，也可以根據協議條款很容易認定違約行為。為了使合作協議內容具體明確，建議召開聯席會時先召開預備會議，將所要討論的內容先期進行協商討論，擬定初步的合作協議，再在正式召開聯席會上細化各方權利義務，同時聯席會的時間應適當延長，給予合作主體充足的時間進行磋商，確保達成的合作協議具有可操作性和可執行性，為後續的履行帶來方便。

其次，增加生態環境治理合作協議的監督制約等條款，約定違約責任，強化合作協議的約束力。美國的州際協定具有合同的性質，協議一旦簽訂，對合作雙方均具有約束力，任何一方不得擅自違約。"如果作為成員州的一方違反或者沒有履行協定的條款，另一方可以向州法院或者聯邦法院起訴。"[1] 粵港澳大灣區應當在生態環境治理合作協議裡明確約定違約責任，一旦存在違約，守約方可以追究違約方的違約責任。建立第三方評估制度。為增加評估的客觀性和中立性，應引入第三方的評估機制，由獨立的第三方對協議各方履行協議的情況進行獨立的評估。

再次，建立大灣區生態環境治理合作協議糾紛解決機制。有權利就有救濟，沒有無救濟的權利。在區域合作中產生糾紛是在所難免的，關鍵是糾紛產生後通過何種方式進行權利救濟。借鑒域外經驗，在西班牙，根據《公共行政機關及共同的行政程序法》相關規定，對於行政協議糾紛，可以提起行政訴訟和憲法訴訟。在美國，地方區域合作各方發生糾紛時，有較完善的糾紛解決途徑：一是通過仲裁和調解方式解決；

1　饒常林,常健.我國區域行政立法協作:現實問題與制度完善[J].行政法學研究, 2009(03):53-59.

二是通過司法程序解決。鑒於我國沒有違憲審查制度和憲法訴訟制度，可以借鑒美國的經驗，在區域合作協議中約定通過仲裁或者提起民事訴訟解決在區域合作中產生的糾紛。[1]

（三）健全生態環境多元共治體系

世界三大灣區均積極推動公眾參與，加強地區間的協商合作，重視及充分發揮政府、環保社會組織等社會各界的力量，建立了較為完整和嚴密的生態環境多元化治理體系。無論是日本的民間智庫，還是美國的各類環保社會組織，都在多元共治體系中發揮了巨大的作用。公眾參與是符合環境管理特點的富有成效的制度，如舊金山灣區為了保證公眾能夠積極地參與到灣區水污染治理的事務中來，制定了法律程序以及採取了相關權利保障措施，鼓勵環保社會組織增強專業能力，政府機構通過購買服務的形式與其展開合作，共同參與灣區水污染治理。[2]

粵港澳大灣區生態環境治理富有複雜性、長期性和系統性，針對目前粵港澳大灣區生態環境治理中因政府主導和行政分割等導致的治理體系單一化、簡單化問題，應當進一步健全生態環境多元治理體系，構建起一個"政府統領、企業實施、社會參與"的多元化的、立體化的生態治理格局。[3]粵港澳大灣區生態環境治理多元共治體系的運行機制主要是指政府、企業、公眾三者之間在生態環境治理工作中的互動協作，主要體現在政府與企業、企業與公眾、政府與公眾間互動關係。

在政府與企業關係方面，受區位優勢和政策扶持的影響，大量企業包括具有重大環境風險的企業在大灣區 11 個城市中設立，對當地政府的環境監管工作提出了挑戰。在此背景下，粵港澳大灣區城市政府不僅要依據相關法律法規加強對企業生產經營活動的監管，預防和減少環境

1 何登輝,王克穩.我國區域合作:困境、成因及法律規制[J].城市規劃, 2018,42(11):64-70.
2 劉田原.粵港澳大灣區水污染治理研究:現實困境、域外經驗及修補路徑[J].治理現代化研究, 2020,36(05):87-96.
3 曹芳.流域水環境協商治理的理論邏輯與實現路徑[J].中南林業科技大學學報(社會科學版), 2019(06):29-33.

風險，而且要利用大灣區城市社會經濟生產要素集聚程度高的優勢，綜合運用經濟激勵、政策引導等手段實現企業生產方式的轉型升級，最終促成企業由抗拒執法向主動守法方向轉變；企業作為大灣區城市環境風險預防和經濟發展的重要主體，不僅要履行環境保護主體責任，配合政府的環境監管工作，而且在生產經營中也要利用現有大灣區發展相關政策獲得來自政府的支持和幫助，實現生產利益的最大化。[1]

在企業與公眾關係方面，由於大灣區城市環境宜居，人口分佈密集，公眾為維護自身良好的生活環境，應當運用法律賦予的相關權利對企業的生產經營行為進行監督。同時，由於灣區城市科教水平較高，公眾也可通過自身專業技術和知識為企業的生產經營提供合理建議，進而實現公眾環境利益和企業生產利益的最大化；而大灣區城市的企業作為環境風險預防的重要主體要加強自身環保理念和能力建設，樹立服務意識，強化與公眾的溝通交流，在保障公眾環境利益的同時形成良好的生產經營體系回饋公眾。

在政府與公眾關係方面，大灣區城市政府應當履行宣教職責，強化灣區公眾對本地環境治理工作的認識，提升公眾參與環境治理的積極性。同時，大灣區政府不僅要保障公眾與政府之間的溝通渠道暢通，而且也要依據相關法律構建多元化的公眾環境利益保障機制。大灣區城市公眾一方面在政府的協助下合法有序地參與相關環境治理工作，維護良好的灣區城市人居環境；另一方面也應當積極行使法律賦予的監督權力，對政府的環境行政行為展開監督，形成灣區協調有序的環境治理機制。[2]

目前我國的環境治理工作中，政府仍是環境治理工作的唯一主體，企業、公眾等其他社會主體被排除在了環境治理主體範圍之外，此種現實一方面迫使政府部門獨自承擔灣區城市全部的環境治理工作，另一方

1　秦天寶,段帷帷.多元共治視角下灣區城市生態文明建設路徑探究[J].環境保護, 2016,44(10):33-36.
2　秦天寶,段帷帷.多元共治視角下灣區城市生態文明建設路徑探究[J].環境保護, 2016,44(10):33-36.

面政府獨享環境治理權也容易使公眾對政府產生不信任感，進而影響灣區城市環境治理任務的實現。

　　健全大灣生態環境的多元治理體系，可以借鑒三大灣區的這一成功經驗，加強大灣區城市之間的交流合作，強化信息互利互通，促進各個治理主體共建、共治、共享。各個治理主體不僅是生態治理的受益者，更應當是生態治理的積極參與者和忠實踐行者。統一的協調和管理機構主要以全域的高度對整個大灣區的生態治理工作進行全面和細緻的規劃，並負責平衡各城市、各主體之間的治理工作關係；政府加強生態化境管理的公共職能，保障各類基礎設施建設；企業嚴格遵守相關法律法規，積極進行技術創新和產業升級；公眾積極參與生態污染治理，對治理規劃以及建設實施情況進行建議和監督。[1]

　　從國外的區域生態治理經驗看，構建政府、市場和社會的多元治理體系是相當必要的。從污染源來看，市場的企業和社會的居民都扮演了相應的角色，而污染的治理又離不開企業和公民的積極參與和合作。大灣區可以通過相關政策在區域生態治理領域塑造投資性氛圍與機會，引導民間資本進入，緩解政府財政資金不足的問題。當然，由於多元治理體系事實上包含了多個公共治理主體間的互動關係，如何理順主體間的責權關係，建構高效互動協調機制，是實現多元治理效能的關鍵。[2]

　　與此同時，生態環境多元共治體系的構建還需要建立協商機制，跨域治理的過程是充分表達、談判協商的互動過程。協商機制的建立，應當注意三個基本內容：

　　一是跨域生態環境治理的參與主體在協商過程中應當具有平等的地位和代表性，特別是政府主體之間，在哪些區域進行合作，合作如何進行，合作需要發展哪些具體的政策和計劃，在協商過程中均應享有同等

1　劉田原.粵港澳大灣區水污染治理研究:現實困境、域外經驗及修補路徑[J].治理現代化研究, 2020,36(05):87-96.
2　金太軍.論區域生態治理的中國挑戰與西方經驗[J].國外社會科學, 2015(05):4-12.

的發言權和表決權；二是協商和談判的過程應當在平等、自由、自願的環境下進行，確保透明公開，協商的任何一方都應當享有自願退出的權利；三是對於關係區域發展的重大議題，除鼓勵市場、非政府組織和公民社會的積極參與外，應特別重視利益相關者的參與和意見表達，確保協商的廣泛性、公正性和持續性。總之，協商機制的關鍵是政府創造公平、平等、開放的協商環境和氛圍，以確保治理主體對於協商結果的認同和執行。

同時，形成生態環境治理多元共治體系也依賴於環境信息共建共享機制的建立。為實現粵港澳大灣區生態環境治理協同發展，區域環境信息共建共享也應當達到更高層次，區域水體污染綜合防治、大氣綜合防治、區域生態安全格局等領域都需要建立跨界協同聯動的環境監管體系與統籌協調的環境管理體系。

在跨域治理中，信息機制的構建完善成為實現良好治理的重要基礎和外在保障，信息共享是實現區域生態文明協同治理的前提條件。推行大灣區生態環境協同治理，必須以構建開放、暢通的信息共享機制為依託。

一方面，推進環境信息公開。以立法方式促進環境信息公開是實現區域環境協同治理信息化、現代化的必然選擇。在區域生態文明建設領域，環境信息公開的關鍵主體是政府，其透明程度可謂協同治理能否實現的關鍵性因素。因此協調推進地方政府環境信息公開，可以考慮由地方立法以《政府信息公開條例》或《環境信息公開辦法》的形式，把政府環境信息公開制度和公眾的環境知情權統一明確下來。

另一方面，暢通信息傳輸渠道。作為各治理主體間相互發送與接收信息的媒介物，傳輸渠道是否健全通暢決定著區域生態文明協同治理模式的運行質量與治理效果。隨著網絡等新媒體的廣泛應用，為環境信息傳輸提供了新的宣傳載體和平臺。企業、非政府組織和公民個人可以通過網絡、博客、微博、論壇等途徑提出大量關於生態文明建設的觀點與意見，便於政府部門及時瞭解社會公眾的關注所在，政府也可以通過在線訪談，網上信息披露等多種渠道加強反饋互動，從而更好地推動環境信息的政務公開，提高生態文明建設的公開性和有效性。[1]

1　王權典.城市群區域環境保護合作共治的理念創新及機制重構——結合粵港澳大灣區戰略的思考[A].中國法學會環境資源法學研究會、河北大學.區域環境資源綜合整治和合作治理法律問題研究——2017年全國環境資源法學研討會（年會）論文集[C].中國法學會環境資源法學研究會、河北大學:中國法學會環境資源法學研究會, 2017:8.

第二節　環境規劃與環評制度協同

一、粵港澳大灣區環境規劃協同

2019 年 2 月 18 日，中共中央、國務院印發的《粵港澳大灣區發展規劃綱要》提出建設發展活力充沛、創新能力突出、產業結構優化、要素流動順暢、生態環境優美的國際一流灣區和世界級城市群，並在專門章節中對如何加強粵港澳大灣區的生態文明建設做出了進一步的規劃。

環境問題與人類活動，特別是城市和工業的發展具有內在的緊密聯繫。大灣區各城市間經濟上的緊密聯繫也是造成環境問題具有區域性的原因之一。大灣區的環境問題作為中尺度或大尺度的區域環境問題，[1] 具有地域大，情況複雜，城市群內部相互影響，污染因子在地區間分佈、遷移和轉化等特點。區域環境規劃要求遵循環境問題的區域性特點，用綜合的觀點，制定區域環境保護對策，而不是停留在對具體的環境問題的考察上，陷入頭痛醫頭腳痛醫腳的被動局面。從經濟角度，實現區域環境規劃，考慮大灣區內各種環境問題的協調關係，減少相互影響，最

1　鄧義祥.我國的區域環境規劃現狀與趨勢[J].遼寧城鄉環境科技, 1998(02):61-64.

大限度地利用環境容量，以最小的投資獲得最大的經濟效益。

規劃是統領灣區保護與開發的行動綱領，是統籌協調各方利益的重要依據。粵港澳大灣區涉及一個區域、兩種制度和三個行政區，不管是環境問題的治理、生態的保護還是基礎設施的銜接，都需要打破行政區劃格局對粵港澳大灣區生態環境協同治理造成的限制和障礙，做到規劃先行。通過科學合理的規劃研究，對大灣區自然環境資源進行一體化規劃和佈局，約束並整治不合理開發或污染行為，統籌環境協作治理，是提升灣區環境質量的有效途徑。[1]

隨著粵港澳大灣區區域經濟的進一步發展及城市化的快速推進，大灣區內出現生活污水處理率低，城市生活垃圾無害化處理率低，大氣污染物排放量巨大，在城市間輸送、轉化、耦合，導致出現細粒子濃度高、臭氧濃度高、酸雨頻率高、灰霾嚴重等現象，反應出大灣區存在環境管理協調不足、缺乏聯動機制的問題。[2]

國際三大灣區在修復環境、保障區域可持續發展的過程中都十分重視規劃的引導作用，並定期對規劃進行動態跟蹤與修訂，為基礎設施建設、經濟一體化融合等領域的快速發展奠定了堅實基礎。如紐約灣區自20世紀初開展區域規劃變革，分階段對水污染治理、交通建設、城市空間佈局等方面，展開跨州合作機制，平衡區域快速發展與環境保護之間的關係。[3]

進行整體的大灣區環境規劃協同，可以為經濟規劃提供基礎，不僅有利於保護環境，也可以在很大程度上避免經濟發展的盲目性和主觀隨意性，實現生態效益、經濟效益的統一。

---

1   范丹,王明旭.國際三大灣區環境保護對粵港澳大灣區的經驗啟示[J].環境科學與管理,
     2019,44(04):13-16.
2   伊文婧,梁琦,符冠雲,白泉.粵港澳大灣區綠色低碳發展現狀和潛力[J].中國能源,2018,40(06):21-24.
3   范丹,王明旭.國際三大灣區環境保護對粵港澳大灣區的經驗啟示[J].環境科學與管理,
     2019,44(04):13-16.

（一）目前三地存在的環境規劃具體制度總結

1. 香港特區環境規劃

策略規劃在香港有悠久的發展歷史，第二次世界大戰後共進行了 6 次編製或修編。較近的有 1984 年《全港發展策略》，1986 年與 1988 年《全港發展策略修訂》，1996 年《全港發展策略檢討》，以及《香港 2030：規劃遠景與策略》。

1996 年 7 月香港發表了《全港發展策略檢討》的報告書，增加了對環境因素的考慮，將過去"土地用途與運輸"的二重關係改變為"土地用途、交通運輸與環境"的三重關係，並進行獨立"規劃與環境評估"的策略性土地規劃研究，並引入可持續發展概念。該檢討報告為香港的發展提供一個長遠（至 2011 年）的規劃大綱，主要包括土地、基礎設施、環保三方面。環境方面，是以環境規劃準則評估噪音、空氣、水質、廢物處理、生態及潛在危險裝置的風險，以研究在資源供應和環境質量方面可承受的增長程度及相應的發展規模。

香港發展城市建設遵循的是 1939 年頒佈的"城市規劃條例"中的有關準則，並將其作為法定的規劃制度。[1] 經過多次修訂，1985 年，《香港規劃標準與準則》增設"環境"一章，使公共與私人發展工程和土地用途規劃在顧忌環境因素的過程中，發揮了重大作用。香港地區政府逐步認識到，"香港是一個不斷發展的城市，因此有很多機會可通過更妥善的城市規劃及發展計劃、改善和保障環境質素"。依據該準則，香港特區的環境規劃目的是，"環境規劃必須有系統地進行，才能達到以規劃改善環境的目的。環境規劃工作專門處理發展獲得、環境、天然資源及發展活動對環境造成的影響之間的關係，以期提高環境質素和承受能力。正如對抗污染白皮書所載，政府在環境規劃方面的整體政策目標是：（a）確保所有新發展計劃在選擇地點。規劃和設計上，充分顧及對

1　彭峰.香港特區的環境法律制度[J].中國環境法治, 2013(01):143-152.

環境造成的影響，從而避免產生新的環境問題；（b）市區重建過程中，把握機會改善環境。"[1]《香港規劃標準與準則》所列環境規劃方法是為達到以下目標：① 個別發展地區的擬議土地用途是在環境上適合的用途；② 同一發展地區的擬議土地用途之間能夠相互協調；③ 在適當地點提供足夠的環境設施，以確保妥善處理和處置所有由擬議發展產生的廢物及廢水。

香港特區環境保護署專門設置了專職"環境評估與規劃組"，主要職責是為實現政府的環境規劃目標，針對防治污染開展有關規劃研究和對所有政府公務計劃內的工程開展環境檢討，並對其規劃建議進行審查。目前，相關環境保護署主要規劃項目包括全港、區域及專題計劃、策略及研究，例如運輸策略、港口發展計劃及可持續發展研究等。其中比較有代表性的是"污水收集整體計劃"和"淨化海港計劃"。

《香港 2030 規劃遠景與策略》第四章"稱心的生活環境"，主要關注綠色清潔的環境，良好的美學觀念，便捷的交通，平衡與和諧的空間感，多元的選擇，負有特色的地方感，完善的城市基礎設施等方面。[2]對於環境保護，在方案評定中有提及，評價的準則是貫徹可持續發展原則，即減少污染和浪費，縮減生態足跡，保護自然與文化資源。

香港採取策略性環境規劃，未對整個地區進行總體規劃，主要是針對各個環境要素進行評估和規劃。且評估與規劃緊密相連，環境規劃屬環境評估範疇。環保署推行策略性環境評估，以確保主要策略性政策在初步規劃階段就納入環評環節，深入考慮環境影響，避免在政策推行後期才亡羊補牢。1996 年的《全港發展策略檢討》是首個進行全面"策略性環境評估"的大型政府計劃。[3]

環境問題貫穿在城市規劃的各個層面，表現在：① 在城市規劃佈

1　《香港規劃標準與準則》第9章第2條第2.1.1款。
2　香港2030規劃遠景與策略。
3　香港環境保護署─環評與規劃。

局上充分考慮環境問題。② 在舊城改造計劃中（都市計劃）首要目標是降低建成區的建築密度，盡量提供綠地以改善環境素質，並將污染大、具有潛在危險的工業遷往中心區以外的適當地區；廣泛設置紓緩景區，使居民免受來自交通幹線的噪音和黑煙滋擾；將近郊受採石場影響的地區加以整治，改為康樂或適當的社區發展用途。③ 為了在郊區發展中保護其免受城市化的不利影響，將非建設用地劃為景觀保護區、生態敏感區、郊野公園，並通過《郊野公園》確實保護。④ 在城市規劃中不斷充實環境保護的內容。

注重公眾參與，將可持續發展理念融入香港的城市規劃。香港早期策略規劃主要是為了應付地少人多的問題，以開發為主，但也對整體環境有所考慮。[1] 城市規劃方面，近年來遵循的理念由早期的"為民規劃"發展至"與民規劃"，對制定法定圖則、策略性規劃（如"香港 2030 規劃遠景與策略"研究），以及規劃發展方案（如前機場用地"啟德規劃檢討"研究及中環新海濱的設計等）都進行多階段、多層面、極為廣泛的公眾參與活動，務求讓社會的訴求得到充分表達，提高公眾對規劃的認知度和滿意度。

2. 澳門環境規劃

澳門環境保護局於 2012 年 9 月 7 日發佈了《澳門環境保護規劃（2010-2020）》。澳門主要環境問題有：道路交通產生的溫室氣體；能源消耗，包括電力、煤油、輕柴油等需要節約；大氣污染對珠三角地區的影響；水環境質量方面，城潮影響自來水廠水質，水體污染；固體廢物持續增長；生態環境壓力大，綠地面積增長有限，外來物種入侵；環境噪聲污染程度增加；輻射環境中光污染問題突出。

澳門環境規劃的特點：第一，環境分區管理概念，分為環境嚴格保護區、環境引導開發區、環境優化控制區；第二，設定了 11 項環境規

1　黃偉民,陳巧賢.可持續發展的規劃理念——香港經驗概談[J].規劃師, 2010,26(07):101-106.

劃綠指標：單位 GDP 能耗、再生水回用率、環境空氣質量達成率、沿岸水體水質總評估指數、城市生活污染集中處理率、區域噪聲平均消減量、廢棄物資源回收率、特殊及危險廢棄物資源化處理率、電子電器廢棄物集中回收率、城市綠地率；第三，分階段實現環境目標：近期、中期、遠期；第四，全民共同參與；第五，規劃滾動實施"規劃—實施—評估—修訂完善 - 更新規劃"；第六，保障實施，制定了執行和監督機制第七，注重與其他規劃協調，且關注區域合作，如珠三角地區環保合作，區域環境聯防聯治，積極參與大珠三角生態建設。

澳門環境規劃關注的環境問題：飲用水安全，污水處理設施，沿岸水體環境保護，水環境監測網絡；固體廢棄物：末端處理、處置固體廢棄物的設施建設，全過程監督管理固體廢棄物，特殊危險廢棄物回收及無害化；噪聲污染：監測噪聲體系，治理噪聲源；規劃綠地系統，生態環境資源及世遺城區的維護，加強動植物保護；光污染控制措施和相關規定，綠色照明產品和設施的應用，建築設計上預防光污染；建立輻射管理制度、監測網絡等。

2016 年澳門推出《澳門特別行政區五年發展規劃（2016-2020）》，澳門環保局根據該五年規劃，通過"規劃—實施—評估—修訂完善—更新規劃"的滾動實施方式，動態調整一些計劃和綠指標。

3. 廣東省環境保護規劃

對《廣東省環境保護"十三五"規劃》分析可見，廣東省環境保護規劃比較系統，從環境調控、污染防治、風險防控、制度創新、環境治理水平、重大工程、保障措施這幾個方面進行了詳細的規定。

環境調控上，對於環境空間、資源、供給側結構性改革、建設綠色發展示範區等進行規劃。污染防治，針對空氣、水、土壤污染問題提出提升目標，關注鄉村建設、生態系統保護。風險管控方面，推進工業源達標排放、完善防控體系，對重金屬污染、危險廢物和化學物質管控、核與輻射安全監管進行規定。環保制度創新上，針對環保法規制度、污染防治機制、環保市場體系，從黨政、企業、全民參與幾方面完善制度。環境治理水平方面，從立體環境監測體系、環境監察執法體系、環保科教體系、大數據及互聯網＋智慧環保體系出發進行規定。最後，健全的保障措施才能推動規劃有效實施，從任務分工、環保投入、評估考核三方面保障規劃實施。

在規劃制定過程中，與其他兩個地區廣泛的公眾參與不同，廣東省環境保護規劃制定過程中鮮少公民參與，如"十四五"規劃制定過程徵集意見，也只收集到 3 條。[1]

《珠江三角洲地區環境保護規劃綱要（2004-2020 年）》的特點：第一，劃線管理。① 紅線調控，優化區域空間佈局，具體包括構築區域生態安全體系（分為一級、二級、三級生態功能區），按照對生態保護要求的嚴格程度，將珠江三角洲分為嚴格保護區、控制性保護利用區、引導性開發建設區。優化水環境安全格局分為系統分離取水排水體系，調整優化水環境功能區劃，以及確立大氣敏感區。② 綠線提升，促進經濟可持續發展，包括推廣生態農業，發展生態工業，推進生態旅遊，促進可持續消費（推廣清潔能源，發展綠色交通，培育生態文明）。③ 藍線建設，保障環境安全，針對環境污染，提出要重點解決水污染問題（城鎮污水處理廠建設，綜合整治河道，控制面源污染），改善大氣環境質量（消減二氧化硫排放量，控制可吸入顆粒物，防治氮氧化物污染），防治固體廢物環境污染（安全處置危險廢物，綜合處理工業固體廢物，加強生活垃圾管理處置，資源和利用電子廢物）。第二，提出一系列落實規劃的保障措施，首先在決策層面，綜合決策，加強區域協調，深化環境保護考核制度。環保機制上，政府主導、市場推進、公眾參與，加強信息公開，推進環境科技進步，鼓勵公眾參與。環境管理體制方面，加強環保機構建設，加強鄉鎮環境管理，提升環保管理現代化

1　廣東省生態環境廳網絡問政平臺，《"十四五"生態環境保護規劃徵集意見》。

水平。最後要加大環保投入，拓寬融資渠道。並提出重點工程建設，包括區域污水處理工程，區域生態安全屏障工程，電廠脫硫工程，固體廢物處置利用工程，環境預警應急工程。

4. 三地環境規劃的比較

對粵港澳三地總體環境規劃進行宏觀比較如下表所示：

	廣東省	香港	澳門
規劃方式	單獨環境規劃	城市規劃的一部分	單獨環境規劃
制定過程	政府主導；公眾參與基本從缺。	多階段、多層面、極為廣泛的公眾參與活動。	廣泛深入的公眾參與，多次研討會等。
污染問題	空氣、水、土壤、重點風險管控（重金屬、危險廢物、核與輻射）	空氣、噪音、水質、廢物管理、光害	空氣、水、固廢、噪聲、輻射、光污染
能源	綠色能源、產業綠色化升級	低碳、綠色能源	節約能源
生態保護	生態安全屏障、自然保護區和重要濕地保護、藍色海岸帶修復	城市規劃中重視景觀保護區、生態敏感區、郊野公園等的設定	保護生物多樣性優化生態安全格局
特點	系統全面、與國家的規劃同步、規劃目標指標（一級二級，15/18/20 各評價一次）、環境調控總體規劃、風險防控體系	環境規劃屬環境評估範疇	分區管理、環境綠指標、分階段實現（近期、中期、遠期）、規劃滾動實施："規劃 - 實施 - 評估 - 修訂完善 - 更新規劃"
評估	環境監測體系、監察執法體系	評估先於規劃，嚴密的環境評估	評估指標執行與計劃開展情況
保障措施	任務分工、環保投入、評估考核	／	執行與監督機制

分析可見，三地同樣關注污染、能源和生態保育問題。污染關注的重點都有空氣、水、土壤。港澳對噪聲污染和光害比較在意，這應該也與其重視公眾參與有關。在制定程序上，港澳更加注重公眾各界的參與，內地在這方面還存在不足。具體規劃方式上，分功能區進行保護和開發，分階段進行評估跟進，設定具體環境指標目標是共同之處，說明三地進行統一規劃具有很大可行性。監測和評估，需要互相學習補充。在保障措施的規定上寬嚴詳略有很大不同，在協同規劃時需要協商探討，以保障規劃的執行力。

（二）粵港澳環境規劃的合作現狀分析

目前粵港澳三地已經制定的區域規劃綱要主要包括《泛珠三角區域環境保護合作專項規劃（2005-2010 年）》《珠江河口綜合治理規劃》《共建優質生活圈專項規劃》以及《粵港澳大灣區發展規劃綱要》等，締結的行政協議主要包括《泛珠三角區域合作框架協議》《泛珠三角區域環境保護合作協議》《泛珠三角區域環境保護產業合作協議》《粵港環保合作協議》《粵港合作框架協議》《粵澳合作框架協議》《粵澳環保合作框架協議》《珠澳環境保護合作協議》《粵港澳區域大氣污染聯防聯治合作協議書》《2016-2020 年粵港環保合作協議》《2017-2020 年粵澳環保合作協議》以及《深化粵港澳合作 推進大灣區建設框架協議》等。[1] 下表對三地主要的合作規劃綱要進行總結：

1　談蕭,黃夢慧.論粵港澳大灣區環境立法的協同[J].廣東行政學院學報, 2020,32(04):44-52.

《泛珠三角區域環境保護合作協議》、《泛珠三角區域環境保護合作專項規劃（2005-2010年）》2005	2005年粵港澳與其他8個省份共同參與並簽署了《泛珠三角區域環境保護合作協議》，標誌著粵港澳在泛珠三角區域環保合作平臺上實現區域性協作。[1]泛珠三角區域包括福建、江西、湖南、廣東、廣西、海南、四川、貴州、雲南九省（區）和香港、澳門兩個特別行政區（簡稱"9+2"）。 《合作協議》中約定開展工作的重點領域為：生態環境保護合作、水環境保護合作、大氣污染防治合作、環境監測合作、環境信息和宣教合作、環境保護科技和產業合作。合作機制採取聯席會議、專題工作小組、環境保護工作交流和情況通報制度。水環境合作，制定區域性水污染綜合防治方案，成立跨省級行政區河流跨界污染聯防聯治機制，開展南海海洋環境保護合作，探索建立流域生態環境利益共享機制。
"大珠江三角洲城鎮群協調發展規劃研究"（"大珠三角規劃研究"）2006	2006年展開，由香港發展局及廣東省建設廳簽訂合作協議，委託北京大學及廣東省城鄉規劃設計研究院功能廳進行研究，而澳門運輸工務司亦在2009年年初正式參與案件。研究成果與2009年年中經粵港、粵澳專責小組聯席會議審議通過。 研究的主要成果包括為大珠三角區域提出可藉優化的空間結構、構建高可達性交通網絡和營建優質環境等三大空間策略，以達到"協調可持續的世界級城鎮群"發展目標，並就跨界交通、跨界地區與生態環境保護合作，以及協調機制建設等主要規劃議題提出策略性建議，為粵港澳三地政府制定區域合作及跨界政策提供參考。

---

1 周麗旋,羅趙慧,朱璐平,于錫軍,房巧麗,張曉君.粵港澳大灣區生態文明共建機制研究[J].中國環境管理,2019,11(06):28-31.

《共建優質生活圈專項規劃》2012	2012 年 6 月 25 日，香港環境局、廣東省住房和城鄉建設廳及澳門運輸工務司共同發佈《共建優質生活圈專項計劃》（《專項計劃》），在環境生態、低碳發展、文化民生、優化區域土地利用及綠色交通組織五個主要領域訂定長遠合作方向。 《專項計劃》是首份粵港澳三地共同編製的區域性專項計劃，提出了共同將大珠三角地區打造成優質生活圈的願景，通過構建一個低碳、高科技、低污染的優質生活城市群，提升大珠三角地區的競爭力和吸引力。 在粵港澳共同提升環境生態質量方面，《專項規劃》建議加強區域大氣污染物減排控制合作，粵港兩地將在落實《珠江三角洲地區空氣質素管理計劃（2002-2010 年）》的基礎上，完成並公佈 2011-2020 年香港及珠三角地區空氣污染物減排計劃；並會優化區域大氣監測網絡；以及探討控制大珠三角海域大氣污染，包括研究在大珠三角港口推動船舶泊岸轉用更清淨能源的措施。
《粵港澳區域大氣污染聯防聯治合作協議書》2014	粵港澳三方共同簽署的《粵港澳區域大氣污染聯防聯治合作協議書》在 2014 年 9 月 3 日正式生效，該協議書是為了進一步推進三地大氣污染聯防聯治合作，以持續改善珠江三角洲地區空氣質量。標誌粵港澳在大氣污染防治合作領域由粵港、粵澳或港澳雙邊合作走向粵港澳三邊合作。 合作協議書重點包括共建粵港澳珠三角空氣質量監測平臺、聯合發佈區域空氣質量資訊、推動大氣污染防治工作、開展環保科研合作，以及加強三地環保技術交流及推廣活動。 粵港澳三地還公佈了區域空氣質量發佈新安排，除了增加粵港地區的空氣質量監測站點外，位於澳門的大潭山空氣質量監測子站也正式加入珠江三角洲區域空氣監控網絡，並將網絡更名為“粵港澳珠江三角洲區域空氣監測網絡”，以增加監測網絡覆蓋面和空間代表性。

（三）大灣區環境規劃協同面臨的問題

目前大灣區的環境規劃合作集中於水污染、大氣污染，其他部分少有提及，在共性的環境問題上可以展開更多合作。由於協同不足，三地的行政協議沒有對權利義務條款、責任條款進行規定，缺乏一定效力。大部分的協議也是集中於經濟領域，如《深化粵港澳合作 推進大灣區建設框架協議》等。

（四）粵港澳大灣區環境規劃協同對策

1. 大灣區環境規劃的設計機制

一體化與尊重差異並重。大灣區的提議強調了地域經濟和金融上的協調與融合，高水平、高力度的區域一體化，以集中發揮區域優勢並實現某種經濟目的。[1] 這種整合也體現了制度構建。灣區內各部分、部門、企業和公眾均有自身的利益和發展要求，建立區域統一管理協調和統籌負責的機構，是推進灣區生態環境保護的必要措施，而粵港澳大灣區作為一個跨體制、跨政府和跨行政邊界的特殊區域，在環境保護的問題上更應充分考慮不同層次、不同部門及不同地方政府之間的需求，建立多方合作機制，完善區域協調機制才能有效保障灣區環境保護工作的持續推進。

粵港澳大灣區因存在三個法域，港澳地區具有高度自治權，從而要在協商或對話的方式中進行環境規劃的共同制定。內地與香港和澳門之間長期有著就某事達成一致的協議或安排的習慣性做法，除了軍隊和外交事務等，港澳對本行政區內的活動有著高度自治權，如果單一地由內地主導，將大量統一性規範加之於粵港澳大灣區之上，也不符合"一國兩制"重要政治方針。

參考《框架協議》，先由三地政府進行綱領性的環境規劃，明確環境保護規劃目標，將規劃目標在大灣區各地方政府和部門之間層層分解，依據不同目標任務，確定相應執行主體。再由各個政府組建一個頂層的協調機構，對環境規劃具體落實進行細化、深入、步步落實，起草具體規劃後由各方審核通過。

對於協調機構的定位，可以借鑒三大灣區的成功經驗，設立一個超區劃、跨領域的協同治理委員會，並下設各個專門委員會，在委員會的成員組成中，可以由大灣區各城市按比例委派。可以由科研機構來對大

1　王崇.大灣區立法進路下的法理學思辨與定位[J].重慶大學學報(社會科學版),2019,25(05):145-153.

灣區的整體發展進行規劃，對於水污染等問題進行全域性的分析和評估，從而得出最有利於大灣區發展的最佳方案，交由大灣區的協調機構進行討論與磋商，並用強制力保證協調機構的決策能夠得到順利執行。

2. 規劃制定中的公眾參與

港澳地區對公眾參與落實得比較完善，在大灣區規劃協同過程中應該運用其在這方面的經驗。構建公眾參與環境規劃協同的機制。在法治社會的推動下，民主決策已經逐漸成為各地立法的重要原則，各地政策制定活動也基本具備公眾參與的途徑。環境規劃協同工作同樣也需要公眾參與。區域協同環境治理是一個新興且關乎公眾切身利益的課題，如何實現環境規劃協同還在探索和實踐之中，需要發揮協調機構、各地政府機關和公眾等相關利益主體的智慧。

在粵港澳大灣區特殊的制度背景下，各方民眾在法律價值、法律認同等觀念上可能存在差別，如何使公眾對於大灣區環境規劃協同有著更高層次的認同和理解、增進相互溝通和信任，構建公眾參與環境規劃協同機制就是一個很好的選擇。

在粵港澳環境規劃協同的整個過程中，都可以鼓勵公眾參與，包括規劃綱要、起草論證、審議等等；要暢通公眾參與渠道，可以根據不同階段的需要設立不同的參與方式，例如向社會公開徵求意見、座談會、論證會和聽證會等等；還要重視制定、細化和落實公眾參與環境規劃協同的機制，避免將其束之高閣，最終流於形式。

3. 大灣區環境規劃內容框架

總體生態治理規劃需要粵港澳三方政府參與共同制定，按照大灣區自然生態系統、珠江流域以及近岸海域生態安全建設的整體性和系統性要求，堅持區域統籌、流域統籌、陸海統籌，形成區域環境管理新模式。

總體規劃可以進行以下設計和政策引導：

一是對大灣區水環境合作治理的規劃引導。優化調整珠三角地表水環境功能區劃和近海功能規劃。加強跨界水污染治理，建立健全跨界河流污染綜合防治體系，形成珠三角水環境安全格局；

二是對區域大氣複合污染治理的規劃引導。建立大氣複合污染綜合防治體系，有效改善區域空氣環境質量，全面實施珠三角清潔空氣行動計劃，多手段聯合推進；

三是對構築區域生態安全格局的規劃引導。從大灣區自然環境和經濟發展整體佈局出發，優先保護區域生態屏障，統籌規劃區域綠地和區域綠道，構築整體聯結的生態安全體系；

四是對打造粵港澳綠色優質生活圈的引導。深化粵港澳環境合作，拓展合作領域，創新合作機制，打造綠色大珠三角優質生活圈；

五是對完善環境合作機制和環境政策法規的引導。建立統籌協調的區域環境管理體制，突破一體化瓶頸，建立科學的環境政策體系，探索具有珠三角特色的區域環境保護新道路。[1]

4. 規劃落實的保障措施

嘗試建立協同治理績效問責制，協同治理規劃應當具備權利義務及責任條款，以增加規劃的效力。實施協同治理績效評估，是指在目標實施過程中對生態環境治理任務目標所達到的影響、效果進行測評。[2] 作為一種正反饋的預期激勵措施，這是深化跨行政區生態環境協同治理任務目標順利實現的有效工具。它依據一定的規則、標準、程序對各級政府部門及其所屬人員在生態環境保護和治理中所承擔的責任、義務的履行情況進行監督、質詢、評價，並依據責任主體的績效表現實施獎懲。最終通過完善的績效評估體系和問責制度建設，確保區域內各治理主體生態環境治理目標責任落到實處，並實現績效目標的持續改進。

在大灣區環境規劃協同過程中，應當要強化戰略性、系統性和操作

1　王玉明.粵港澳大灣區環境治理合作的回顧與展望[J].哈爾濱工業大學學報（社會科學版），2018,20(01):117-126.

2　司林波.跨行政區生態環境的協同治理[N].中國社會科學報，2018-12-05(008).

性。第一，強化戰略性，實事求是，量力而行，在生態環境總體改善的基礎上，深刻把握生態環境根本好轉的核心要求，系統謀劃大灣區不同區域、各個領域、各個要素的生態環境保護的戰略目標與階段路線圖。第二，強化系統性，協同推進高質量發展與高水平保護，堅持生態優先、綠色發展，將尊重自然、順應自然、保護自然的基本理念轉化成生態環境保護促進、引導、倒逼高質量發展的手段，促進發展提質增效；同時將綠色發展作為解決生態環境問題的根本之策，努力形成有利於資源節約和環境保護的空間佈局、產業結構、生產方式和生活方式，實現高質量發展與高水平保護協同推進。第三，強化操作性，針對新時期治理體系與治理能力現代化的形勢與需求，深化規劃理論方法與技術研究，完善綜合規劃與專項規劃的規劃分工體系，強化規劃編製—實施—評估—考核的實施監督體系，強化分區分類分期指導和差異化治理，以規劃推進改革，通過改革促進規劃實施。

二、環境影響評價制度協同

（一）粵港澳環境影響評價制度的發展演變

1. 內地環境影響評價制度發展概述

自 1979 年《中華人民共和國環境保護法（試行）》第六條提出 "在進行新建、改建和擴建工程時，必須提出對環境影響的報告書" 以來，內地環境影響評價制度探索與實踐已超四十年歷史。當前，國內已逐步構建了以《環評法》為法律基石，以規劃環評和建設項目環評為兩大基本類別，從法律法規到技術導則、地方規範多層級全面完善的環評制度體系。回溯環評制度發展歷史，內地環評制度的發展歷程主要經歷了 20 世紀 70 至 80 年代的起步構建時期、20 世紀 90 年代的強化推進時期、2002 年《環評法》立法後的專項完善時期，與 2016 年至今的固定污染源環境管理綜合改革時期。

"環境影響評價" 這一概念，最早於 1964 年國際環境質量評價會議中提出。1969 年，美國成為世界上第一個建立環境影響評價法律制度的國家。受此影響，我國自 1973 年第一次全國環境保護會議後，開始有專家學者于北京西郊、官廳水庫流域等地開展環境質量評價研究實踐，為構建環評法律制度邁出第一步嘗試。[1] 1979 年，《環境保護法（試行）》明確將環評制度確定為環境保護基本法律制度之一，並確立了環評行政審批對建設項目的前置審查強制效力。此後，在 20 世紀 80 年代，我國又陸續通過《環保法》《建設項目環境保護管理辦法》《建設項目環境影響評價證書管理辦法（試行）》《關於加強鄉鎮、街道企業環境管理的規定》等一系列法律規範，對建設項目環評內容、分類管理、審批程序、評價機構資質等進行規定，實現了環評法律制度的初步規範化構建。

20 世紀 90 年代，改革開放推動社會經濟快速發展，大型建設項目與區域工業園區的開發建設活動日益增長，內地環評制度建設亦進入強化推進時期。1993 年，原國家環境保護局《關於進一步做好建設項目環境保護管理工作的幾點意見》明確強調 "先評價，後建設" 的環評原則，並要求 "必須對開發區進行區域環境影響評價"，將內地環評制度由建設項目環評擴展至區域環評領域。此外，該意見還體現了 "開發區污染物排放要實行總量控制與集中治理" "開發區環境綜合整治和污染集中控制" "簡化開發區內新建項目評價" 等區域環評管理先進理念。1994 年起，《環境影響評價技術導則》《電磁輻射環境影響評價方法與標準》《火電廠建設項目環境影響報告書編製規範》等技術導則與環評報告編製規範的陸續頒佈實施，[2] 為環評實踐提供了更為詳實的規則指引。1998 年 11 月，內地第一部建設項目環境管理行政法規 ——《建設項目環境保護管理條例》正式頒佈。該條例以專章形式對建設項目環評的制度地位、分類管理、評價內容、單位資質、審批管理、法律責任、

1　王社坤.環評與排污許可制度銜接的實踐展開與規則重構[J].政法論叢, 2020(05):151-160.

2　張雲懷,姚建玉,董西哲.我國環境影響評價的回顧與發展[J].北方環境, 2011,23(04):82-84.

公眾參與等內容進行詳細規定，"標誌著以環評審批為核心的環評制度基本定型"，[1] 環評行政審批的決定性效力成為實施預防性環境管理的最重要抓手，環評制度演化為內地固定污染源環境管理的核心，"預防為主" 原則得到較為系統的貫徹。

2002 年 10 月，《中華人民共和國環境影響評價法》正式頒佈，這是內地首部環境影響評價專門法律，提升了內地環評法律制度的整體法律地位，凸顯了環評制度對社會生態環境保護的重要意義。隨著《環評法》的實施，我國環評制度的規制對象也首次拓展到國務院有關部門、設區的市級以上地方人民政府及其有關部門組織編製的綜合性規劃與專項規劃，規劃環評由此獲得明確的法律地位。在此之後，內地環評制度以建設項目環評與規劃環評兩大分支為發展方向，進入專項發展完善時期：一方面，《建設項目環境保護分類管理名錄》《建設項目環境影響評價文件分級審批規定》等法律文件進一步搭建了建設項目環評分類管理、分級審批的法律框架；另一方面，《規劃環境影響評價條例》以提高規劃科學性、實現源頭預防、促進經濟社會全面協調可持續發展為立法目的，更加細緻地規定了規劃環評的評價內容、評價形式、審查規則、跟蹤評價與法律責任。與此同時，各類專業技術導則的密集出臺，也為環評制度補充了不可或缺的實踐指導。下表展示了 2002 年以來內地環評法律制度的立法框架與效力級別（僅限當前生效的法律文本）：

法規名稱	效力級別
《中華人民共和國環境影響評價法》	法律
《中華人民共和國固體廢物污染環境防治法》	法律
《中華人民共和國大氣污染防治法》	法律
《中華人民共和國海洋環境保護法》	法律
《中華人民共和國水污染防治法》	法律

1　王社坤.環評與排污許可制度銜接的實踐展開與規則重構[J].政法論叢, 2020(05):151-160.

法規名稱	效力級別
《規劃環境影響評價條例》	行政法規
《建設項目環境保護管理條例》	行政法規
《防治海洋工程建設項目污染損害海洋環境管理條例》	行政法規
《環境影響評價公眾參與辦法》	部門規章
《建設項目環境影響評價分類管理名錄》	部門規章
《建設項目環境影響登記表備案管理辦法》	部門規章
《建設項目環境影響後評價管理辦法（試行）》	部門規章
《企業事業單位環境信息公開辦法》	部門規章
《建設項目環境影響評價文件分級審批規定》	部門規章
《環境影響評價審查專家庫管理辦法》	部門規章
《環境保護部關於強化建設項目環境影響評價事中事後監管的實施意見》	部門規範性文件
《規劃環境影響評價技術導則》	國家環境保護標準
《開發區區域環境影響評價技術導則》	國家環境保護標準
《環境影響評價技術導則》 （含總綱、生態影響、大氣環境、地表水環境、地下水環境、土壤環境〔試行〕、聲環境、城市軌道交通、民用機場建設工程、鋼鐵建設項目、製藥建設項目、農藥建設項目、水利水電工程、輸變電工程、煤炭采選工程、鈾礦冶、陸地石油天然氣開發建設項目、石油化工建設項目、衛星地球上行站、廣播電視等）	國家環境保護標準
《建設項目環境影響技術評估導則》	國家環境保護標準
《建設項目環境風險評價技術導則》	國家環境保護標準

法規名稱	效力級別
《建設項目竣工環境保護驗收技術規範》 （含生態影響類、公路、港口、城市軌道交通、醫療機構、製藥、滌綸、粘膠纖維、紡織染整、造紙工業、汽車製造、電解鋁、乙烯工程、火力發電廠、水利水電、輸變電工程、煤炭采選、石油天然氣開採、石油煉製、黑色金屬冶煉及壓延加工、水泥製造等）	國家環境保護標準

　　不斷完善的環評法律制度對我國保護生態環境、優化產業佈局起到重要的作用，然而隨著經濟社會的發展，環評制度的執行模式與管理方法也逐漸暴露出各種矛盾：項目環評不斷強化、審批事項逐漸增多、環評文書編製規範難以統一等問題日益加重行政相對人負擔；規劃環評落地困難、項目環評針對性不強、"未批先建、久拖不驗"屢屢發生、事中事後監管缺位等問題又使得環評審批時常流於形式。[1]從制度設計層面看，"重審批、輕監管"的環評制度設計無法承擔規劃、項目投運之後的環境管理重任；從制度執行層面看，企業追逐經濟利益、逃避環保責任情況嚴峻，地方政府"重經濟輕環保"的發展態度仍然有待轉變。在此背景下，推動環評改革，促進制度落地，成為環評制度的發展關鍵。將生態文明體制改革與行政機構"放管服"改革相結合，則成為優化環評流程、提高環評效率、升級環評質量的必然方向。對此，在轉變發展觀念方面，我國 2014 年修訂的《環境保護法》規定了國家實行環保目標責任制和考核評價制度，明確應將環保績效納入地方政府及其負責人的考核內容。此外，我國還相應實施了省以下環保機構監測監察執法垂直管理制度，以削弱地方政府經濟績效至上之動機給地方環保執法所帶來的壓力。[2]在行政機構簡政放權方面，2014 年國務院提出精簡前置審批事項，僅對重特大項目保留環評前置審批。[3]2016 年與 2018 年，《環評

1　環評改革:讓環評回歸本意[J].環境保護, 2017,45(19):11.

2　金自寧.我國環評否決制之法理思考[J].中國地質大學學報(社會科學版), 2019,19(02):11-22.

3　《精簡審批事項規範中介服務實行企業投資項目網上並聯核准制度工作方案》（國辦發〔2014〕59號）.

法》經歷兩次修正，明確國家對環境影響登記表實行備案管理，取消了環評單位資質管理要求，允許有技術能力的建設單位自行開展項目環評。在優化環評制度方面，2016 年，原環境保護部印發《“十三五”環境影響評價改革實施方案》，為環評改革提供綱領性指導，該方案明確提出“以改善環境質量為核心，以全面提高環評有效性為主線，以‘三線一單’為手段，強化空間、總量、准入環境管理”的指導思想，強調堅守生態閾限理念，強化空間管控和源頭管控，通過與排污許可制相融合，實現固定污染源環境管理綜合改革。此外，改革動向還包括環評前置鬆動、試行環評告知承諾制度、自主竣工環保設施驗收、環評信息共享、環評許可技術標準體系構建等。

2. 香港環境影響評估制度發展歷史概述 [1]

香港自 20 世紀 70 年代末 80 年代初開始實施環境影響評估制度（以下亦簡稱為“環評”），最初只是適用於大型公共工程及私營機構個別工程，主要以行政命令推動制度建設。1998 年 4 月 1 日起，香港正式實施《環境影響評估條例》，成為香港環境影響評估制度建設的重要里程碑。目前，香港環境影響評估制度已構建從法律、規例到技術備忘錄、技術性指南的較為完備的立法架構。

法規名稱	效力級別
《環境影響評估條例》（香港法例第 499 章）	香港法例
《1999 年環境影響評估條例（修訂附表 2）令》	法例修訂

1　相關數據與資料來自：

（1）香港環境保護署——環境影響評估條例主頁；

（2）香港環境保護署主頁；

（3）香港環境諮詢委員會主頁。

相關法律規範來自：

（1）香港環境保護署—環境影響評估條例主頁；

（2）電子版香港法例。

參考文獻：

（1）劉春華.內地與香港環境影響評價制度比較[J].環境保護, 2001(4): 23-26.

（2）王承達.環境影響評價制度的比較研究:中國內地與香港[J].學術研究, 2002(3): 50-53.

法規名稱	效力級別
《環境影響評估（上訴委員會）規例》	環境影響評估規例
《環境影響評估（費用）規例》	環境影響評估規例
《環境影響評估程序的技術備忘錄》	技術備忘錄
《環境影響評估條例指南》	不屬立法，只用作闡釋用途，為條例和有關規例及技術備忘錄的條文提供簡單指引

根據香港《環境影響評估條例》的規定，該條例釋定的所有大型工程必須進行環境影響評估研究，以評估工程對環境可能造成的影響，並且說明可能需要實施的紓緩措施。環境影響評估研究報告一經批核，工程倡議人便可申請環境許可證，以便展開特定工程。

香港工程項目的環評審核主要由環境保護署與環境諮詢委員會負責。環境保護署為環境保護局下屬機構，由環境局常任秘書長擔任署長。而環境諮詢委員會則是於 1994 年 1 月成立的為政府提供環境保護、保育相關意見的諮詢委員會，下轄環境影響評估小組等 3 個小組，職權範圍是“檢討香港環境情況，及透過環境局局長，向政府建議應採取應對各類污染問題的適當措施”，並“依據《環境影響評估條例》就指定工程項目的環境影響評估報告向環保署署長提交意見”。環境諮詢委員會的主席和委員均為非官方人士，來自社會不同界別，包括學者、環保人士、專業人士、工商界和區議員，成員由行政長官委任，任期兩年，由環保署負責其秘書處工作，環保署署長及漁業自然護理署、規劃署和衛生署的代表列席會議。環境諮詢委員會的具體工作流程是：① 環保署長須在接獲工程項目簡介後，知會環境諮詢委員會，並須將該工程項目簡介的文本一份送交該委員會；② 委員會每月舉行會議，審議環境影響評估小組就工程項目環評報告做出的建議；③ 委員會依據《環境影響評估條例》就指定工程項目的環評報告向環保署署長提交意見。

在環評小組研究環評報告和委員會會議討論過程中，都允許公眾參與。

　　與內地相比，香港環評制度更側重於從頒發環境許可證的角度出發對工程項目進行管控，但並未涉及內地所規定的"三同時"制度。從法律適用範圍來看，與內地環評制度分為規劃環評與建設項目環評兩大領域不同，香港環評制度以工程項目環評為主，相應法例均是就指定工程項目環評做出規定。但香港當前也將環評工具適用於制定主要政策和規劃上，稱為策略性環評，屬行政過程而非法定過程，主要指政府要求在所有提交行政會議（香港最高行政決策機構）的文件中須提供對環境影響的資料，是可反復進行的評估累積影響與環境利益的環評形式。1988年，香港政府通過行政通告要求新市鎮發展計劃及主要的土地用途／發展計劃均須進行環評，這是香港首次運用策略性環評進行空間規劃；1992 年的總督施政報告則要求提交行政局／行政會議的主要政策文件均須加入對環境造成影響的章節，將策略性環評的適用範圍進一步拓展到政府政策及策略；而 2002 年之後，更要求主要建議的策略性環評必須進行可持續發展評估。在香港進行的策略性環評主要可以分為三類：全港土地用途規劃、運輸策略和政策以及策略性建議和方案。以 2019年為例，2019 年經評審及提供環境技術意見的主要規劃及專題研究包括：《策略性岩洞區先導規劃及工程研究—可行性研究》《香港 2030+：跨越 2030 年的規劃遠景與策略》《香港廢物處理及轉運環保基建設施未來計劃研究》等。

　　總的來看，香港環評制度建設時間與內地相近，但法例適用範圍不如內地寬泛。香港環評制度的法律建構更傾向於細緻明確的列舉式立法，可操作性強，公眾參與立法亦較為詳盡，但宏觀的戰略環評與規劃環評暫不具備獨立的法律地位。

3. 澳門環境影響評估制度發展歷史概述 [1]

相比于內地與香港較為健全的環評制度體系，澳門的環境影響評估制度（以下亦簡稱為"環評"）起步較晚，目前仍處於工程項目環評制度初步構建階段。雖然澳門早在 1991 年頒佈的《環境綱要法》中，就已提出"對可能影響環境的工程、基建、引進新科技和產品，作事先評估"，"可能影響環境和市民健康及生活質素的計劃方案、工作和活動，無論是行政當局的機構甚至公告或私人機構的責任和主動，應附帶有影響環境的研究"，甚至要求"影響環境研究的通過，是有關當局最後簽發工程及工作準照的先決條件"，但直到 2010 年，澳門特別行政區政府才首次在施政報告中提出需要開展制定環境影響評估制度工作。2009年成立的澳門環境保護局設置了專門的環境規劃評估廳（下轄環境規劃處與環境評估監測處），並自成立之時起就積極開展環境影響評估制度構建工作：該局於 2009 年制定了規範和統一環評報告內容的《編寫環境影響評估報告書指引》，於 2011 年 8 月進行了《構建環境影響評估制度的探索文本》意見徵集活動並隨後公佈《〈構建環境影響評估制度的探索文本〉意見徵集彙編》。2013 年，澳門環保局推出了《需進行環境影響評估的工程項目類別清單（試行）》，該清單將澳門環評制度適用範圍限制於特定的工程項目之中，其適用範圍亦小於內地。總的來看，當前澳門並沒有專用於環評的法律、行政法規或行政長官批示，環評專業規範以技術性指引或導則為主（如下表所示），僅能起到說明、引導作用，環評制度體系缺乏高位階法律支撐，法律約束力與強制力仍有待強化。

1　　相關數據與資料來自：
（1）澳門環境保護局—澳門環境影響評估資訊平臺；
（2）澳門環境保護規劃（2010-2020）；
（3）澳門特別行政區政府公共建設局官方網站；
（4）澳門特別行政區政府土地工務局官方網站。
相關法律規定來自：澳門特別行政區政府印務局。
參考文獻：姚舜.內地與澳門環境影響評價制度比較研究[J].新經濟, 2018(1): 47-52.

澳門環境影響評估技術導則
編寫環境影響評估報告書指引
環境影響評估指引─水質影響評估指引
環境影響評估指引─土地污染評估指引
環境影響評估指引─空氣質量影響評估指引
環境影響評估指引─生態影響評估指引
環境影響評估指引─噪音影響評估指引
環境影響評估指引─廢物管理影響評估指引
環境監察與審核報告
一般環境影響評估報告中需提交的空氣及噪音影響預測模型或計算資料
澳門機動車排放因子估算（2010 年－2020 年）

根據澳門環境影響評估資訊平臺，當前澳門的環境影響評估工作流程如下圖所示：

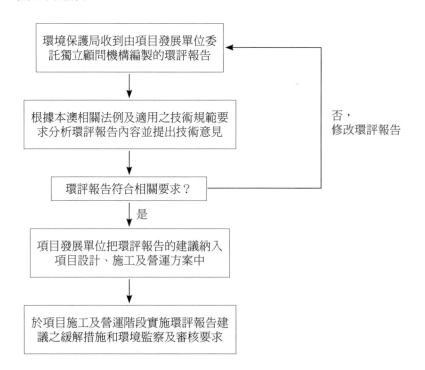

從環評審批職權來看，澳門第 14/2009 號行政法規《環境保護局的組織及運作》第三條明確授權澳門環保局 "就其他實體具職權發出准照或作出許可的方案及活動的環境影響評估程序發表意見"，並 "進行或評估環境影響的研究"。從環評報告內容來看，澳門要求須進行環評的工程項目應編製環評大綱、環評報告書及報告書摘要各一份，環評報告內容須包括工程項目描述、技術評估依據、範圍與方法、對環境影響的預測與評估、根據預測及評估結果提出適當的緩解措施、根據評估結果說明項目施工及營運階段的環境監察、審核方案與緩解措施的實施計劃等；而具體的技術評估內容則是根據環境的組成特徵及工程項目的規模性質而定，一般包括空氣、噪音、水質、生態、固體廢物和土地污染等環境要素。

在規劃環評層面，儘管當前澳門規劃環評目前缺乏明確的專項立法制度，但澳門政府已依據現行環境保護法例、環保國際公約、相關技術導則、環境指引、規劃成果，在重大規劃的方案設計與信息公示環節進行了較為完善的規劃環評立法實踐。以《澳門新城區總體規劃環境影響評估報告》為例，該報告由澳門政府委託中國城市規劃設計院出具，從大氣、水、噪音、土地、固廢、社會文化遺產等評價要素出發，圍繞資源現狀、環境承載力、社會影響等內容進行規劃影響預測與施工期環境影響評估，並提出了相應的規劃方案減緩措施與環境管理監督方式，為澳門新城區的城市規劃提供了較為全面的環境影響參考。

在環評實踐層面，根據澳門環保局的統計，2009 年至 2019 年間，澳門環保局共接收環評報告 132 份，年均接收報告僅 12 份，體量較內地、香港而言極小；其中，約 71% 屬公共項目環評，而私人項目僅佔 29%，體現出澳門環評活動更側重於政府部門主導的公共發展項目，而非政府背景的私人工程項目的環評工作仍有待進一步發展完善（見下頁圖）。

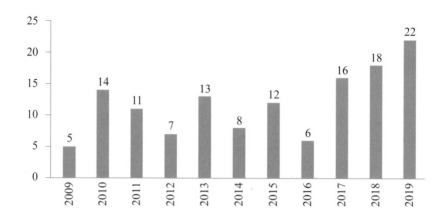

（二）粵港澳環評制度的異同比較

1. 主管部門與審批流程

與內地相比，香港環評制度更側重於從頒發環境許可證的角度出發對工程項目環境風險進行管控，但並未涉及內地所規定的"三同時"制度。香港工程項目的環評審核主要由環境保護署與環境諮詢委員會負責。環境保護署為環境保護局下屬機構，由環境局常任秘書長擔任署長。而環境諮詢委員會則是於1994年1月成立的為政府提供環境保護、保育相關意見的諮詢委員會，下轄環境影響評估小組等3個小組，職權範圍是"檢討香港環境情況，及透過環境局局長，向政府建議應採取應對各類污染問題的適當措施"，並"依據《環境影響評估條例》就指定工程項目的環境影響評估報告向環保署署長提交意見"。環境諮詢委員會的主席和委員均為非官方人士，來自社會不同界別，包括學者、環保人士、專業人士、工商界和區議員，成員由行政長官委任，任期兩年，由環保署負責其秘書處工作，環保署署長及漁業自然護理署、規劃署和衛生署的代表列席會議。

據香港《環境影響評估條例》的規定，該條例附件2、3中的指定工程項目可分為直接申請環境許可證與提交環評報告後申請許可證兩大類別。其中，範圍在20公頃以上或涉及總人口超十萬人的市區發展工程、範圍包含現有或新人口超十萬人的重建工程必須進行環境影響評估研究，以評估工程對環境可能造成的影響，說明可能需要實施的紓緩措施。

香港環評報告的具體審批流程為：首先，環評申請人向環保署長提交工程項目簡介，以申請環評研究概要；其次，署長須在接獲申請的 45 天內向申請人發出環評研究概要，申請人根據概要及相關技術備忘錄的規定編製環評報告；然後，在接獲環評報告的 60 天內，若署長認為該報告符合概要的相關規定，則須告知申請人進行公眾查詢展示，同時決定是否將報告提交環境諮詢委員會；最終，在徵集公眾與環境諮詢委員會意見後，再由署長批准報告、發放環境許可證。而環境諮詢委員會的工作職責包括：① 環保署長在接獲工程項目簡介後，知會環境諮詢委員會並將簡介文本送交委員會審核，委員會在 14 天內向署長提出相關意見；② 委員會每月舉行會議，審議環境影響評估小組就工程項目環評報告做出的建議；③ 委員會根據內部審議結果，在接獲環評報告文本的 60 天內向環保署長提交相關意見。環評小組研究環評報告和委員會會議討論的過程都允許公眾參與。

從環評審批職權來看，澳門第 14/2009 號行政法規《環境保護局的組織及運作》第三條明確授權澳門環保局 "就其他實體具職權發出准照或作出許可的方案及活動的環境影響評估程序發表意見"，並 "進行或評估環境影響的研究"。從環評報告內容來看，澳門要求須進行環評的工程項目應編製環評大綱、環評報告書及報告書摘要各一份，環評報告內容須包括工程項目描述、技術評估依據、範圍與方法、對環境影響的預測與評估、根據預測及評估結果提出適當的緩解措施、根據評估結果說明項目施工及營運階段的環境監察、審核方案與緩解措施的實施計劃等；而具體的技術評估內容則是根據環境的組成特徵及工程項目的規模性質而定，一般包括空氣、噪音、水質、生態、固體廢物和土地污染等環境要素。

2. 利益救濟途徑

環評活動的利益救濟，既包含環評申請人不服行政審批時可採取的救濟措施，又包含其他公民、法人、社會團體因不服環評行動損害自身或公共利益而採取的救濟措施，其意義在於矯正環評活動中背離環境保護目的的不適宜行為，以維持環評行動的合法性與公益性。

在環評活動的行政監督與司法救濟領域，內地檢察機關可以通過提起生態環境行政公益訴訟對行政部門的不作為、亂作為進行追責。此外，內地實行環境司法專門化制度，在各地基層法院、中級法院、高院設立環境法庭，專門審理環境糾紛案件。法律層面正式確立了生態環境公益訴訟制度，在 2019 年民事訴訟法修改中，也明確了檢察機關提起生態環境行政公益訴訟和生態環境民事公益訴訟的資格。但相較于香港完善發達的環境救濟機制和澳門完善的環境公益訴訟制度，內地生態環境訴訟受案範圍較窄，抽象行政行為並未納入其中，對於具體行政行為提起相關環境訴訟的權利，也由檢察機關等公權力掌握，在環境司法救濟中，公眾的參與度不高。

上訴是香港《環境影響評估條例》為環評申請主體提供的直接行政救濟途徑。根據規定，環境許可證的申請人可以在接獲環保署長不予批准決定的 30 日內，以書面形式向上訴委員會提出上訴。在人員組成方面，上訴委員會由行政長官任命，其主席與副主席須具有被委任為區域法院法官的資格，而其他成員不得擔任公職；在內容審查方面，上訴委員會可以接納不獲法庭接納的陳述、文件、資料或事項，但不審查任何技術備忘錄相關內容；在審理程序方面，上訴委員會對事實判定採用過半數表決制，但法律問題則須由主席裁決；在裁決效力方面，上訴委員會可以確認、推翻或更改該上訴所針對的決定或規定，可以要求環保署長遵從上訴委員會指示，可以對上訴費用進行強制執行。

與此同時，司法救濟也是香港重要的環評救濟途徑。香港基本法明確規定，當權益受到行政決定或行政作為、不作為的侵犯時，香港居民有權對行政部門和行政人員的行為向法院提起訴訟，而承襲英美法系三權分立制度的香港法院，則保留了對政府機關行政行為進行司法覆核的權力。因此香港居民或社會團體可以自身權益受到侵害為由提起環評報告批准不當之訴，申請香港高等法院裁定政府已批出的環境許可證無效。[1] 此外，《CEPA 投資協議》也已明確規定不得以行政協議繞過環評司法複審程序。[2] 但在 Leung Hon Wai v Director of Environmental Protection and another 案 [3] 中，上訴法院也強調，法院在審理環評許可司法覆核案件中，主要關注的是環評過程是否遵循相應程序。在 Ho Loy and another v Director of Environmental Protection 案 [4] 中，法官也認為，如項目的可行性或可持續性取決於該項目作為公共政策的實施情況，則其並非當次司法覆核的決定性問題。

獨具特色的是，上訴委員會與上訴法庭之間允許進行雙向案件轉介：一方面，上訴委員會在案件裁定前可以案件呈述的方式將上訴中產生的法律問題轉介上訴法庭裁定；另一方面，上訴法院聆聽該案時，可直接修訂該案件，或將該案發還，由上訴委員會考量法庭意見後作修訂。

澳門的環評救濟同樣既可採用行政手段，也可採用司法手段。在行政手段上，澳門《環境綱要法》第三十一條規定，任何人認為其環境權利受損時，可申請立即中止損害活動的行政禁制令。在司法手段上，澳門《行政訴訟法典》規定了“司法上訴”與“訴”兩種救濟模式。司法上訴僅針對產生對外效力而不受必要行政申訴約束的行政行為，目的在於撤銷被訴行政行為，或宣告其無效或法律上不存在，適用于被訴行為無權、越權、形式瑕疵、違法或絕對不合理行使自由裁量權、權力偏差

1　連遠帆.香港特區環境保護司法實踐分析[J].人民司法(應用),2016(04):73-78.
2　黃曉慧.跨域性城市群環境保護及治理的法律合作路徑研究——以粵港澳大灣區建設為視角[J].中國名城, 2019(04):13-18.
3　CACV176/2013.
4　HCAL 21 & 22/2015 HO LOY & TAM KAI HEI v Director of Environmental Protection.

等情形。司法上訴僅審理行為之合法性，不具有中止被訴行為效力的效果。對於可撤銷行為，須先提出必要行政申訴方可提起司法上訴。在公益訴訟層面，澳門居民、法人、市政機構亦可對損害公共衛生、環境、生活質素等基本利益之行為提起司法上訴。與司法上訴不同，澳門《行政訴訟法典》所規定的"訴"的目的在於確認權利或受法律保護的利益、命令依法作出行政行為或行政賠償，是對行政機關不作為或亂作為的救濟方式。

3. 替代方案的適用

對替代方案的不同態度，是內地與香港環評立法的重大差異之處。所謂"替代方案"是指在環評過程中應當說明的"除擬議活動以外的其他可供選擇的備選方案"，[1] 美國《國家環境政策法》中明確要求環評必須列明擬議行為的替代方案，以實現通過環評選擇環境不利影響最少的實踐方案的目的。[2] 替代方案通過呈現與申請方案的差異化內容，幫助決策者對擬議活動對環境的影響程度與方案可行性進行評估，從而更加科學地推動公共決策與環境風險預防。

根據香港《環境影響評估程序的技術備忘錄》，環評報告內容中必須包含："已考慮主要工程項目需求及其他方案的背景、對不同選擇及工程項目的選址與路線的考慮、有或無工程項目時不同方案的說明、不良影響的緩解措施及其剩餘影響"，因此環評報告中有無符合法律要求的替代方案，常成為環評爭議的焦點。但相關判例亦指出，對替代方案的定義不能偏離環保目的，刻意歪曲或無視法規文本的明確含義是對立法目的的不當利用。在香港機場新跑道建設環評司法覆核案[3]中，原告認為環評報告中沒有將擬議的三跑道方案的環境效益和不良影響與基於現有雙跑道系統的 2 個替代方案進行比較，也沒有對方案選擇中考慮的

1　黃曉慧.區域生態環境共治共享中的跨界環評法制研究[J].法治論壇, 2019(03):3-14.

2　黃曉慧.論環境影響評價制度的移植異化——以粵港兩個案例的比較為視角[J].廣東社會科學, 2014(03):250-256.

3　HCAL 21 & 22/2015 Ho Loy and another v Director of Environmental Protection.

環境因素進行任何描述，違反了相關法規；而法院卻認為，香港相關城市發展規劃中已經就香港機場未來發展需要進行了方案探討與公眾意見諮詢，問卷調查中新建第三條跑道是大多數人的首選方案，因此基於現有雙跑道系統設計的 2 個發展方案不能被視為具體項目環評中的替代方案。並且，法官認為，環保署長在向申請人發出環評研究概要之時，已經做出了初步允許推進新建第三條跑道的決策，因此"在環評報告審核環節比較有無第三條跑道的不同方案的環境效益與不良影響是毫無意義的"。

在內地與澳門的環評制度中，替代方案並未通過立法確立為必要內容。2002 年全國人大法律委員會《關於 < 中華人民共和國環境影響評價法（草案）> 修改情況的彙報》以"要求所有的建設項目都要另搞替代方案，難以做到，也沒有必要"為由，建議在環評法立法草案中刪除要求建設項目進行"替代方案的環境影響分析"的規定，由此定下內地"拋棄"替代方案的立法基調，導致內地無論規劃環評亦或建設項目環評，均只要求提出預防或者減輕不良環境影響的對策和措施。與內地立法模式相近，澳門目前僅有的項目環評制度亦只要求環評報告必須根據預測及評估結果提出適當的緩解措施，以及根據評估結果說明項目施工及營運階段的環境監察、審核方案與緩解措施的實施計劃，而並不要求替代方案。

4. 公眾參與程序

環評程序的公正性，不僅依賴於立法機關的制度設計，還依賴于行政機關的依法執行與公民的監督與建議，這就離不開公眾對環評活動的廣泛參與。信息公開與公眾參與，是公民監督環評程序進程、保障環境正義與公共利益的直接途徑。

內地 2018 年頒佈的《環境影響評價公眾參與辦法》可適用於"可能造成不良環境影響並直接涉及公眾環境權益"的專項規劃環評公眾參與，和應當編製環境影響報告書的建設項目環評公眾參與。根據該辦法的規定，在規劃環評層面，專項規劃的編製機關應當在規劃草案送審前通過論證會、聽證會等途徑徵求有關專家與公眾的意見。此外，規劃編製機關還應通過調查問卷、現場走訪、座談會等形式對規劃環評進行跟蹤評價的公眾意見收集。與之相比，香港的策略性環評提倡盡早與相關人士及市民保持持續性溝通，意味著公眾參與可能在初步規劃、初步評估、最後評估、後續監察等任一環節發生。而根據澳門《行政程序法典》的規定，政府機關在形成與私人利益有關之決定時，應確保私人及以維護私人利益為宗旨的團體參與。根據公開評議規則，有權機關應將規章草案公佈於《澳門政府公報》以收集公眾意見，利害關係人可在規章草案公佈後三十日內將書面意見送交規章制定機關。在規劃環評的公眾參與問題上，澳門主要以相關部門（如土地工務運輸局）發佈相關規劃草案的公開諮詢通告、設置公共場所宣傳專欄、收集整理民意調查研究報告、召開政府諮詢組織、公眾、社團專場諮詢會等方式推動公眾參與。

在項目環評領域，內地《環境影響評價公眾參與辦法》要求建設單位應當依法聽取環評影響範圍內的公眾意見，同時鼓勵聽取環評範圍之外的公眾意見。具體而言，內地建設工程項目環評的公眾參與貫穿於環境影響報告書編製全過程之中：建設單位應當在確定報告書編製單位後 7 個工作日內公示項目基礎信息；在報告書徵求意見稿編製過程中，公眾均可向建設單位提出環評相關意見；報告書徵求意見稿形成後，建設單位應當通過網絡平臺、報紙、張貼公告等方式同步公開徵求意見且期限不得少於 10 個工作日。對環境影響公眾質疑性意見多的建設項目，建設單位還應當通過召開公眾座談會、聽證會、專家論證會等方式組織開展深度公眾參與。報告書提交審核後，生態環境主管部門亦需承擔環評信息公開與意見徵集的責任：主管部門應當在受理後向社會公開環境影響報告書全文，受理公民、法人和其他組織對報告書審批的意見建議與違法舉報，期限不少於 10 個工作日；同時生態環境主管部門應當對報告書公眾參與的說明內容、說明格式、參與程序進行審查，在綜合考慮公眾意見後依法審批報告書。但在實踐操作中，受建設項目環評文件分級審批制度影響，內地的環評信息公示呈現分散於各地各級環保主管部門的凌亂狀態，公眾知情權保障實效不佳；而公眾參與的程序細節缺乏規制與監管，個人和社會環保團體參與環評困難較多，群眾上訪與群體事件屢見不鮮，成為特殊的群眾意見表達渠道。

有別於內地分散的環評公開渠道，香港的工程項目環評信息集中公示於環保署"環境影響評估條例"網絡專頁中，且環評程序中提供了編製環評報告前後兩個時段供公眾提出意見。在編製環評報告前，香港《環境影響評估條例》要求申請人在向環保署長呈交工程項目簡介的次日在中英文報章上刊登相應廣告，因此任何人可在刊登廣告的 14 天內就工程相關環境問題向環保署長提出意見。在編製環評報告後，若環保署長認定該報告符合概要規定，則會進入為期 30 天的報告公開展示期，供公眾免費查詢；公眾查閱期屆滿，方進入署長批覆環節。同時，公眾還可以通過旁聽環評小組及環境諮詢委員會邀請項目倡議人出席簡介和問答環節的會議來參與環評活動。

遺憾的是，澳門現行法律規範並未就工程項目公眾參與程序作出說明，澳門環保局亦暫未公示具體的工程項目環評報告，澳門的工程項目環評公眾參與機制仍有待進一步釐清。

第二章

大灣區污染防治制度協同

第一節 水污染防治

一、粵港澳大灣區水污染治理現狀

（一）粵港澳三地水污染治理相關規定

1. 廣東省

我國水污染治理以《水污染防治法》為基本法，確立了重點水污染物排放總量控制、限期治理、水污染防治規劃等基本法律制度。[1] 除此之外，水污染治理領域重要的法律法規還包括《水污染防治法實施細則》《排污許可管理條例》《城鎮排水與污水處理條例》以及《防治船舶污染內河水域環境管理規定》等。在此基礎上，廣東省依據上位法的規定，結合自身實際，頒佈了《廣東省水污染防治條例》《廣東省人民政府關於加強水污染防治工作的通知》以及《廣東省水污染整治方案》等地方性法規、規章和規範性文件等。

2. 香港

我國香港地區法例中，與水污染治理相關的主要有：《水污染管制

1　謝偉.香港與內地水污染防治法比較[J].社會科學家, 2012(05):85-88.

條例》《水污染管制（一般）規例》《水污染管制（排污設備）規例》《水污染管制（上訴委員會）規例》《建築物條例》《廢物處置條例》《公眾衛生及市政條例》《水務設施條例》《污水處理服務條例》以及《簡易程序治罪條例》。其中，《水污染管制條例》是香港地區治理水污染的主要法例，以該條例為主，確立了水質管制區、水質指標、水域修復、排放和沉積牌照等基本法律制度。[1] 香港政府根據《水污染管制條例》及其附例，將全港水域劃分為 10 個水質管制區，環保局在每一水質管制區訂立了水質目標，區內污水排放及污染物排入水域的單位均受發牌管制，由環保局進行監督及執法。管制的重點是禁止將廢物或污染物質排入香港的水域及內陸水域（即河溪）。任何人或單位無牌照向水環境或公用污水渠和公用排水渠排污或違反牌照中的條款及規定排放污水及水污染物的，即屬犯罪。有關當局還可以指令被定罪的人或單位修復其所污染的水域，而且該條例部分條款對官方也有約束力。[2]

3. 澳門

我國澳門地區涉及水污染防治方面的法例主要有：《環境綱要法》《澳門排供水規章》。其中，《澳門排供水規章》並未專門針對水污染治理，法例的很大篇幅用以規定公共配水的技術要求等內容。

（二）三地水污染協同治理現狀

在水污染協同治理領域，粵、港、澳締結了相關行政協議，如粵港、粵澳簽訂的《2016-2020 年粵港環保合作協議》《2017-2020 年粵澳環保合作協議》，以及香港特別行政區、澳門特別行政區、國家發展和改革委員會、廣東省共同簽署了《深化粵港澳合作推進大灣區建設框架協議》。大灣區水污染治理協作主要是深港、珠澳之間的雙邊協作，雙方政府共同治理跨界河流，如深港邊界河流 —— 深圳河，珠澳邊界河流 —— 鴨湧河、前山河等。

1　謝偉.香港與內地水污染防治法比較[J].社會科學家, 2012(05):85-88.
2　盧永鴻.香港的環境刑法及司法實踐[EB/OL].

2019 年 2 月,《粵港澳大灣區發展規劃綱要》經黨中央、國務院批准正式公開發佈,其中第七章 "推進生態文明建設" 強調 "開展珠江河口區域水資源、水環境及涉水項目管理合作",並重點提出 "強化深圳河等重污染河流系統治理"。

當前,粵港澳大灣區的水污染治理目標是:各城市要以依法保障飲水安全,協調解決跨界水環境問題為重點,合力推進水環境整治。加強珠江水系飲用水源地水質保護,整治、搬遷和關閉威脅飲用水源的重點污染源,加快備用水源和供水應急機制建設,完善應急預案,確保集中式飲用水源水質達標率穩達 95% 以上;強化重點流域如深圳河、鴨湧河等重污染跨界河流的水環境污染整治;分析粵港澳大灣區水資源開發利用現狀,從用水總量紅線、用水效率紅線等出發研究構建水資源保護利用體系;結合灣區水污染排放情況及主要行業污染物控制水平,分析重點流域、行業貢獻,識別需要重點治理、優先保護的流域。分析灣區水源地水質達標狀況、整治的成效和難點,開展安全飲水調控研究,提出飲用水源保護與改善的法治策略;全面分析近岸海域環境質量變化動態,提出近岸海域保護策略。制定中長期水環境質量改善總體戰略、階段目標和路徑。[1]

1. 粵內協作 —— 以淡水河治理為例

淡水河發源於深圳市的梧桐山,流經深圳、惠州兩市,全長 95 km,上游 37 km 在深圳境內,被稱為 "龍崗河" 和 "坪山河";下游 58 km 位於惠州境內,被稱為 "淡水河"。自上世紀 90 年代初開始,淡水河污染日趨嚴重,水質長期處於劣 V 類,污水和清水的比例達到 5:1,污染問題造成深圳境內河水變黑變臭,惠州市內多家水廠被迫搬遷,淡水河污染整治成為廣東省人大常委重點督辦以及深惠兩市政府重

---

1 王權典.城市群區域環境保護合作共治的理念創新及機制重構——結合粵港澳大灣區戰略的思考 [A].中國法學會環境資源法學研究會、河北大學.區域環境資源綜合整治和合作治理法律問題研究——2017年全國環境資源法學研討會(年會)論文集[C].中國法學會環境資源法學研究會、河北大學:中國法學會環境資源法學研究會, 2017:8.

點關注的問題。

（1）決策主導的協作過程

淡水河的整治主要經歷了由政策主導的兩次協作過程。第一次協作：自 1993 年起，廣東省政府先後頒發了《廣東省跨市河流邊界水質達標管理試行辦法》與《關於做好淡水河流域污染整治工作的通知》等政策條例。1998 年，深圳市和惠州市就淡水河污染治理問題達成第一次合作，共同制訂了《淡水河流域污染源調查整治工作方案》，通過座談會和建立聯席會議制度等方法組織治水協商，但直到 2008 年也未能建立真正有效的溝通機制，治理的效果也不盡人意。第二次協作：2008 年，國務院出臺《珠江三角洲地區改革發展規劃綱要》，強調珠三角流域水污染要聯防聯治。2009 年，深圳、東莞、惠州三市先後多次召開聯席會議，簽署了《深莞惠界河及跨界河綜合治理計劃》等協議，對淡水河治理合作採取了具體行動，並取得了初步的成效。[1]

目前，淡水河治理主要由廣東省政府牽頭，惠州市與深圳市政府落實上級政府決策目標開展淡水河跨界污染治理。現淡水河流域污水日處理能力較以前提高將近 3 倍，新建配套管網 1407km，水質逐漸變好，預計到 2020 年實現水環境質量改善的階段性目標。[2]

（2）參與主體以各級政府部門為主

淡水河的兩次治理過程中，主要以政府管理部門為參與主體。水利部門、環保部門和建設部門等各級政府管理部門在淡水河的治理中採用"統一管理與分級、分部門管理相結合"的模式。國家水利部門在珠江流域設置珠江水利委員會，統一管理珠江水資源。廣東省水利廳負責全省範圍的水資源調配與水利設施的建設等，而其下設的東江流域管理局分管東江片區的水資源管理工作。淡水河的污水廠建設由環保部門主

1　潘澤強,寧超喬,袁媛.協作式環境管理在粵港澳大灣區中的應用——以跨界河治理為例[J].熱帶地理,2019,39(05):661-670.

2　鄧圩.淡水河緣何久難治癒[N].人民日報,2014-12-18(09).

管，流域內的工業企業轉型升級涉及經濟貿易部門，有時甚至還涉及到國家發展和改革委員會與海洋局部門的協調。

（3）循序漸進的夥伴關係

淡水河治理過程中，夥伴關係的達成難點在污水排放的選址上。深惠兩地都期望"轉移污染"，將排污入海口設置在對方的行政區域內，雙方為此爭執多年：惠州政府認為深圳位於淡水河的上游，是造成污染的重要原因，治理的責任理應由深圳市政府承擔。而深圳市政府受限於高昂的排海工程造價，一直在回避溝通。雙方沒有分清治理責任，形成相互推諉局面，夥伴關係一直僵持不下。

目前經省級管理部門協調，深惠兩方政府開始就雙方的利益訴求進行瞭解，在治理目標、治理方式以及治理責任上達成循序漸進的夥伴關係。[1]

2. 粵港協作 —— 以深圳河、深圳灣治理為例

（1）深圳河協同治理

深圳河是深圳與香港的界河，流入深圳灣，河全長 37 公里，北岸深圳佔流域面積的 60%，香港佔 40%。由於日益惡化的水污染影響了粵港兩地的生態環境，防治水污染並保證水資源的可持續利用已經成為兩地共同的目標。

● 治理過程

早在 1981 年 12 月，深圳市與港英政府就深圳河治理展開合作談判，在聯合治理深圳河項目上做了大量卓有成效的工作。此後，雙方分別成立了治理深圳河工作小組、技術小組、環境保護小組展開工作，著手編製深圳河治理的前期規劃技術資料與成果，於 1985 年 3 月基本確定了治河方案，出臺《深圳河防洪規劃報告書》，並就第一期工程的設計規劃編研了《深圳河防洪工程第一期工程技術設計說明書》。雖然

1　潘澤強,寧超喬,袁媛.協作式環境管理在粵港澳大灣區中的應用——以跨界河治理為例[J].熱帶地理,
　　2019,39(05):661-670.

雙方就治理深圳河工程已達成迫切意願，但在工程竣工後的粵港邊界劃線、土地權限、管理方法等在短期內沒有達成合作共識，1988 年 6 月，雙方的談判暫告中斷。

但是，深圳河的水患災害使沿岸居民受損嚴重，這不爭的事實又一次迫使雙方重新坐在了談判桌前。1992 年 6 月，深港雙方在"深港間增闢通道協議十週年小結會談"上再次把聯合治理深圳河工程提上議事日程。促進深港談判合作的重要原因在於，粵港邊境劃線及土地管理權限這一重大問題到了實際性的解決，即：深圳河治理後，應以新河中心線作為粵港邊境管理線而不是以此重新劃界，河道裁彎取順後，雙方劃入對方的土地可採取等量互換的辦法解決，我方多劃入港方的 1500 多畝土地，可按過境耕作土地處理，標明地界，產權不變，管理辦法與原有的"過耕地"相同。就此，深港雙方啟動了新一輪的談判工作，僅 1992 年 6 月至 1993 年 2 月不到一年時間，召開技術工作會議就達 10 次之多，進一步表明了深港雙方治理深圳河工程的決心與毅力。本著"求同存異、科學求實"的方針，經過深港雙方政府的共同努力，治理深圳河第一工程於 1995 年 5 月隆重開工。該工程由深港雙方政府共同出資，前後分四期進行，成立了深港聯合治理深圳河工作小組，由該機構代表雙方政府進行談判和決策，直至 2017 年，深港聯合治理深圳河四期工程全面完工，深港聯合治理深圳河已經跨越了三十五個春秋，治理過程由前期的政府主導到後期政府、民間機構與公眾混合參與協作。2014 年深圳市綠源環保志願者協會拍攝了《深圳河》民間紀錄片，喚醒深港兩地居民對深圳河的關注，隨後與《深圳晚報》共同發起"深圳民間河長"徵選活動，聯合專家、政府和媒體對當地居民進行培訓，推動社區居民參與到深圳河的治理中。2018 年，中國志願者河長論壇在深圳舉辦，來自粵港澳大灣區 11 個城市民間志願者共同簽署《深圳共識》，對深圳河進行監測與巡查。深圳河工程在國內率先實行項目法人制、招投標制、建設監理制和合同管理制，形成了一套別具特色的管理模式。經過治理，深圳河的生態環境和環境面貌得到極大地改善。[1]與此同時，粵港澳三地正共同編製《粵港澳大灣區生態環境保護規劃》，深圳河的河流整治將邁上新臺階。[2]

● 多元參與主體

A．聯合小組：深圳河防洪聯合小組是參與主體，起全域統籌作用。香港方成員包括香港發展局、渠務署、環境保護署及財經事務等部門的官員；深圳方成員包括水務局、發展和改革委員會等部門的領導。在治理的過程中，除政策性問題需上報上級政府談判或批示，其他問題均由聯合小組進行談判協商。

B．技術聯盟：由香港與內地 11 所院校和企業組成，主要從專業角度出發，為決策者、規劃師和公眾提供的技術指導和問題答疑。

C．民間機構、媒體與公眾：以長春社等為代表的香港民間環保組織多次向香港管理部門提出治理建議並組織公眾到深圳河參觀，深圳市綠源環保志願者協會則通過拍攝記錄片與走進社區進行水污染防治科普等方式助力水污染治理。公眾則通過《深圳晚報》等媒體舉辦的公益活動參與到深圳河的治理中。

在深圳河治理水過程，聯合小組、技術聯盟、民間機構、媒體與公眾形成了多元主體參與的協作機制。政府為聯合小組中的決策提供政策支持，聯合小組定期向政府彙報治理進展同時對政府決策起監督的作用。技術聯盟作為技術顧問，主要為公眾、環保機構和媒體等進行政策解釋與規劃方案論證。環保機構與媒體通過瞭解公眾利益立場，向政府、聯合小組和技術聯盟傳遞社會各界的聲音。媒體甚至充當各方利益主體的博弈平臺，促進治理信息的流動與普及，連接公眾、政府與專

1　陳紅燕.界河檔案——深港聯合治理深圳河工程回顧和展望[J].水利發展研究, 2010,10(06):74-77.

2　潘澤強,寧超喬,袁媛.協作式環境管理在粵港澳大灣區中的應用——以跨界河治理為例[J].熱帶地理, 2019,39(05):661-670.

家，最終達到良好的治理效果。[1]

● 循環交替的夥伴關係

1981 年，以深圳經濟特區為代表的粵方政府與港英政府就聯合治理深圳河展開合作談判，初期雙方的規劃目標一致，很快確定治河方案。1988 年，雙方因無法在工程竣工後的粵港邊界劃線和土地權限等方面統一共識而導致談判中斷。但共同的問題 —— 深圳河嚴重的水患災害很快打破了夥伴關係的冷卻期。經過不到一年協商，雙方達成共識。1995 年，第一期治理工程順利開展。

2003 年，深圳特區政府為了更有效地治理深圳河，建議抽取海水沖洗深圳河以改善水質，而香港環境保護署等管理部門認為該舉措將對米埔濕地極成影響，可能會導致香港因為未能遵守《拉姆薩爾公約》而受到國際社會的嚴厲批評。深圳特區政府遂委託香港科技大學和廈門大學開展環境評估，並于同年分別在香港和深圳舉行了座談會進行協商，瞭解各自的利益訴求。2006 年第三期治理工程順利開展。

在粵港合作的深圳河流域協作式規劃中，夥伴關係循環交替，當雙方混合價值觀都能被容納時，夥伴關係達到全盛。這為今後雙方在深圳河污染治理、水環境改善等方面的合作提供了經驗，是可持續治理機制建立的重要基礎。

（2）深圳灣協同治理

深圳灣在香港稱為後海灣，這是廣東與香港共管的近岸海域，是中國污染嚴重的海灣之一。為了治理深圳灣，深港兩地政府投放資源，拓建與優化深圳灣集水區內的污水基礎設施，2000 年共同制定《後海灣（深圳灣）水污染控制聯合實施方案》。2007 年共同制訂《實施方案 2007 年修訂本》，訂立深圳灣污染物減排目標，逐步削減污染負荷。雙方根據方案積極治理水環境，深圳灣水質得到了改善。2016 年深港完

1　潘澤強,寧超喬,袁媛.協作式環境管理在粵港澳大灣區中的應用——以跨界河治理為例[J].熱帶地理,
　　2019,39(05):661-670.

成《後海灣（深圳灣）水污染控制聯合實施方案》第二次回顧研究，並確定進一步合作計劃。[1]

3. 粵澳協作（以鴨湧河治理為例）

鴨湧河全長約 2.3 km，位於澳門和珠海的交界處，是一條上世紀 70 年代填海形成的人工河道，由於河道日益收窄，導致水體富營養化，近年多次發生大規模死魚事件，開展鴨湧河河水污染整治，盡快還沿岸居民一個良好的生活環境已經成為粵澳兩地各界的共識。[2]

（1）政策主導的協作過程

多年來，粵澳雙方一直謀求一套合適的治理鴨湧河的方案，但由於行政邊界的影響和經濟發展優先的目標，鴨湧河反而陷於越治越臭的境地。2008 年全國"兩會"期間，澳門特別行政區的全國人大代表建議與珠澳有關部門組成"鴨湧河污染整治工作小組"，共同整治鴨湧河。2010 年《中華人民共和國澳門特別行政區行政區域圖（草案）》劃定了水域和明確陸地界線，解決了鴨湧河管理界限的問題。2013 年，珠澳雙方就鴨湧河整治工作達成共識。2017 年，珠澳雙方簽訂《粵澳合作框架協議》，在鴨湧河治理問題上形成良好的合作關係。預計到 2019 年底鴨湧河綜合整治工程完工並投入使用，實現水質達到地表Ⅳ類水目標。

在鴨湧河的治理過程中，珠澳兩地的政府管理部門是協作參與主體，溝通對話也主要在兩地的管理者之間進行。

（2）參與主體以政府為主、民間組織為輔

● 珠澳環保合作小組

珠海方工作組主要由珠海市港澳事務局、海洋農漁和水務局以及廣東省公安邊防等部門成員組成，澳方工作組主要由澳門特別行政區環保

---

1 王玉明.粵港澳大灣區環境治理合作的回顧與展望[J].哈爾濱工業大學學報(社會科學版), 2018, 20(01):117-126.

2 潘澤強,寧超喬,袁媛.協作式環境管理在粵港澳大灣區中的應用——以跨界河治理為例[J].熱帶地理, 2019,39(05):661-670.

局、建設發展辦公室和海關等部門組成。2011 年 12 月 14 日，珠澳環保合作工作小組在珠海召開首次聯席會議，會議決定兩地開展水環境污染治理，建立兩地聯防聯治機制。[1]

● 民間機構

介入到鴨湧河治理中的民間組織較少，主要以澳門當地居民組成的青洲坊眾互助會為主。該組織成立於 1956 年，常對澳門特別行政區政府及有關部門的政策提出改善建議，在鴨湧河的治理的過程中，該組織主要以參與座談會向澳方政府反映河流污染問題與溝通治理方案等方式參與到協作中。

● 公眾與媒體

以《澳門日報》與《珠海特區報》為主的媒體通過跟蹤報道鴨湧河的治理現狀與政策動向，向公眾傳遞了河流整治的信息，但規劃信息往往缺乏雙向互動，公眾的訴求並沒有得到媒體太多關注。

鴨湧河治理過程中參與主體以珠澳環保合作小組為主，民間機構青洲坊眾互助會瞭解鴨湧河附近居民的訴求並與澳方政府保持溝通，在一定程度上起到了連接政府與公眾的作用。但總的而言，青洲坊眾互助會等民間機構參與協作的方式單一，參與的力量單薄。同時，公眾與媒體等主體監督的缺失可能是鴨湧河治理過程斷斷續續的重要原因。[2]

（3）不對稱的夥伴關係

在鴨湧河的治理過程中，澳門往往佔主導的地位，這主要由雙方發展階段與協作機制不成熟造成。一方面，現階段的澳門已經進入以服務業為主導的生活消費模式，而珠海尚處在勞動密集加工型產業向現代高新技術升級和轉型的關鍵時期。[3] 由於產業結構和消費模式的差異，珠海與澳門在污染排放標準上存在差異，環境保護目標及其任務也處在不同

1　周盛盈.粵港澳大灣區視角下跨界水環境保護法治化研究[J].一國兩制研究, 2017,33(03):119-124.
2　潘澤強,寧超喬,袁媛.協作式環境管理在粵港澳大灣區中的應用——以跨界河治理為例[J].熱帶地理, 2019,39(05):661-670.
3　馬小玲.大珠三角環境保護合作進展與區域環境管治分析[C].粵港澳區域合作與發展報告(2010-2011).

的管理階段，面對各自不同的環境訴求，存在地區環境利益的差異，在夥伴關係的構建中往往容易產生衝突。另一方面，珠澳在鴨涌河的聯合整治主要在政府層面展開，溝通的渠道較為單一，缺乏協調制度與政策保障，在聯合治理鴨涌河的過程中未能保持可持續的、對稱的夥伴關係。[1]

4. 粵港澳協作

2004 年，粵港澳三地珠江口濕地生態保護工程啟動，該工程計劃用 5 年時間，種植 5 萬公頃的紅樹林，並搶救珠江口周圍 50 萬公頃的珍貴濕地，從而構築珠江口紅樹林濕地保護圈。2008 年，粵港兩地合作建成一套先進的珠江河口地區水質數值模型，為河口水環境管理提供了科學分析工具。2009 年 2 月，粵港澳共同編製《環珠江口宜居灣區建設重點行動計劃》，該《計劃》著重分析灣區的濕地系統、跨區域污染和環境保護，研究灣區內水資源利用、水環境保護等。2017 年 7 月，香港特別行政區行政長官林鄭月娥、澳門特別行政區行政長官崔世安、國家發展和改革委員會主任何立峰、廣東省省長馬興瑞共同簽署了《深化粵港澳合作推進大灣區建設框架協議》，協議提出共同建設宜居宜業宜遊的優質生活圈，"共建健康灣區，完善生態建設和環境保護合作機制，建設綠色低碳灣區"。粵港澳三地合作多元發展，得到了中央和社會各界的支持和認同。但由於粵港澳地區經濟發展階段不同以及"一國兩制"的政治特殊性，三地的管理制度、政策法律以及管理權限均存在差異，加之水流域的屬地劃分，還存在著以問題為導向的區域環境管理、公眾參與不足和尚未出現可持續的協作機制等問題，粵港澳三方在水污染治理上仍難以形成真正的聯合治理體系。[2]

---

1 潘澤強,寧超喬,袁媛.協作式環境管理在粵港澳大灣區中的應用——以跨界河治理為例[J].熱帶地理,2019,39(05):661-670.

2 何瑋,喻凱,曾曉彬.粵港澳大灣區水污染治理中政府跨界協作機制研究[J].知與行,2018(04):44-49.

（三）三地水污染協同治理機制比較

1. 差異分析

（1）協作模式和參與主體的差異

粵內協作的淡水河是國內典型的"統一管理與分級、分部門管理相結合"的跨界河治理模式，各級政府管理部門是協作的主體。香港與澳門實行的是特區行政長官和環保局局長共同監督與承擔的垂直管理模式，在深圳和與鴨湧河的治理中主要以合作小組的形式進行。[1] 在淡水河治理過程中，以政府管理部門為主的參與主體有利於政策的落實與規劃實施，上級政府部門的介入有利於矛盾衝突的解決，但也存在下級主動構建溝通機制缺失的弊端。[2] 深圳河與鴨湧河治理前期也需要上一級政府的政策協商來消除管理界限等利益衝突，建立良好的協作關係。治理後期，深圳與香港之間轉向混合式協作模式，環保組織、媒體與公眾等多元主體的不斷加入，推動深圳河治理的良性循環。而鴨湧河的治理則一直依賴上級政府的政策，澳門甚至越過珠海，直接與省政府溝通，同時公眾、媒體與民間機構參與的力量較為薄弱，是導致治理進程較為緩慢重要原因。

（2）規劃信息流動的差異

粵港協同治理深圳河的過程中建立了傳統媒體與大數據平臺的溝通渠道，促進了治理信息的流動。一方面，《深圳晚報》等傳統媒體通過河長徵選活動，促進公眾關注河流治理。另一方面，2016 年《水污染防治行動計劃》（"水十條"）發佈後，深圳將"智慧深圳河灣綜合信息化業務管理平臺"正式納入《深圳河灣流域綜合治理方案》中，並提供開放接口，促進各區政府間的橫向溝通和協作，方便公眾和民間組織的介入。而粵內協作的淡水河與粵澳協作的鴨湧河的治理過程中，規劃信

1　何瑋,曾曉彬.跨域生態治理中政府"不合作"現象分析及完善路徑[J].管理研究, 2018(01):1-19.

2　王玉明.粵港澳大灣區環境治理合作的回顧與展望[J].哈爾濱工業大學學報(社會科學版), 2018, 20(01):117-126.

息流動僅局限於政府管理部門之間，企業與公眾對治理的進度與成效並不瞭解，這也是影響公眾參與的重要因素之一。[1]

（3）機制設計的差異

建立政策與市場相協調的機制是深圳河協同治理效果顯著的關鍵。香港環境保護署和深圳人居環境委員會通過成立"深港環保合作交流會"和建立"深港突發環境事件通報機制"等政策機制，推進了兩地的環保合作。此外，深圳與香港通過建立許可證制度和排污費制度，進一步加快各行業利益主體與公眾參與到協作中。而淡水河和鴨湧河治理的過程中都缺乏成熟的溝通機制：前者常常出現執法"鄰避"現象，後者出現澳門進入河道清理需要繁冗的審批手續的局面。

2. 面臨的共同問題

（1）規劃目標不一致

深圳、惠州與珠海在治理過程中因發展階段、行政體制與任期的壓力，往往重點關注治理資金、協調機制與短期治理成效，而香港與澳門都希望解決兩地政府因制度差異而擱置的土地管理界限問題，利益訴求的差異導致在治理的過程對治理的責任主體、計劃速度以及治理目標的達成存在差異。儘管協作雙方最後都通過協商，找到了實現利益訴求的平衡點，但確實影響了河流的及時治理。

（2）囿於雙邊協作的形式

跨界溝通和合作的成本使得淡水河、深圳河與鴨湧河協作治理中往往會選擇低成本的雙邊協作。以淡水河為例，其治理難點在於深惠兩市無法克服的重氨氮和總磷超標技術難題，而香港與澳門對此擁有更先進的治理技術與經驗，未能形成多邊治理意味著淡水河的治理中無法共享協作式規劃信息、協作經驗和治理技術。[2]

---

1 潘澤強,寧超喬,袁媛.協作式環境管理在粵港澳大灣區中的應用——以跨界河治理為例[J].熱帶地理,2019,39(05):661-670.

2 潘澤強,寧超喬,袁媛.協作式環境管理在粵港澳大灣區中的應用——以跨界河治理為例[J].熱帶地理,2019,39(05):661-670.

（3）公眾協作治理意識薄弱

上述案例中污染源大部分是生活污水，並且流域附近的企業存在從眾與僥倖心理，形成了一起向淡水河排污的習慣。公眾和企業的環保與協作意識薄弱，使得治理起來事倍功半。

（4）未能形成可持續發展的協作機制

淡水河、深圳河與鴨湧河都在水污染問題嚴重影響到沿岸居民的日常生活後，才推動兩地政府進行協作，開展共同整治。開展協作主要以問題為導向，治理成效往往不能滿足預期的目標，甚至出現治理工程中斷的情形。整個治理過程往往因為缺乏長效的可持續發展的協作機制，未能達到當初預計的規劃目標。[1]

（四）水污染協同治理的必要性

我國環境治理體制是在政府治理總體框架下運行的"統一管理與分級、分部門管理相結合"。地方水污染治理部門既接受上級環境部門的領導，也遵從本級地方政府的調度，多頭領導大大弱化了治理部門的行政效率，[2] 加之粵港澳三地的政治特殊性，大灣區的聯合水污染治理體系遲遲未能建立。要解決這個難題，唯有推進區域水污染治理合作，形成以粵港澳三地政府為主導，多元利益群體參與的治理格局。首先由地方政府間共商、共定合作計劃以加強跨區域強制執行力；其次，積極引導社會群體參與水污染治理的協商合作；最後通過制定合作協定，形成"統籌合作，風險共擔"的治理格局，破除"搭便車"現象，減少利益集團之間的衝突，有效促進計劃的執行。[3]

---

1 潘澤強,寧超喬,袁媛.協作式環境管理在粵港澳大灣區中的應用——以跨界河治理為例[J].熱帶地理, 2019,39(05):661-670.

2 李正升.從行政分割到協同治理：我國流域水污染治理機制創新[J].學術探索,2014(09):57-61.

3 何瑋,喻凱,曾曉彬.粵港澳大灣區水污染治理中政府跨界協作機制研究[J].知與行,2018(04): 44-49.

二、大灣區水污染協同治理困境

（一）水污染協同治理設施的薄弱化

　　與大灣區城市群經濟高速發展、人口數量快速增長形成鮮明對比的是各類污水處理基礎設施建設的薄弱。2017 年，中央第四環境保護督察組在向廣東省委省政府反映環境保護督察情況時，指出廣東大部分地區水污染問題突出，治理現狀與目標存在較大差距。如廣州市在"十二五"規劃中擬修建 1884 千米的污水管網，但通過檢查發現實際上只完成了總工程目標任務的 31%。深圳市市建工程中污水管網建設缺口約為 4600 千米，導致深圳市的污水收集率不足 50%，有超過一半的污水未經處理就流入河道。[1] 中山市 2012 年以來投資約 21 億元建成 949 千米管網，這些管線是為了實現"雨污分流"工程而建設的，但由於工程整體質量狀況並不理想，工程建成之後的管理工作也有待改善，因此造成了城市污水收集、處理佔比較低，未達到預期效果。

　　污水處理的基礎設施不完善，已經嚴重制約了大灣區推進水污染治理，其中因經濟發展水平不同而導致的財政投入差異是一大重要因素。目前我國地方政府的財政收支主要依靠自行籌劃和解決，而城市排污處理基礎設施的建設，既耗資巨大又難以在短期內看到明顯的經濟效益，本地區花費巨資修建的各類污水處理設施卻不能給本地區帶來明顯的經濟效益，顯然容易導致城市污水處理基礎設施投入以及建設動力的不足。[2] 再者，上下游城市和地區之間的經濟發展水平是不一致的，甚至有些城市和地區之間還存在著巨大的差距。在大灣區中，廣州、東莞、江門等城市處於整個大灣區的上游水域，深圳、珠海、中山、香港以及澳門等城市和地區則處於大灣區的下游水域，而排放污染物流入近海海域最多的珠江就處於整個大灣區的上游。經濟發展水平的不同，必然會導致各自在水污染治理中基礎設施建設投入的不同，那麼對於區域內一些

1　何瑋,喻凱,曾曉彬.粵港澳大灣區水污染治理中政府跨界協作機制研究[J].知與行, 2018(04):44-49.

2　Skinner N M. SOCIAL AND ENVIRONMENTAL REGULATION IN RURAL CHINA[J].2007.

投入動輒過億的污水處理基礎設施自然難以得到順利建立。就廣東全省污水處理基礎設施建設情況來看，大灣區內城市群的建設情況相對較好，但粵西北、粵東地區的污水處理基礎設施滯後、建設進度緩慢、資金缺口大，許多工程未能按時按質完成而效果不理想。[1]

（二）水污染協同治理法律制度不健全

當前，粵港澳大灣區的水污染治理未構建立法協同機制：在中央層面，已經頒佈了《環境保護法》《水法》以及《水污染防治法》等法律，但從粵港澳大灣區水污染協同治理的角度考察，在宏觀立法規劃上，中央立法層級還缺乏統一規制大灣區跨界水污染協同治理的法律，現行單行法律之間銜接不夠緊密，法律佈局有疏漏，規制範圍和規制對象之間不能互為補充，從而出現以下法律約束空白的情形。[2]

第一，中央層級的立法籠統規定了涉水污染防治的內容，但只停留在原則性規定，沒有具體的操作條款。第二，中央層級的法律在立法目的上難以滿足大灣區水污染治理立法協同的現實訴求，比如，《環境保護法》雖然明確了生態環境部門的職責，但對大灣區跨水域的水污染行為和事件缺乏協同機制條款；又比如，《水法》在立法目的的設置上更傾向水資源的開發利用，對跨水域的水污染防治則不作為重點考察；再比如，《水污染防治法》的立法目的就是"防治水污染"，但其防治的管轄範圍固定為行政條塊體制的生態環境部門職責，這種剛性體制並不利於大灣區水污染防治的跨水域協同。第三，具體調整大灣區水污染治理的《水法》和《水污染防治法》存在水污染的流域管理與行政主管部門屬地管轄脫節的機制問題。

在地方層面，廣東省已經頒佈的《廣東省珠江三角洲水質保護條例》《廣東省飲用水源水質保護條例》以及《廣東省跨行政區域河流交

1　劉田原.粵港澳大灣區水污染治理研究：現實困境、域外經驗及修補路徑[J].治理現代化研究, 2020,36(05):87-96.

2　朱最新.區域一體化下粵港澳政府合作的法律基礎思考[J].廣東外語外貿大學學報, 2013,24(03): 15-19.

界斷面水質保護管理條例》等地方性法規、規章雖然對大灣區跨界水污染協同治理作了原則性規定，但缺乏有效的協調和規範機制，實踐中依然存在較大的局限性：第一，上述三部地方性法規的側重點在於保護"水質"而非"水污染防治"，表明在水污染防治領域還缺乏地方立法實踐；第二，上述三部地方性法規更強調水資源的屬地行政管轄，對覆蓋大灣區的西江、北江、東江水系面臨的不可避免的跨界水污染防治問題，只是籠統規定了水源地的政府首長負責制和共性的處置原則，但卻缺乏如何協調跨界水污染防治糾紛的操作規則，對跨界水污染個案的處置，只停留在政府互相通報、周知的階段，沒有進一步明確協同防治大灣區跨界水污染事件的部門和機制；第三，大灣區"9+2"地區有一些城市適用市場經濟管理手段，比如罰款、收排污費等措施，來管控大灣區跨界水污染防問題。但大多數城市沒有明確規定收繳排污費（或罰款）的部門和數額，更缺乏協同跨界水污染防治機制方面的具體規則。因此，實踐中大灣區"9+2"地區流動性、整體性的跨界水污染防治問題依然無法得到有效解決，這亟待研究處理。[1]

雖然粵港澳三地政府就水污染協同治理有締結相關行政協議，但其內容主要停留在框架協議及規劃文件上，對於區域內地方政府之間合作機制的建立、權利與責任分擔、行政程序監督等問題，較少涉及。[2] 區域法律制度協作文件的缺乏與不銜接使得三地實現水污染協同治理存在阻礙：一方面，規範性文件效力與內容缺失導致水污染協同治理體系不能實現規範化、制度化、體系化；另一方面執法主體未作明確規定造成政府間互相推諉、爭議不斷。粵港澳大灣區水污染協同治理法律制度的欠缺與不銜接成為三地水污染協同治理的壁壘，令行政機關良好執法成為空談。[3]

1　丘川穎,易清.大灣區水污染防治的立法協同機制探究[J].政法學刊, 2019,36(05):58-64.

2　董暤.粵港澳大灣區規劃綱要實施的基本法律問題,廣州大學公法研究中心網。

3　林鎂佳.粵港澳大灣區水污染協同治理機制研究[J].南方論刊, 2020(03):19-22.

（三）水污染治理目標的差異化

大灣區是由 9 個沿海城市以及 2 個特別行政區所組成的東南沿海城市群，這種基於多個行政區域交錯形成的水污染治理問題，不可避免地導致了在客觀上存在著多個行政區域的差異性和複合性需求。經濟較為落後的城市或地區，希望能夠大量吸引資金和技術，興建各類企業和工廠來促進地方經濟的發展，完成地方的經濟增長任務。"經濟發展高於一切"是這類城市和地區的普遍共識，GDP 的增長成為政績考評的主要標準，在這種理念和制度的誘導下，一些地方政府忽視環境保護方面的投入，缺少區域長遠利益的考量，對於一些經濟效益較好的污染企業實行地方保護主義。[1] 而經濟已經比較發達的城市和地區，則更希望本地區的生態環境能夠保持在一個良好的狀態下。經濟利益方面的需求在較大程度上得到滿足之後，這類城市和地區更多關注的是生存環境的改善以及對健康美好生活的追求，所以對於環境污染問題較為關注，一般來說對環境污染治理的投入也較多、力度也更大。

不同城市和地區之間由於思想認識、地理位置、環境資源等不同，必然造成經濟發展狀況的差別，尤其在大灣區內還有兩個發展起步早、發展時間長的特別行政區。香港和澳門在渡過了經濟轉型期之後便大力發展城市旅遊業與生態經濟，這都與內地許多城市以犧牲環境來換取經濟發展的理念產生了尖銳的矛盾。這種衝突最直接的體現，就是各地政府之間對於環境保護標準認識以及環保目標設立的巨大差異，比如在大灣區各城市中，香港和澳門在環保標準和環保目標的設定上，已經與國際標準接軌，把世界衛生組織制定的污染標準納入自身的環保目標設定中來，並對污染物的排放實行強度較大的管制。[2]

與之相比，大灣區的其他城市對於污染物的排放管理，則要考慮到

1　李正升.從行政分割到協同治理：我國流域水污染治理機制創新[J].學術探索, 2014(09):57-61.

2　劉田原.粵港澳大灣區水污染治理研究：現實困境、域外經驗及修補路徑[J].治理現代化研究,
　　2020,36(05):87-96.

經濟增長等多方面的因素。所以在這些城市的污染管理中，所體現的往往是一種"不溫不火"的狀態，廣東省珠三角地區對於污染物的排放則採取的是拉長治理時間並循序漸進的方式，在《珠江三角洲地區改革發展規劃綱要 2008-2020 年》[1] 中，開篇明確提出"把保持經濟平穩較快發展作為首要任務"，並且對各個時期分別設定了不同的目標和任務，"到 2012 年，城鎮污水處理率達到 80% 左右，工業廢水排放達標率達到 90%；到 2020 年，城鎮污水處理率達到 90% 以上，工業廢水排放完全達標"。可以看到，珠三角地區的污染治理方式是"且行且治"，既不影響經濟發展的主要目標，也希望能夠形成一個逐步改善直至扭轉嚴重污染局面的良性發展趨勢。但我國很多省市都在實行不同的廢水排放標準和水質標準，即使是達標排放的大量工業廢水中也仍然含有一定濃度的污染物，這些工業廢水排入河流，也導致當前水污染治理成效不明顯。

（四）水污染治理未形成多元共治體系

大灣區的水污染問題涉及領域多、影響範圍大、持續時間長，除了政府要加大治理力度以外，公民和社會組織的力量也是不能被忽視的。激發公民和社會組織參與水污染治理和水資源保護的積極性，發揮公民和社會組織的能動作用，可以更好地解決治理難題。而我國在水污染治理體系的建立上，一個比較突出的問題就是治理層次的單一性，這一點在大灣區的水污染治理中也較為明顯。水污染關係到社會公眾的基本生存條件，將對水污染的治理與監督完全推給地方政府或者環境保護部門，顯然是忽略了公眾以及社會組織在環境保護中的巨大活力。客觀上，政府部門的力量是極其有限的，單純依靠政府部門的力量來對水污

---

1 在《珠江三角洲地區改革發展規劃綱要2008-2020年》中，也涉及了關於加大污染防治力度的目標設定和構想。如"加快規劃和建設城鎮污水處理設施和配套管網，強化對已建成設施的運營監管。加快規劃和建設城鎮垃圾處理設施，完善垃圾收運體系。加強省界水質監督監測和入河排污口監督管理。加強水環境管理，著力加強粵港澳合作，共同改善珠江三角洲整體水質，減少整體水污染量，提升污水處理水平。加強飲用水源地建設和保護，確保飲用水安全。"

染進行治理，不但會造成水污染治理工作 "孤軍奮戰" 的被動局面，還容易給一些腐敗官員與污染企業進行權錢交易滋生土壤和創造機會。[1]

　　一個健康完善的水污染治理體系，應當是一個多元化、多層次的嚴密體系。這個體系是由政府主導、環境保護部門主抓、污染企業履責、社會力量與媒體共同監督、環保公益組織與公眾積極參與的有機整體。但現實中，政府對於環保社會組織的限制頗多，導致很多民間環保組織得不到相應的合法資格，再加之各類環保社會組織的經費問題、專業能力的提升問題等客觀因素的制約，又加大了其積極參與水污染治理的難度，使這些原本應當在水污染治理中發揮重要作用的環保社會組織難以實現自身價值。社會組織具有兩大基本特性——"非政府性" 與 "非營利性"，許多社會組織的資金來源都是不固定的，日常活動的經費都比較緊張，只有少數由政府發起建立的社會組織能夠通過政府劃撥資金以及由政府向其購買相關服務的方式來解決經費不足的問題。在 2015 年廣東省環保社會組織的調查中顯示，全省較為活躍的環保社會組織有157 家，並且主要集中在廣州、深圳、佛山三地，而來自民間自發組成的環保組織為 54 家，其中約有 90.7% 的環保組織的主要活動都與水污染治理和海洋保護有關，很多組織成員都是身受其害的普通民眾，既缺乏系統的專業培訓，也沒有穩定的活動資金來源，導致這些環保社會組織在水污染治理中所發揮的作用相當有限。[2]

　　同時，社會公眾參與水污染協同治理的渠道亦不暢通。公眾參與對於環境信息的決策起著重要作用，其通過公眾集體討論得出的信息能切實幫助公眾提出建議，為水污染治理提供了解決程序公平的良好思路，使決策更體現公平性。良好的公眾參與制度，不僅可對政府行政決策起著至關重要的作用，亦幫助公眾發表自身意見，參與環境決策討論，是

1　劉田原.粵港澳大灣區水污染治理研究：現實困境、域外經驗及修補路徑[J].治理現代化研究,
　　2020,36(05):87-96.
2　劉田原.粵港澳大灣區水污染治理研究：現實困境、域外經驗及修補路徑[J].治理現代化研究,
　　2020,36(05):87-96.

公眾實現自身環境權的重要體現。[1] 同時，公眾參與的另一重要意義在於通過集體思想的集思廣益，提高政府決策信息質量，包括其合理性與合法性。[2] 通過公眾參與所得出的決策信息在體現公眾集體一致意志的同時，無形中亦提高了決策的公正性。從公眾參與渠道上看，粵港澳三地對於公眾參與環境信息決策的制度各不相同，公眾對於區域性環境信息的渠道並未完全暢通。三地公眾難以及時獲取其他行政區域內相關環境建設項目信息，更勿論在其環境利益可能受損情況下提出相應維權舉措。信息協作機制的缺失造成了公眾與環境治理主體之間信息不對稱、不及時的局面。公眾難以通過獲取環境污染信息實現環境參與和環境監督，不利於政府決策的科學性。[3]

（五）執法機制的不協調

香港的行政法內容主要集中在行政程序和司法負責複審，行政機關沒有自主立法的權限，普遍採用委員會制組織形式，決策的民主性較強，透明度高。香港環境行政法以貫徹法治政府與服務性政府理念為基礎，通過加強政府權力制約，嚴格制定行政執法程序要求。香港在實現經濟發展的同時要求保證環境資源的可持續利用，從而協調了環境保護與經濟發展之間的衝突。而澳門受大陸法系影響較深，保留了歐陸法系行政法體系的特點。其政府職能主要為謀求和維護公共利益，行政長官具有行政法規制定和執行權，擁有較大的權力，行政行為無須司法覆核，行政活動由行政法院審理。澳門特區的環境治理規範主要涉及單行法律法規、法令、行政長官批示的行政法規和批示，其設立環境保護局作為研究、規劃、實施政策的公共部門，設立環境諮詢委員會作為諮詢

---

1 Herian, Mitchel, N, et al., "Public Participation, Procedural Fairness, and Evaluations of Local Governance: The Moderating Role of Uncertainty" [J].*Journal of Public Administration Research & Theory*, 2012.

2 Kirk E. A., Blackstock K. L., "Enhanced Decision Making: Balancing Public Participation against 'Better Regulation' in British Environmental Permitting Regimes" [J].*Journal of Environmental Law*, 2011(1): 97-116.

3 林鎂佳.粵港澳大灣區水污染協同治理機制研究[J].南方論刊, 2020(03):19-22.

機關。

　　相較於香港、澳門，廣東省沒有高度自治的行政權。根據相關法律規定，廣東省環境治理政策法規的制定權應在國務院的統一領導下行使，同時在法律授權的範圍內，可針對其實際情況，制定和實施地方性規章或其他規範性文件。中央政府在行政執法中的主導地位決定使得廣東省在環境治理方面缺乏主動性，對中央政府具有較大的依附性。[1] 三地不同的行政體系成為粵港澳三地實現區域環境協同治理的重要阻礙。由於地方政府所具有的理性“經濟人特徵”，往往為實現自身利益的最大化，互相推諉責任，造成“只爭利，不擔責”的局面。[2] 在實現水污染治理的集體利益時，政府基於節省短期環境治理成本的心理，容易出現“搭便車”行為。若三地政府在進行水污染治理時，都存在著搭便車的行為，其集體利益的實現顯得渺茫。由於珠江流域河流縱橫交錯，區域性水污染狀況日趨嚴峻，實現珠江水污染治理高效機制必須依託三地政府間合作。[3]

（六）信息協作機制的不完善

　　粵港澳三地對於信息協作規定亦不相同，目前三地現有區域信息協作機制並不完善，不足以應對區域水污染治理帶來的挑戰。粵港澳三地在環境信息界定方面存在差異。統一的環境信息定義是三地信息協作機制的重要基礎。在區域環境治理中，環境信息影響著利益的建構與政府權力的順暢運行。[4] 自我國 2008 年開始實施《環境信息公開辦法（試行）》中指出，環境信息主要包括“政府環境信息和企業環境保護信息”。政府環境信息主要指環保部門在履行職責過程中製作或者獲取的，記錄、保存的信息。企業環境信息是指企業以一定形式記錄、保存的、以企業經營活動產生的環境影響和企業環境行為有關的信息。2015 年《企業

1　謝偉.粵港澳大灣區環境行政執法協調研究[J].廣東社會科學, 2018(03):246-253.
2　胡曉紅,王輝,範曉宇,劉雪蓮.我國跨區域水環境保護法律制度研究[M].法律出版社, 2012.
3　謝偉.香港與內地水污染防治法比較[J].社會科學家, 2012(05):85-88.
4　李長友.論區域環境信息協作法律機制[J].政治與法律, 2014(10):11-22.

事業單位環境信息公開辦法》頒佈實施，進一步完善了企業事業單位環境信息公開制度，但對於政府環境信息仍僅從抽象角度進行歸納其定義，缺乏對涉事信息的具體列舉，使得具體環境信息難以確定。[1] 目前看來，三地對於環境信息的定義以及公開範圍各不相同。澳門對於環境信息並無較詳細規定。相較而言，香港環境信息公開程度較高，其早已於1998 年制定頒佈《環境影響評估條例》，而後明確列舉應進行公開的環境影響評估的信息，其中包括工程項目簡介、研究概要、環境影響評估報告、環境許可證、環境影響評估條例與規例及指引資料等相關內容。同時，香港通過出版《環境影響評估條例指南》為《環境影響評估條例》提供一般指引。由此看來，粵港澳三地對環境信息定義與公開範圍不同，信息公開標準並不一致。此外，在推動粵港澳三地信息協作機制時，三地執法機構間信息交流與溝通仍顯不足。

三、域外經驗介紹

（一）東京灣區

東京灣在發展中主要面臨自然岸線消失、灣區水質改善效果不明顯等問題。過度圍海造陸導致東京灣 95% 自然岸線消失，進而影響港灣納潮量和海水自淨能力，造成嚴重的富營養化的問題，水質污染日益嚴重；由於缺乏具有決策效力的、綜合性的機構推進灣區流域水環境管理而導致灣區水環境管理政策協調不足，影響水質改善效果。針對這種情況，1970 年日本制定了《水污染防治法》，統一廢水排放的標準，對企業廢水排放的濃度和總量控制以及相應的排水設施建設等都進行了較為細緻的規定，並對未達到標準的廢水排放行為的懲處措施都進行了法律上的規定。隨後，日本針對公共水域的污染於 1971 年制定了《公用水面環境標準》，要求所有向公共水域排放的廢水都必須達到統一標準。1973 年日本為防止東京灣區工業污染嚴重的情況再次出現，制定了《港

---

1   陳海嵩.論環境信息公開的範圍[J].河北法學, 2011,29(11):112-115.

灣法》，該法強調在港灣的開發建設過程中，要把港灣環境保護和治理作為一個重點內容進行總體評價，以往那種不計後果只顧眼前經濟利益的港灣開發模式被日本政府堅決制止。除此之外，《公共水域水質保護法》《工廠排水控制法》《防止公害基本對策法》等一系列法律的相繼出臺，致使日本水污染治理的法律體系框架基本建立起來，隨後日本又針對水污染的主要問題進行了一些法律上的補充，如 1989 年的地下水污染防治、1990 年的生活污水治理以及造成水污染的另一大元兇 —— 滲漏事故處理等。[1] 此外，20 世紀 70 年代開始，東京、川崎、橫濱、千葉和木更津的港口部門及國土、公共管理、交通和旅遊部門開始對自然及人為產生的海上垃圾進行打撈。現今東京灣建立了完善的水質實時監測系統，監測數據在線開放，接受公眾監督，東京灣封閉海域則實行總污染物負荷控制系統來保障水質。[2]

在東京灣區水污染的治理中，城市群成員間的協調和磋商並不是各城市之間獨自發起的，而是由日本國土交通省下屬機構成立的 “東京灣港灣聯協推進協議會” 來負責協調和平衡的。當東京灣區城市群中各城市之間產生糾紛和分歧時，“東京灣港灣聯協推進協議會” 就以中間人的身份進行調停，由於其具有官方背景，所以在東京灣區的各城市中具有權威性。但在東京灣區城市群中一些關於共同事務（包括 “水官司”）的諮詢、評估、決策和評判，則是由智庫來主導的，再由 “東京灣港灣聯協推進協議會” 來保障執行，甚至日本政府都不能隨意干涉。[3]

（二）舊金山灣區

20 世紀美國工業進入了高速發展時期，各種工業生產企業同樣開始在舊金山灣區聚集，對灣區的水環境造成了很大污染。為能夠更好地

1　劉田原.粵港澳大灣區水污染治理研究：現實困境、域外經驗及修補路徑[J].治理現代化研究,2020,36(05):87-96.
2　劉暢,林紳輝,焦學堯,沈小雪,李瑞利.粵港澳大灣區水環境狀況分析及治理對策初探[J].北京大學學報(自然科學版),2019,55(06):1085-1096.
3　劉田原.粵港澳大灣區水污染治理研究：現實困境、域外經驗及修補路徑[J].治理現代化研究,2020,36(05):87-96.

整合灣區內各個城市的力量來共同治理污染問題，舊金山灣區成立了舊金山灣區機構總部，其中包括舊金山灣區政府協會（ABAG）、海灣保護和開發委員會（BCDC）、大都市交通委員會（MTC）等多個核心部門，來專門協調整個舊金山灣區區域內的發展與環境保護問題。1962年，舊金山灣區政府協會（ABAG）成立，這是舊金山灣區的官方綜合規劃機構，[1] 其使命是加強地方政府之間的合作和協調。在生態治理方面，ABAG 具體負責監控灣區的空氣質量標準以及制定灣區環境管理計劃等。而海灣保護和開發委員會（BCDC）於 1969 年正式成立，它是負責規劃保護海灣、管理海岸線開發和公眾進入海灣的機構。

20 世紀 60 年代起，美國頒佈實施了《清潔水法案》《史蒂文斯漁業養護與管理法案》以及《加利福尼亞波特科隆水質控制法案》等一系列法案。在機構設置上，除了舊金山灣區機構總部外，還有例如 “拯救海灣”[2] 等這樣的公益機構進行協助共同治理。除此之外，舊金山灣區水污染治理的另一大特色就是注重該地區多元化力量的參與，使公眾對於灣區的建設擁有較為廣泛的話語權。在舊金山灣區的治理方案中，不但有舊金山灣區政府協會的專家來進行科學的評估，也有政府官員和利益相關者參與其中各自表明態度和表達觀點，公眾也有相應的權利參與其中並針對污染問題反映自己的意見和主張，這就在客觀上形成了一個由官方、智庫、利益相關者以及普通民眾所組成的多元化規劃和治理體系，幾乎每個社會階層都可以從自身的角度出發來參與其中。在這種公開透明的體制下，舊金山灣區的發展兼顧了多方的共同利益，徹底扭轉了水污染嚴重的不利局面，逐步實現了產業升級和技術進步，完成了由傳統工業發展向科技產業轉化的區域目標，使舊金山灣區成為世界著名

1　參見ABAG官方網站。
2　1961年，公民組織 “拯救灣區” 活動，反對在舊金山灣區進行填海造陸，由此開始保護舊金山灣區的生態環境。

的"科技灣區"。[1]

目前，社會各方力量都開始關注舊金山灣水環境的治理，如美國環保署（U.S. Environmental Protection Agency）與美國陸軍工兵部隊（U.S. Army Corps of Engineers）共同推進《清潔水法》濕地管理項目、舊金山灣長期管理戰略和三角洲長期管理戰略，並與美國魚類及野生動物局（U.S. Fish and Wildlife Service）和國家海洋漁業局共同保護舊金山灣的瀕危物種，同時將美國地質調查局的水質和棲息地研究應用于灣區的保護。[2] 經過綜合治理，舊金山灣區的水環境擺脫了嚴重污染的狀況。[3]

（三）紐約灣區

哈德遜河是紐約灣區最重要的河流之一。20 世紀 60 年代以前，大量未經處理的廢水直接排入哈德遜河中，導致了有毒化合物聚集、魚類死亡、河水發臭等嚴重污染問題。在充分認識到嚴峻的現實問題後，紐約開始進行水環境治理，1965 年，紐約州開始進行廢水處理。1972 年，美國頒佈《清潔水法》，紐約灣區嚴格遵守該法案，並開始加大廢水處理的力度，建立了哈德遜河國家河口研究保護區。1987 年，成立哈德遜河河口項目，引入社會各方機構合作治理。20 世紀末期，區域規劃委員會重新對紐約灣區的發展進行了規劃，把灣區中心進行了外擴，提高了對衛星城建設的投入力度，將污染問題化整為零，減輕灣區核心地區的污染壓力。2009 年，美國環保署開始清理哈德遜河被多氯聯二苯污染的底泥。2013 年 5 月，紐約州頒佈了《污水排放知情權法案》，進一步規範了生活污水溢流現象，根據該法案的規定，生活污水溢流必須在 2 小時內通知紐約州環保部，4 小時內通知公眾。[4]2014 年，

1　Briggs J. C., "San Francisco Bay: restoration progress.Regional Studies" [J]. *Regional Studies in Marine Science*, 2015(03): 101-106.

2　Robinson D., ECOSYSTEM-BASED APPROACHES TO MANAGEMENT FOR THE SAN FRANCISCO BAY[J].2009.

3　Briggs J. C., "San Francisco Bay: restoration progress.Regional Studies" [J].*Regional Studies in Marine Science*, 2015(03): 101-106.

4　劉暢,林紳輝,焦學堯,沈小雪,李瑞利.粵港澳大灣區水環境狀況分析及治理對策初探[J].北京大學學報(自然科學版),2019(06):1085-1096.

紐約州在清理哈德遜河底泥沙的基礎上，紐約州環保部和紐約市政府擬通過 10 個水體專項長期整治計劃和一個城市計劃，在未來每年減少 8.4 億加侖的合流溢流污水。同年，紐約州環保部通過哈德遜河河口生境恢復計劃，擬實施 5 項行動計劃來提高河口生態系統的健康狀況。經過一系列的綜合治理，哈德遜河已經成為大西洋沿岸最清潔、生態環境最好的河口之一，紐約灣區的水污染問題也得到了有效治理，擺脫了嚴重污染的狀況。[1]

（四）三大灣區水污染治理共同點

1. 設立相應的統一管理及協調機構

雖然因為各個灣區各自國情以及體制不同等原因，這些機構的名稱、層級、職務等各有區別，但其都在灣區水污染治理乃至整個灣區發展建設中發揮了重要的管理和協調功能，實現了灣區各個權力主體之間的相互制衡，這種權力上的制衡使灣區的發展始終處於相對穩定的狀態，使灣區內因行政區域交錯所造成的各種衝突迎刃而解。

2. 充分的法治保障

各灣區水環境治理經歷了法律和規章制度的頒佈和改革過程，及時扭轉了在灣區水污染治理工作中面臨的部門多、變數大、無法可依的艱難局面，並且又根據實踐的需要針對一些具體問題不斷補充完善這些法律法規，使其不斷專門化和精細化，為水污染治理提供充分的法治保障。

3. 積極推動公眾參與

公眾參與及地區間合作在治理過程中有重要地位，積極推動公眾參與，加強地區間的協商合作，重視及充分發揮政府、環保社會組織等社會各界的力量，建立一個較為完整和嚴密的多元化治理體。三大灣區政府越來越重視半官方組織、社會組織、私營企業等主體在跨界水污染治

1 　劉田原.粵港澳大灣區水污染治理研究：現實困境、域外經驗及修補路徑[J].治理現代化研究,
　　2020,36(05):87-96.

理過程中的作用。政府構建統一的管理機構、協調和發展基金等激勵機制，逐步建立多層次、網絡狀治理的區域水污染協調治理體系，以購買服務等方式，充分發揮社會各方的力量，制定完善的跨界水污染治理的法律體系，明確各治理主體的責任，各機構各部門嚴格遵守相關制度。國家行政機構、環境部門等對水污染治理進行宏觀管理，制定治理政策和目標，並承擔對提供流域水服務的業務承包公司的監督責任。這有利於充分利用社會組織、私營企業的能動作用，調動其積極性，形成政府機構、私營機構與第三部門通力合作的結構。社會組織私營企業等非官方、半官方治理主體在跨界水污染政策的制定、執行和回饋過程中擔當重要的角色，跨界水污染治理呈現出治理主體多樣化、治理模式多層次的發展格局。[1]

四、解決措施

（一）完善大灣區水污染防治基礎設施建設

　　良好的水環境和豐富的水資源，是大灣區發展建設的重要基礎。要對標世界三大灣區，成為對世界經濟具有引導作用的大灣區，必須要具有相應完善的水環境基礎設施。水污染問題可以制約甚至阻礙大灣區的整體發展，所以在大灣區城市群污水處理的基礎設施建設上要加大投入力度，對於環境稅收和各項污染企業的賠償金與處罰款項務必做到專款專用，加強治污資金使用的監管力度，可以通過將各地排污基礎設施的建設和使用情況與各地政府政績相掛鉤的方式來提升各地政府對於排污基礎設施的投入和建設力度。對於基礎設施建設不足的問題，除了要增強各地政府的重視程度以外，還要拓寬基礎設施建設資金的來源渠道，各地政府繼續加大投入力度之餘，也要更多地尋求社會資本的支持，通過提升和保障相關收益等方式來吸納更多資金投入水污染治理的事業中來。對於積極支持基礎設施建設的企業要在合理的範圍內給予政策上的

1　　何瑋,喻凱,曾曉彬.粵港澳大灣區水污染治理中政府跨界協作機制研究[J].知與行, 2018(04): 44-49.

支持，充分發揮支持水污染治理榜樣的力量，這樣不但可以將各地政府治理水污染的決心廣泛地傳遞給社會各界，更能夠鼓勵更多的社會力量參與到基礎設施的建設事業中來。

另外，對於以往大灣區水污染治理中基礎設施建設進度緩慢、城市群管網建設滯後而且質量不合格不達標的問題，要通過對目標細化並明確相關負責人要承擔的具體責任來著手解決，對於沒有按時、按質、按量完成基礎設施建設目標的，要追究相關負責人的責任。目前大灣區城市群存在著已經按時完成了污水處理建設目標，但使污水處理發揮作用的管網還有巨大缺口的問題，而且工程質量不高，並且很多已經建設好的管網無法正常使用，成為"斷頭管""僵屍管"，使前期對污水處理等基礎設施建設的巨大投入無法轉化為實際收益。針對這些情況，可以從抓"雨污分流"建設使用的實際效果入手，對於影響系統正常運轉的原因要摸清和重點解決，使用中存在技術問題的盡快攻克解決，工程存在質量問題的嚴肅追究相關負責人的責任。另外，也可以嘗試實行對大灣區上下游水污染關聯城市設立污水處理基礎設施建設以及運轉的"互助小組"，由下游城市組建工作組對上游城市的污水處理設施建設以及運轉狀況進行評估，上游城市也可以組建工作小組隨時瞭解下游城市的設施建設和使用狀況，並可直接與中央環境督察組進行溝通，反映情況和說明問題。通過這樣互相監督的方式，一定程度上可以促進扎扎實實地建設和管理，使城市群污水處理基礎設施真正地運轉起來，有效避免大灣區城市群的污水處理基礎設施成為應付上級下達任務的"面子工程"。[1]

（二）推進大灣區水污染治理立法協同

首先，在中央立法層級上，應當啟動法律解釋機制，對《環境保護法》《水法》以及《水污染防治法》中原則性、概括性的法律條款進行

1　劉田原.粵港澳大灣區水污染治理研究:現實困境、域外經驗及修補路徑[J].治理現代化研究,
　　2020,36(05):87-96.

權威解釋，進而明確大灣區水污染防治工作相關職能部門的權限，以助於協同彼此在防治水污染工作中的角色扮演。與此同時，在法律解釋機制的框架內，大灣區水污染防治工作中一旦遇到法律條款之間出現爭議亟需釐清具體含義的時候，或者法律在施行過程需要界分涉事主管部門權限的情形，法律解釋機制就可以啟動，法定釋法機關遵循法定程序，運用法律解釋技術和價值評判，對涉事的法律規範爭議進行合憲性與合法性審查，並給出權威法律釋義，這就為中央立法層級建構立法協同機制奠定了區域一體化基礎。[1] 此外，中央立法層級的立法協同機制還應當包含兩個要點：一是啟動和運行法律解釋機制，明確、細化大灣區水污染防治的主管部門及其法律職責，並由該主管部門協同其他相關單位。二是大灣區水污染防治工作的立法協同機制的建構應當體現一體化的思維。大灣區水污染防治工作應當由最高行政首長統一調度，協同大灣區立法規劃，並從水污染防治的整體性角度出發，實現大灣區立法、行政、司法職能協同推進。[2]

在地方立法層級上，可以通過構建粵港澳大灣區立法協同常設機構的方式，統籌大灣區的生態環境保護（包括水污染防治）的地方立法規劃，對已經頒佈的地方性法規、規章等進行梳理、協調，以紓解三種法系語境下的法律衝突。同時，粵港澳三地政府力量應當以實現區域水污染良好治理為目標，統一三地環境區域治理理念，統籌構建水污染治理法律體系，在遵循《粵港澳大灣區發展規劃綱要》理念基礎上，推動政府聯合制定一系列環境治理行政協議，協同區域內各行政區政府完善立法事項、信息溝通、技術規則共享以及經驗交流等方面，促進粵港澳三地在區域水污染防治重大事項上實現統一規範立法、構建區域協同立法機制、加強區域重大立法項目的通力合作以及健全粵港澳大灣區立法協

1　韓大元."十六大"後須強化憲法解釋制度的功能[J].法學, 2003(01):18-22.
2　丘川穎,易清.大灣區水污染防治的立法協同機制探究[J].政法學刊, 2019,36(05):58-64.

同保障機制。[1] 如在基本制度方面，可建立跨區域環境影響評價制度。跨區域環境影響評價制度主要適用建設項目。珠三角地區目前還未建立跨區域環境影響評價制度。[2] 建設跨區域的環境影響評價制度有利於規範區域間建設項目，從源頭減少環境污染帶來的不利影響，有效保障三地在環境保護方面步調協調一致。在總體層面上，可以通過完善各區域水污染治理規劃，統一府際間政府工作要求與程序管理要求，推動區域政府水污染協同治理，為建立健全粵港澳大灣區水污染協調機制體制提供良好法律制度基礎。[3]

（三）構建統一的水污染防治管理與協調機構

上下游、各區域、各城市之間缺乏協同，各自都只關注自己範圍內的狀況，進而導致"公地悲劇"的發生，是制約大灣區水污染有效治理的一個重要因素。[4] 而造成水污染治理不聯動、不協調的首要體現，就在於大灣區內缺少統一的區域協調機構。上述世界三大灣區中，都成立了主管灣區協調以及發展規劃工作的專門機構，無論是東京灣區還是美國的兩個灣區，都把灣區建設的決策權和規劃權進行了統一，保證了灣區整體規劃和建設的一致性，而且更重要的是當灣區建設和規劃的權力被集中以後，那麼灣區內各個城市才會成為一個有機的整體，而不是被片面地分割出來各自為政、多頭管理、權責不清，以傳統的"頭痛醫頭、腳痛醫腳"方式來對待水污染治理。水污染是大灣區內所有城市的共同問題，需要權力讓渡與相互協作、統一規劃與協同治理才能有效解決，一旦被割裂後最大的弊端就在於，一個城市的問題得以解決後引發另一個城市的問題，舊的問題得以解決後引發新的問題，如污染問題轉化成

1　楊治坤.府際合作糾紛解決的制度檢視與完善路徑[J].江海學刊, 2017(04):114-119.

2　Joff Tsun Fung You, "The Absence of Transboundary Environmental Impact Assessment Regime in the Pearl River Delta Region: defects in the policy or constitution?" [J]. *Hong Kong Journal of Legal Studies*, 2017(11): 81.

3　林鎂佳.粵港澳大灣區水污染協同治理機制研究[J].南方論刊, 2020(03):19-22.

4　John A. L., Charles F. M., "Optimal institution arrangements for transboundary pollution in a Second-Best World: Evidence from a differential game with asymmetric players" [J].*Journal of Environmental Economics and Management*, 2001(42): 277-296.

經濟問題，經濟問題又轉化成社會問題等。基於此，可以將大灣區內的區域協調權力與規劃權力集中統一之後再進行科學配置，分別由相應的協調機構以及科研機構承擔具體職能。關於協調機構的定位，可以借鑒三大灣區的成功經驗，設立一個超區劃、跨領域的水污染協同治理委員會，並下設各個專門委員會，在委員會的成員組成中，可以由大灣區各城市按比例委派，領導人由中央政府委派。[1] 關於科研機構的定位，可以由科研機構來對大灣區的整體發展進行規劃，對於水污染等問題進行全域性的分析和評估，從而得出最有利於大灣區發展的最佳方案，交由大灣區各相關城市進行討論與磋商，各城市可以表達觀點和主張並說明理由，但最終決策權應當由大灣區的協調機構來掌握，並有強制力保證協調機構的決策能夠得到順利執行。[2]

（四）構建粵港澳大灣區水污染多元共治體系

大灣區水污染治理是一個複雜性、長期性和系統性的問題。針對目前大灣區水污染治理中因政府主導和行政分割等導致的治理體系單一化、簡單化，應當進一步健全水污染的多元治理體系，構建起一個"政府統領、企業實施、社會參與"的多元化的、立體化的水污染治理格局。[3] 世界三大灣區水污染治理能夠取得成效的一個重要因素，就在於建立了多元化的水污染治理體系。無論是日本的民間智庫，還是美國的各類環保社會組織，都在這個體系中發揮了巨大的作用。公眾參與是符合環境管理特點的富有成效的制度，舊金山灣區為了保證公眾能夠積極地參與到灣區水污染治理的事務中來，還制定了法律程序以及採取了相關權利保障措施，鼓勵環保社會組織增強專業能力，政府機構通過購買服務的形式與其展開合作，共同參與灣區水污染治理。

1 金太軍.論區域生態治理的中國挑戰與西方經驗[J].國外社會科學, 2015(05):4-12.
2 劉田原.粵港澳大灣區水污染治理研究：現實困境、域外經驗及修補路徑[J].治理現代化研究, 2020,36(05):87-96.
3 曹芳.流域水環境協商治理的理論邏輯與實現路徑[J].中南林業科技大學學報(社會科學版), 2019,13(06):29-33.

健全大灣區水污染的多元治理體系，可以借鑒三大灣區的這一成功經驗，加強大灣區城市之間的交流合作，強化信息互利互通，促進各個治理主體共建、共治、共享。各個治理主體不僅是水污染治理的受益者，更應當是水污染治理的積極參與者和忠實踐行者。協調機構主要以全域的高度對整個大灣區的水污染治理工作進行全面和細緻的規劃，並負責平衡各城市、各主體之間的治理工作關係；政府加強水管理的公共職能，保障各類基礎設施建設，引導水污染治理工作順利推進；企業嚴格遵守生產規範和排放標準，積極進行技術創新和產業升級；公眾積極參與水污染治理，減少家庭污染排放，並對治理規劃以及建設實施情況進行建議和監督。

　　除此之外，還應當充分重視和發揮好新聞媒體和環保社會組織的重要作用。新聞媒體是大灣區水污染治理工作向社會公開的橋樑，所以新聞媒體應客觀真實地反映公眾的呼聲和意見，幫助公眾與政府之間建立良好的互動和溝通渠道，對於水污染治理中相關部門的不作為、慢作為和亂作為，新聞媒體也要大膽發揮報道督促作用，使治理工作盡量公開化、透明化。環保社會組織在水污染治理體系中的重要作用，同樣不能被忽視，應當進一步實現環保社會組織的價值，扭轉環保社會組織在水污染治理中參與積極性不高以及專業能力不強的局面。對於協助政府部門對污染企業進行監督和調查，並取得一定成效的環保社會組織，可以通過設立水污染治理資金、污染企業賠償金以及罰金提取一定比例的方式來進行獎勵，使優秀的環保社會組織能夠通過自身的努力獲得穩定的資金來源，並通過這些資金來吸引人才、提升自身專業水平，以更加完善的服務能力來協助大灣區的水污染治理工作，這對於政府部門的水污染治理工作也是一個極大的補充。[1]

1　劉田原.粵港澳大灣區水污染治理研究：現實困境、域外經驗及修補路徑[J].治理現代化研究，
　　2020,36(05):87-96.

（五）完善粵港澳三地環境監測與信息協作機制

　　當前，粵港澳三地區域發展不平衡催生了不同的環境治理機制，區域政府間協調合作決定了區域環境治理的效果，而實現政府間協調合作應當依託於不同地區污染治理信息的交流與共享。由於水污染複雜性特徵日趨顯著，為滿足現有環境治理數據，應加強粵港政府制定的珠三角水質模型、海洋環境實時在線監控系統等信息制度建設，擴大監控環境污染因子，完善入海污染物控制制度等一系列具體措施。在豐富監測信息來源時，三地政府應加強發揮區域間共享機制作用，加強三地監測信息的交流與合作。[1]

1　林鎂佳.粵港澳大灣區水污染協同治理機制研究[J].南方論刊,2020(03):19-22.

第二節 大氣污染防治

一、大灣區大氣污染治理法律制度現狀

(一) 珠三角地區

珠三角地區關於大氣污染的法律制度主要由兩部分構成，一是全國性的法律，二是廣東省內的法規和各類規範性文件。

在國家層面，相關法律主要是《環境保護法》和《大氣污染防治法》。《環境保護法》第二十條規定："國家建立跨行政區域的重點區域、流域環境污染和生態破壞聯合防治協調機制，實行統一規劃、統一標準、統一監測、統一的防治措施。"而《大氣污染防治法》則在第八十六條具體規定"國家建立重點區域大氣污染聯防聯控機制，統籌協調重點區域內大氣污染防治工作。國務院生態環境主管部門根據主體功能區劃、區域大氣環境質量狀況和大氣污染傳輸擴散規律，劃定國家大氣污染防治重點區域，報國務院批准。"

廣東省內大區污染的法律制度分為綜合性和專項性文件。① 綜合性法規和規範性文件。早在《廣東省環境保護和生態建設"十二五"

規劃》中，就確定了大氣污染治理工作是重中之重，強調要發揮區域聯防聯控的作用，明確聯防聯控，改善大氣質量的目標，強調以聯防聯控機制來治理區域大氣污染。2015 年出臺的《廣東省環境保護條例》中明確規定了 2 項關於大氣污染治理的措施，一是關於停止建設燃煤發電站，二是關於制定更嚴格的汽車尾氣排放規定。《廣東省大氣污染防治行動方案（2014-2017）》詳細規定了環境污染目標，從推動電廠污染的減排到發展綠色交通再到優化產業佈局等，具有很強的操作性。② 專項法規和規範性文件。針對汽車尾氣排放問題，《廣東省機動車排氣污染防治條例》規定了廣東省機動車污染防治的具體制度，主要內容為機動車污染監管體制、機動車排氣污染防治、使黃標車限行有法可依和排氣污染監測。同時制定《廣東省機動車排氣污染防治實施方案》，對條例內容進一步細化。

（二）香港地區

香港早在 1983 年就制定了《空氣污染管制條例》，規定了管制固定源及車輛引起的空氣污染。根據該條例，香港地區主要的大氣污染物包括二氧化硫、二氧化氮、一氧化碳、光化學氧化物、鉛、總懸浮粒子和可吸入懸浮粒子。條例第四條還賦予了香港環保署對空氣質素管制區及空氣質素指標、空氣污染管制、指明工序、強制執行、上訴、影響環境的石棉的管制等管理的法定權力。[1] 對於違反該條例最高可被判處 10 萬到 50 萬的罰金並監禁 6 個月到 12 個月。

香港還在各個領域制定了一系列《空氣污染管制條例》的附屬規例。① 尾氣排放。制定了《空氣污染管制（車輛設計標準）（排放）規例》《空氣污染管制（汽車燃料）規例》《空氣污染管制（車輛減少排放物器件）規例》。② 生物燃料。《空氣污染管制（汽車燃料）規例》對汽車生化柴油規格和標籤作出了規定，並且給予汽車生化柴油免稅的規

1　《空氣污染管制條例》第四條：凡本條例授權局長認可任何方法或標準，他須於行使該權力時，在憲報公佈有關方法或標準的充分詳細資料，以合理地指出該方法或標準。

定。③ 其他領域。《空氣污染管制（空氣管制區）（公告）（綜合）令》《空氣污染管制（石棉）（行政管理）規例》《空氣污染管制（建築工業塵埃）規例》《空氣污染管制（乾衣機）（氣體回收）規例》《空氣污染管制（揮發性有機化學物）規例》等。

（三）澳門地區

《環境綱要法》是澳門地區環境保護的主要法律。該法規定了澳門環境治理的綱要和原則，共有 8 章，分別規定了原則和目的、自然環境、人類環境、保護環境成分的質素以及緊急情況、環境政策工具等。原則上規定了人們對環境治理具有一般性的義務，並明確了 6 個特定的原則：預防、平衡、參與、國際間合作、恢復和責任。事實上，該法訂立的時間較早，長時間沒有進行更新和修改，沒有明確社會主體的權利和義務，以至於現實的操作性不強。同時，澳門政府也沒有在環境治理中規定相應的法律法規，以至於澳門的環境治理過程中沒有一套完善的法律法規去規制現實問題。

在大氣污染方面，相關制度分散在各個部門和領域。① 發電廠。《發電廠的空氣污染物排放標準》第二節第六條規定："發電廠須於煙氣排放的位置裝治理裝設煙氣排放連續檢測系統，並須向環保局提供空氣污染物，尤其二氧化硫、氮氧化物及顆粒物排放的實時監測數據。"② 儲油廠。《儲油廠的空氣污染物排放標準及設施管理規定》第一節第五條規定："儲油庫的所有人，須每 12 個月向環境保護局提交一份關於上條所有排放標準的符合情況的空氣污染物排放檢測報告，報告須由具備檢測相關的實驗室能力認可證明的機構編製。"③ 機動車尾氣排放。《進口新汽車應遵守的尾氣排放標準的規定》《車用無鉛汽油及柴油標準》對機動車的質量作出規定，並對潔淨燃料提出標準；《機動車輛稅規定》進一步推廣環境友好型機動車，對重型機動車收較重的稅，並在《澳門特別行政區公報》上對複合環保標準的新機動車予以減稅，以進一步推廣環境友好型機動車。④ 其他領域。《製藥、銅板製造及塑料加工工業場所的空污染物排放標準》《污水處理廠的空氣污染排放標準》《水泥製造工業場所空氣污染物排放標準及設施管理規定》分別對製藥、銅板製造及塑料加工工業、污水處理廠、水泥製造工業等做了規定。

（四）三地協同

2017 年《深化粵港澳合作推進大灣區建設框架協議》在第三章體制機制安排中，提出完善協調機制、健全實施機制和擴大公眾參與。《粵港澳大灣區發展規劃綱要》（2019）第七章明確實施最嚴格的生態保護制度，在第二節提出了強化區域大氣污染聯防聯控，實施更嚴格的清潔航運政策，實施多污染物協同減排，統籌防治臭氧和細顆粒物（PM2.5）污染。實施珠三角九市空氣質量達標管理。

建立環境污染"黑名單"制度，健全環保信用評價、信息強制性披露、嚴懲重罰等制度。該綱要的提出為粵港澳大灣區大氣污染協同治理指明了方向。

二、大灣區大氣污染協同治理成效

（一）行政協議

粵港方面，2002 年兩地政府發佈《改善珠江三角洲地區空氣質素的聯合聲明（2002-2010）》。2010 年兩地政府簽訂《粵港合作框架協議》，提出"構建全國領先的區域環境和生態保護體系"。粵澳方面，2011 年簽訂《粵澳合作框架協議》提出"加強珠三角地區空氣質素管理和粵港澳珠江三角洲區域空氣監測網絡運行管理合作"。三方合作方面，2014 年 9 月三方共同簽署《粵港澳區域大氣污染聯防聯治合作協議書》，提出共建粵港澳珠三角空氣質量監測平臺、聯合發佈區域空氣質量資訊、開展環保科研合作，以及加強三地環保技術交流及推廣活動。

此外，在廣東省內的小珠三角區域也簽訂了相關協議。在總體協議方面，有《廣州市佛山市同城化建設環境保護合作協議》《深莞惠環境保護與生態建設合作協議》《珠中江環境保護區域合作協議》《廣佛肇經濟圈生態環境保護合作協議》，內容涉及大氣治理的聯合監測、環境科研、環境應急聯動，以及環境信息共享等各個方面。而在專項城際大氣污染治理方面，深莞惠三方共同簽訂了《深莞惠機動車排氣污染聯防聯控工作協議》，該協議是廣東省首個突破區域限制而建立的區域性尾氣污染防治協議。根據協議，三市正式成立了機動車排氣污染聯防聯控工作小組，定期召開聯防聯控工作會議。2017 年深莞惠經濟圈（3+2）環保合作第七次會議上，深圳、東莞、惠州、河源、汕尾五市共同簽訂《深莞惠經濟圈（3+2）大氣污染聯防聯控工作機制協議》，提出"加大對跨界區域的環境執法巡查力度，加強黃標車跨區域聯合執法；強化區域環境空氣質量預報預警，降低大氣污染物區域傳輸影響"。

（二）區域規劃

2009 年國家發改委公佈的《珠江三角洲地區改革發展規劃綱要》將粵港澳合作確定為國家政策。支持粵港澳三地在中央有關部門指導下，擴大就合作事宜進行自主協商的範圍；鼓勵在協商一致的前提下，與港澳共同編製區域合作規劃；完善粵港、粵澳行政首長聯席會議機制，增強聯席會議推動合作的實際效用。2012 年粵港澳共同編製完成的《共建優質生活圈專項規劃》把環境生態等五個重要領域確定為三地的長遠合作方向。2010 年《珠江三角洲環境保護一體化規劃（2009-2020）》提出以"強化區域協同聯動為手段，搭建聯防聯治政策及技術平臺，以有效解決區域內環境監管標準不一、執行乏力等問題"。

（三）聯合監測

1999 年粵港兩地聯合開展"粵港珠江三角洲空氣質素研究"，開啟了全國區域空氣質量研究項目的先河。2002 年，兩地政府開始共同建設"粵港珠三角區域空氣質量監測網絡"，聯合建成了 16 個監測點，其中 13 個監測點在廣東境內，3 個在香港。2014 年 9 月粵港澳三方共同簽署《粵港澳區域大氣污染聯防聯治合作協議書》，把澳門大潭山增加為空氣質量監測子站。"粵港珠三角區域空氣質量監測網絡"更名為"粵港澳珠江三角洲區域空氣監測網絡"，三地空氣質量監測站數目由16個增加至23個。該監測網絡從 2005 年 11 月起在中國大陸率先開展PM2.5、臭氧、二氧化硫、一氧化氮的常規監測，並從 2014 年 9 月開始，每小時發佈各種空氣污染物的濃度水平，替代以往每天發佈一次的"區域空氣質量指數"。

（四）聯席會議

粵港兩地於 1998 年 3 月開設合作聯席會議，會議每年一次，輪流在廣州、香港召開。2003 年起，原來的雙首長制升格為雙方行政首腦出面主持聯席會。聯席會議的架構分為全體大會、工作會議、聯絡辦公室以及專責小組。至 2018 年，該聯席會議共召開 20 次會議。在大氣污染治理方面，2000 年 6 月，廣東省政府和香港特區政府共同設立"粵港持續發展與環保合作小組"，主要職責為就粵港兩地有關自然資源、生態環境及可持續發展事宜進行磋商。2002 年的《改善珠江三角洲空氣質量的聯合聲明》，從宏觀層面對區域大氣污染治理工作提出具體合作方向。2003 年，雙方在粵港持續發展與環保合作小組之下成立了"珠江三角洲空氣質素管理及監察專責小組"，跟進粵港政府於 2003 年 12 月制訂的《珠江三角洲地區空氣質素管理計劃》下的各項工作。截至2017 年 12 月，該小組共召開 17 次會議。

粵澳兩地也于 2003 年建立了粵澳合作聯席會議制度，由廣東省省長與澳門特區行政長官共同主持召開，就合作方向、合作重點及重大經濟社會問題進行磋商。其架構包括聯席會議、聯絡辦公室、專責小組三個層次。2014 年 11 月，粵港澳三方啟動了為期 30 個月的粵港澳區域性 PM2.5 聯合研究，2015 年完成同步實地採樣監測，並於 2016 年完成樣品分析。2017 年 3 月，粵澳簽署《2017-2020 年粵澳環保合作協議》，進一步加強兩地在環保規劃、環境監測、固體廢物處理、環保產業等方面的交流合作。至 2016 年，粵澳合作已設立 25 個專責小組。

在廣東省內部，2010 年，廣東省在全國率先建立了大氣污染聯防聯控領導機制 —— 珠三角區域大氣污染防治聯席會議，並制定了《珠三角區域大氣污染防治聯席會議議事規則》。聯席會議的職責包括檢查和定期通報珠三角大氣污染防治規劃實施情況，組織考核區域內各地政府大氣污染防治工作，協調解決跨地市行政區域大氣污染糾紛，協調各地、各部門建立區域統一的環境政策等。2014 年，聯席會議規格提升，根據廣東省人民政府發佈的《廣東省人民政府辦公廳關於調整珠江三角洲區域大氣污染防治聯席會議組成人員的通知》，第一召集人由副省長擔任改為由省長擔任，第二召集人由省政府副秘書長擔任改為副省長擔任，成員單位由原來 27 個增加為 39 個，同時珠三角各地級以上市政府和省有關單位均由一把手作為聯席會議成員。聯席會議的組織配置，是推動珠三角城市合作的典型委託授權機制，其配置的升格增強了聯席會議的協調力和權威性。

（五）其他政府間合作機構

2018 年，中央成立了高層統籌決策和實施的"粵港澳大灣區建設領導小組"，中共中央政治局常委、國務院副總理韓正擔任該領導小組組長，香港特首及澳門特首均擔任小組成員，這是首次有港澳特首被納入中央決策組織。

聯絡辦公室由廣東省港澳事務辦公室分別與香港政制及內地事務局、澳門行政長官辦公室組成，主要對粵港澳重大事務日常聯絡、協調、統籌和後續跟進。

粵港持續發展與環保合作小組是粵港兩地環境保護領域合作的重要機構，其具體負責兩地環保合作事宜的聯繫。"合作小組"每年召開會議，主要內容是審議專家小組和專題小組的年度工作報告，審議粵港兩地之間環保合作的年度主要工作成果，並就雙方共同關心和需要解決的環境質量、自然資源、生態環境及可持續發展事宜進行交流磋商，議定下一年度的合作計劃。

與大氣污染有關的專題小組是 "珠江三角洲空氣質素管理機監察專責小組"，主要職能是制定年度工作計劃，提出工作建議和協調組內項目工作討論。

（六）協同治理現狀評價

現階段粵港澳三地主要採取以行政協議、區域規劃為主的合作機制。港澳和珠三角在基本政治制度和經濟制度上的不同，以及在法律制度、環保制度、環境體制等方面的明顯差異，都會增加粵港澳三地的溝通和合作成本。但制度邊界在相當長一段時間內是無法打破的。行政協議、聯席會議可以降低成本，兩兩合作的雙邊協作是區域合作中交易成本最低的合作形式。

其中，行政協議是在保留地方自治權的前提下，自願解決外部性，雖然不具備法律的強制約束力，但粵港澳大灣區經濟、社會和文化的長期嵌入式關係使地方政府在執行合作協議時，不僅能減少責任推卸、增加承諾的可信度，同時，組織之間重複的集體行動還將有助於提高區域社會資本，增強相互信任，從而降低合作風險，推動實際合作。[1]

三、大灣區大氣污染協同治理現實困境

佔據大灣區主要地域的珠三角區域，和長三角區域以及京津冀地區，並稱為我國三大大氣污染重災區。在屬地治理為主的大背景下，區域大氣污染治理存在著碎片化嚴重、治理效率低下、交叉污染與重複治理、地方政府大氣污染治理積極性受挫等諸多問題。

行政區域管理上，香港、澳門、廣州、深圳 4 個有影響力的城市並沒有形成絕對核心城市，只是各自發揮全球城市的部分功能。此外，大灣區還有 7 個行政上的地級市和 510 多個街道和鎮建制的工業化城鎮，

1　蔡嵐.粵港澳大灣區大氣污染聯動治理機制研究——制度性集體行動理論的視域[J].學術研究,
　　2019(01):56-63、177-178.

呈現出多中心城市群發展格局。加之"一國兩制"體制，導致雙重合作困境。其一，三地在政治制度、環境標準乃至治理架構等方面差異，導致面臨合作風險；其二，各地政府的本位理性極易導致公地悲劇。具體來說，三地在管理體制和實施機制上存在協同困境。

（一）管理體制

政府間合作存在利益衝突。國內政府間關係指的是一個主權國家內部多邊多級政府之間利益博弈與權力互動的一種利益關係。[1] 粵港雙方共同的環境需求將跨區域的兩地政府聯繫到了一起，但建立在兩個行政區上的合作機制不可避免地面臨的一大問題是：雙方政府之間互不隸屬，存在各自的利益訴求，極易導致行政分割和政府本位主義。

從管理體制看，粵港澳地區屬"一國兩制""三法域"，制度和體制的差異導致三地具有不同的環境保護行政管理體系和司法監督體系，社會制度、治理模式的差異對三地生態環境保護協同治理帶來一定障礙。珠三角環境保護政策以政府主導為主；港澳地區以市場激勵型為主。三地生態環境保護協作機制多限於"一事一議"，合作載體多為協商形式的聯席會議，這種以協商機制為合作重點的方式缺乏法治基礎，[2] 區域整體性戰略、制度性安排及常態化協同治理機制仍亟待完善。

（二）實施機制

1. 缺乏三地統一的權威議事監督機構

框架協議和規劃和並不能全面實現對三地實際工作的有效統領。而聯席會議和專責小組的政府間合作體制實際上完全依託于參與各方政府，粵、港、澳合作基本上仍屬跨界政策協商，三方統一認可且有區域權威的綜合決策和監督執行機構依然缺位。[3] 當地區訴求不一致時，極易導致忽略區域整體而尋求本地利益最大化。

1　張緊跟.當代中國政府間關係導論[M].北京:社會科學文獻出版社, 2009:1-2.

2　朱孔武.粵港澳大灣區跨域治理的法治實踐[J].地方立法研究, 2018,3(04):2-10.

3　謝偉.粵港澳大灣區環境行政執法協調研究[J].廣東社會科學, 2018(03):246-253.

有學者根據府際合作向度和可持續性兩個維度將府際合作分為對話式、契約式、運動式和科層式。結合粵港澳大灣區，其聯席會議屬對話式，但是弱可持續性表現為合作鬆散以及不確定性大。[1] 具體來講，聯席會議存在下述問題：沒有國家層面的法律文件支持；權力小；聯席會議每年召開一次，時間建間隔長；下設的專責小組並未特定的成員，都是三地政府部門中的工作人員。

2. 行政協議效力未知

行政協議的法理基礎是區域內各政府之間的法律平等。我國的區域平等缺乏地方自主權這一前提，缺乏法治的良好保障。[2] 此外，存在公眾在行政協議的參與度不高、粵港澳法律規範相異等問題。

不過，雖然《深化粵港澳合作推進大灣區建設框架協議》等行政協議從協議制定和審批程序上看都是自願簽署，但是未經批准並不意味著完全沒有法律效力。[3] 作為一份可以規範各方政府行政或國家部委行為的行政協議，是省級政府或國家部委行政權限內的自主安排，具備了與省級政府規範性文件，即省政府規章或者國務院部門規章以上一級的法律效力。

3. 尚未確立區域型技術支撐機構

由於缺乏與美國和加拿大跨境大氣環境合作指定的國際聯合委員會類似的區域型大氣環境合作核心支撐機構，過去粵、港、澳三地的跨界大氣協同防控均依靠三地各自的研究和諮詢機構提供技術支撐，並只能通過機構的所在地政府提出加強區域合作的建議。實際上此類建議往往重在強調和反映粵、港、澳三地在各自地區的獨立調查研究或從各地區自身利益角度出發提出的意見，區域一體化視角不足，很難從粵港澳大灣區整體利益最大化的角度提出更加有效的協同合作建議，也可能很難

1　石晉昕,楊宏山.府際合作機制的可持續性探究:以京津冀區域大氣污染防治為例[J].改革, 2019(09): 149-159.

2　葉必豐,何淵,李煜興,徐健等.行政協議區域政府間合作機制研究[M].北京:法律出版社, 2010.5.

3　荊洪文.粵港澳大灣區法治一體化路徑研究[D].吉林大學, 2019.

讓所有利益相關方信服。同樣，由於區域合作協議和規劃的研究制定與執行評估過去是依靠粵、港、澳三地各自組織的技術團隊分別予以支撐，其具體實施進展和落實成效更偏向區域視角進行的客觀獨立調查分析，難以超脫地方行政權威，缺乏整體評估的技術力量支撐。[1]

4. 缺少跨界大氣問題的聯合研究及政策評估調控

當前，區域跨界的聯合研究目前還主要停留在大氣環境質量監測和數據共享階段，更加深入的區域大氣複合污染成因、相互傳輸影響、重點協同防控區識別、跨界聯合減排示範項目等跨界聯合研究和大灣區一體化的跨界機動車、船舶排放管理等都還有待加強。[2]

此外，目前粵港澳大灣區的跨界合作方面跟蹤評估等約束力度不足，主要依賴於三地政府自身的組織落實和自我評價，缺乏區域整體視角的調查評估和區域內各城市間的客觀比較，容易產生或忽略個別地區執行和管理不到位的問題，難以全面評價跨界大氣污染防治合作的實際成效，也難以對區域跨界政策進行及時、有效地針對性調整和改進。

5. 跨職能部門合作存在局限

粵港合作方面，現有的粵港環境合作機制下，區域環保工作基本都圍繞著廣東省環境保護廳和香港特區政府環境局這兩個同屬性職能部門的合作展開。在某些特殊事項上，環保工作涉及到的範圍將超出現有合作部門所管轄的範圍，涉及跨職能部門間的環保合作。

6. 行政執法協同缺乏監督

三地的環境行政執法體制因為差異化的政治體制和法律制度而產生衝突，這是導致三地環保合作協議中很多規定僅限於宣言式公告、難以深入貫徹實施的根本原因，對協議倡導的合作結果缺乏評價、缺乏監督。

1　廖程浩,曾武濤,張永波,熊雪暉.美加跨境大氣污染防控合作體制機制對粵港澳大灣區的啟示[J].中國環境管理, 2019,11(05):32-35.

2　廖程浩,曾武濤,張永波,熊雪暉.美加跨境大氣污染防控合作體制機制對粵港澳大灣區的啟示[J].中國環境管理, 2019,11(05):32-35.

四、大氣污染協同治理的經驗借鑒

（一）國內大氣污染協同治理

國內關於大氣污染協同治理的主要是京津冀地區，在此涉及府際協同的相關問題。府際協同治理大氣污染的邏輯可以從三個方面進行概括：其一，區域大氣污染是"公地悲劇"和"集體行動困境"相互作用的結果；其二，府際協同治理大氣污染面臨行動層面和制度層面的困境；其三，跨域大氣污染治理需要相關地方政府協同發力，需要相關制度從碎片化走向整體化。[1]

具體到京津冀地區的協同治理上，三地政府通過多個立法協同文件，探索污染防治制度協同。考慮到大氣污染防治的區域共防共治特點，三地人大都在各自的地方性法規中以專條或者專章形式規定了協同治理大氣污染的制度措施，包括實行大氣污染信息通報制度、實行重大污染監測信息和防治技術共享制度等。[2]

不過，京津冀地區的大氣污染協同也存在困境，如京津冀三地各自堅持本地保護的大氣環境污染治理模式，相互之間缺少長效的協同合作機制[3]，未能建立健全跨區域執行與監督大氣污染的機構等。

（二）域外大氣污染協同治理

1. 美加跨境大氣污染防治合作

美國和加拿大在北美五大湖周邊地區的跨境大氣污染防治合作同樣具有跨行政區、跨法律法規體系等類似特徵，且自 1991 年開始實施了針對酸雨等的跨境協同治理並取得了突出的成效。

1991 年 3 月聯合簽署了《美國—加拿大空氣質量協議》，開展以酸雨污染防控為主的跨境大氣污染防治合作。2000 年 12 月，美國和加拿大共同在原有的《美國—加拿大空氣質量協議》中增加了附則 3《近

1　陳桂生.大氣污染治理的府際協同問題研究——以京津冀地區為例[J].中州學刊, 2019(03):82-86.

2　熊菁華.京津冀立法協同的階段性總結與分析[J].人大研究, 2019(05):13-19.

3　劉濤,郭如如.京津冀大氣污染防治協同立法問題研究[J].山東行政學院學報, 2020(03):73-78.

地面臭氧前體污染物的特別防控目標》開始了跨境的臭氧、氮氧化物（NOx）和揮發性有機物（VOCs）的防控合作。該臭氧附則致力於減少北美五大湖周邊地區近地面臭氧的前體污染物（NOx 和 VOCs）的排放，規定了北美五大湖周邊的美國 18 個州和哥倫比亞特區，以及加拿大安大略省中部和南部、魁北克省南部地區作為跨境臭氧污染防控的污染排放管理區，同時規定雙方應公開相關的污染排放和環境空氣質量監測數據，在保持各自法律法規體系獨立的情況下，進行數據、技術、工具和方法的共享，加強對區域大氣污染排放的治理和減排。

兩國還建立了固定的議事監督機構和運作機制。基於《美國—加拿大空氣質量協議》，美國和加拿大共同成立並運作了一個雙邊空氣質量委員會，作為開展跨境問題磋商和措施執行的組織機構。雙邊空氣質量委員會由美國和加拿大雙方各自委派同等數量的代表組成，主要職責：開展《美國—加拿大空氣質量協議》執行情況和進展的評估；運轉後第一年提交一份進展報告，此後每兩年發佈一次進展報告；向美國和加拿大的國際聯合委員會（International Joint Commission）提交一份進展報告，以便採取行動；在提交給雙方審核後，向公眾公開進展報告。為保障持續有效的溝通和決策，雙邊空氣質量委員會每年至少舉行一次會議，並可根據任意一方的要求不定期增加會議頻次。

此外，設立獨立的技術支撐機構——國際聯合委員會。國際聯合委員會是美國和加拿大在 1909 年基於邊境水域協議（Boundary Waters Treaty）建立的，在美國和加拿大都有常設機構，《美國—加拿大空氣質量協議》簽訂後也開始承擔美國—加拿大跨境大氣污染防治相關的諮詢和調查等工作。國際聯合委員會相關主要職責包括：組織對雙邊空氣質量委員會所提交進展報告的評估；向美國和加拿大雙方提交綜合評估分析意見；按要求將綜合評估分析意見向公眾公開。國際聯合委員會專門成立了國際空氣質量諮詢委員會，按照政府要求，根據專家的專業領域委任美國和加拿大雙方同等數量的專家組成專家組，開展調查研究，並提出解決跨境污染問題的建議。

另外，研究制訂區域工作計劃並跟蹤評估進展。2003 年 1 月美國環保局和加拿大環保局聯合開展邊境空氣質量策略研究，以確定合適的邊境空氣質量試點項目，識別重要的跨境大氣污染問題並開展持續的區域大氣污染削減。同年 6 月，美國環保局和加拿大環保局共同發佈了 3 項試點項目。基於《美國—加拿大空氣質量協議》的要求，每 2 年定期開展 1 次協議進展情況的評估並發佈評估報告，定期分析評估 1990 年以來美國和加拿大在酸雨、臭氧及其前體污染物控制方面的進展和成效。

2. 美國境內

美國在 20 世紀 60 至 70 年代曾遭遇過相當嚴重的大氣污染，因此聯邦政府制定了一系列政策規劃來治理複雜的跨區域大氣污染。美國跨區域大氣環境監管主要是在《清潔生產法》《國家環境政策法》《空氣污染控制法》等立法基礎之上，規定美國聯邦政府、區域和各州各自的職責。[1] 在立法保障下建立區域大氣環境監管機制，主體機構包括聯邦環保署、區域辦公室、跨州空氣污染傳輸委員會和及跨州區域計劃組織。[2]

美國舊金山灣區設立了海灣空氣質量管理區，專司協調管理舊金山灣區九縣的固定源空氣污染，該管理區由一個委員會管理，分別從下轄的 9 個縣中選拔 24 名選舉官員組成。管理區作為一個區域空氣污染控制機構有權制定和實施本區的空氣污染控制法規，有權任命空氣區的行政官員、法律顧問和職員。空氣區還設立一個諮詢委員會就空氣質量問題向空氣區提供科學化建議，同時設立一個聽證委員會，負責處理因遵守清潔空氣法等管制法規而產生的爭議，以及排污許可證問題等。[3]

1　劉潔,萬玉秋,沈國成,汪曉勇.中美歐跨區域大氣環境監管比較研究及啟示[J].四川環境, 2011,30(05): 128-132.

2　吳磊,鄭君瑜.粵港區域大氣環境管理創新機制研究[J].資源開發與市場, 2016,32(10):1172-1177.

3　謝偉.粵港澳大灣區環境行政執法協調研究[J].廣東社會科學, 2018(03):246-253.

3. 歐盟地區

簽署或參加國際條約是歐盟實施區域大氣污染防治的重要手段。1979 年《長距離越界空氣污染公約》（CLRTAP）針對空氣污染問題制訂了第一個具有法律約束力的國際綜合性合作公約，並制訂了把科學與政策結合在一起的制度框架。《赫爾辛基協議（Helsinki Protocol）承諾》（1985 年）、《日內瓦協議（Geneva Protocol）》（1991 年）、《奧斯陸協議（Oslo Protocol）承諾》（1994 年）、《哥德堡協議（Gothenburg Protocol）》（1999 年）等對二氧化硫、氮氧化物減排進行了約定。這些協議的特點之一是不對政策手段進行具體說明，也沒有相應的處罰規定，而是通過簽約國之間相互的信任與履行承諾的良好意願來協作完成的。

除了簽訂不具有強制執行力的協議外，歐盟地區的大氣污染協同治理還通過歐盟指令這種強制性的行政手段實現合作。目前，歐盟的區域大氣污染防治主要是以環境空氣質量方面的指令為基礎，以固定源排放、揮發性有機物（VOCs）、國家排放上限、運輸工具與環境等幾個方面的指令補充構建起來的。歐洲委員會負擔主要管理職責，對於任何直接違反大氣污染防治指令的行為或者以某種藉口不履行義務的情況，委員會都有權進行調查，發表自己的意見，提請有關方面注意，並有權就違法事項向歐洲法院起訴，同時成立專門的"環境空氣質量委員會"協助歐洲委員會工作。

五、大灣區大氣污染協同治理體系建設

粵港澳大灣區生境質量較高，但環境質量偏差，污染治理應是當前主要工作。大氣污染防治的碎片化與大氣生態系統的整體性並不是絕對對立的，流動的大氣污染是可以治理好的，這需要構建一套完善有效的區域大氣污染防治制度體系。

1. 堅持 "共區原則"，行政協議優先

在堅持大氣污染 "共同而又有區別責任" 原則的前提下，採取既能保留各方獨立性和自主權，同時又能具有一定的正式約束力的合作機制。[1] 區域行政協議履行時，在行政協議與締約機關轄區規範的關係上，建議行政協議優先；採用以非自動履行和機構履行相結合的混合模式。

2. 建立區域性大氣問題的權威管理機構

建議由國家推動三地政府共同設立或在區域綜合事務管理機構下組建專門的區域大氣協同防控委員會，作為區域性跨界大氣污染防控的職能機構。[2] 改進現行政府間聯席會議框架下環境合作小組相對鬆散的體制和工作機制，增強和擴展區域跨界大氣污染協同防控管理的權威性和行政權力。

3. 組建粵港澳大灣區環境資源協調治理委員會

在中央政府的推動和建議下設立一個具有權威性的協調組織對區域內的環境資源執法統籌安排。[3] 委員會可以下設污染防治協調機構、自然資源保護協調機構，還可再細分為大氣污染防治協調小組、水管理協調小組、土地管理協調小組、生物多樣性管理協調小組、森林管理協調小組、法律顧問辦公室等部門。

1　蔡嵐.粵港澳大灣區大氣污染聯動治理機制研究——制度性集體行動理論的視域[J].學術研究,2019(01):56-63、177-178.

2　廖程浩,曾武濤,張永波,熊雪暉.美加跨境大氣污染防控合作體制機制對粵港澳大灣區的啟示[J].中國環境管理, 2019,11(05):32-35.

3　謝偉.粵港澳大灣區環境行政執法協調研究[J].廣東社會科學, 2018(03):246-253.

第三節 土壤污染防治

一、大灣區土壤污染防治現狀

　　當前，粵港澳大灣區因其城市化進展及土地流轉的巨大需求污染地塊土壤環境問題突出，部分地區污染地塊類型複雜，土壤及地下水污染嚴重，工業生產中排放的重金屬廢物、農業種植中過量使用的農藥化肥、城市生活中丟棄的固體廢棄物等，不僅對土壤環境形成了嚴重威脅，而且對人體健康和生態環境構成了安全隱患。在土壤污染治理工作中，污染責任認定未盡合理、治理資金來源不穩定、監督管理體系不健全等現象仍然存在。

二、三地土壤污染防治機制差異及協同困境

　　粵港澳三地在土壤污染防治、污染場地再開發利用及相關監管過程中存在著政治制度、環境標準乃至治理架構等方面的差異，主要體現為污染場地風險管控法律法規、技術體系和管理體系等方面的差異，而珠三角九市由於其城市化進程、產業發展以及管控策略等的差異，污染場

地風險監管模式也體現了一定的差異性。

（一）香港特別行政區

香港關注污染場地土壤污染及整治的時間較早，20世紀70年代末其製造業基地向珠三角城市搬遷，香港逐步將土壤污染政策納入各專項法規，並出臺了相關管控規範，污染場地風險管控制度體系逐步完善，構建了系統的污染場地風險管控體系，形成了以評估整治指引、基於風險的土壤治理標準和土地勘察整治實務為核心的制度規範。香港針對污染場地或棕地，需按照工作流程完成污染評估與整治後，才能進行土地的開發利用，主要程序包括場地評估、規劃及設計場地勘察方案、場地勘察、污染狀況分析、規劃及整治方案、污染土地整治和土地開發利用等步驟。其中，針對場地污染評估階段需要編製污染評估計劃書和污染評估報告，報環保署批准後實施；針對污染整治階段需編製整治計劃書和整治報告，報環保署批准後實施，其相關管理機制和技術體系等的應用效果反饋可作為珠三角九市的有效借鑒與參考。

（二）澳門特別行政區

澳門因其土地稀缺和歷史工業較少，其土壤污染及整治有關的研究較少，主要將污染場地評估與勘查工作納入環境影響評價工作中實施，澳門在污染場地監管程序上，包括潛在污染場址經過污染源識別、土地用途及敏感受體分析、場地勘察與分析、識別污染範圍和場地修復與整治等環節，各環節技術要求以參考內地有關技術導則及規範為主，受污染的土壤修復至整治目標後可開發利用。

（三）珠三角九市

珠三角九市自2016年《土壤污染防治行動計劃》實施以來，土壤環境工作全面鋪開，九市結合本地實際，因地制宜，逐步建立了污染場地風險管控制度體系。此外，珠三角九市與港澳的地緣相近，其土壤特性和水文地質特性等自然條件和城市化進程、經濟發展相似，土壤污染類型、特徵和遷移規律及管理制度體系上具有互通性。在城市規劃、監管範圍、技術要求、監測監管、從業單位管理和聯動監管等方面，粵港澳三地須加強對污染地塊的環境監督管理，優化協同防控污染地塊風險，形成大灣區區域性土壤污染協同防治制度體系。

三、土壤污染防治協同的指導思想、基本原則與戰略目標

粵港澳三地土壤污染防治協同應圍繞重點地區、重點生態環境問題，統一規劃，分類指導，分區推進，加強法治，嚴格監管，堅決打擊污染行為，鞏固生態建設成果，遏制生態環境惡化，切實加強土壤污染防治，穩步推進土壤污染治理與修復，逐步改善區域土壤環境質量。以改善土壤環境質量為核心，以保障農產品質量和人居環境安全為出發點，實施分類別、分階段治理與修復。

土壤污染治理難度大、週期長、見效慢，需要堅持保護優先和源頭管治、控制相結合，對未污染土壤實施優先保護，劃為永久基本農田，實行嚴格保護。加強對尾礦庫、工業園區、垃圾處理設施等重點污染源的環境監管，從源頭上減少新增污染。風險管控，分類治理，以農用地和建設用地為重點，針對不同土壤污染程度、土地用途等，實施分類風險管控與治理修復，提高防治成效。重點突破，示範帶動，在大灣區內選擇集中連片受污染耕地、典型關閉搬遷企業地塊，開展受污染土壤治理與修復試點，以點帶面，探索建立適合當地條件的土壤污染治理修復技術體系，逐步推動大灣區土壤污染治理與修復。管研結合，協調推進。加強土壤環境監管能力建設，強化工程監管，完善治理與修復標準，推進修復技術產業化，完善治理與修復項目庫，提升土壤污染治理與修復綜合能力。

土壤污染防治協同應當堅持預防為主、保護優先、分類管理、風險管控、污染擔責、公眾參與的原則，堅持統籌兼顧、綜合決策、合理開發，注重風險管控的同時兼顧受污染土壤的治理修復。

土壤污染防治協同旨在有效控制土壤環境風險，保障農用地和建設

用地土壤環境安全，確保國民經濟和社會的可持續發展，實現三地污染場地風險管控策略的統一化、精細化。粵港澳三地土壤污染防治協同的目標是完成農用地土壤污染狀況詳查與地塊污染風險初步篩查及重點行業企業用地土壤污染狀況調查，完善土壤污染治理與修復項目庫，在污染耕地集中地區開展受污染耕地安全利用、治理與修復及嚴格管控試點工作，開展污染地塊環境調查、風險評估和治理修復試點示範工程，推進受污染耕地和污染地塊的安全利用、修復、種植結構調整及退耕還林還草。

四、土壤污染防治協同的主要內容與要求

（一）完善制度設計

加強領導和協調，廣東省政府和香港、澳門特別行政區政府生態環境部門要建立土壤污染防治綜合決策機制和監管體系，做好綜合協調與監督工作，完善土壤環境保護責任制。建立經濟社會發展與生態環境保護綜合決策機制。粵港澳三地基於行政協議等形式，編製粵港澳大灣區生態功能區劃、國土空間規劃及粵港澳大灣區生態環境保護規劃，指導自然資源開發和產業合理佈局，推動經濟社會與生態環境保護協調、健康發展。制定重大經濟技術政策、社會發展規劃、經濟發展計劃時，應依據生態功能區劃和國土空間規劃，充分考慮生態環境影響問題。圍繞土壤污染狀況詳查、監測、調查與評估、源頭預防、風險管控與修復、能力建設等工作，三地積極籌劃申報生態環保專項資金項目，並探索建立與粵港澳大灣區綠色發展相適應的賬戶管理體系。

（二）推進重點行業企業用地調查

推進三地重點行業企業用地調查樣品分析測試、數據上報、審核與入庫，集成調查成果，建立污染地塊清單、優先管控名錄和數據庫。推進三地重點工業園區用地調查，開展工業園土壤污染狀況調查等試點工作。結合重點行業企業用地調查，深化土壤污染狀況詳查成果應用，對

調查發現可能存在風險的在產企業，督促其開展土壤污染隱患排查；對調查發現已關閉搬遷的疑似污染地塊、污染地塊，納入大灣區污染地塊土壤環境管理系統監管。選擇典型區域開展耕地土壤污染成因排查與分析試點，推進農用地土壤污染狀況詳查成果應用，鼓勵三地開展受污染耕地污染成因排查。三地根據已掌握的土壤環境質量狀況，結合土壤污染狀況詳查結果，重點圍繞土壤環境優先保護、風險管控、治理與修復以及基礎能力建設等，梳理土壤污染治理與修復項目清單，明確重點任務、責任單位和實施計劃，編製污染土壤治理工程項目建議書、實施方案等，逐步完善土壤污染治理與修復項目庫。

（三）科學管理農用地

推進農用地分類管理，劃定耕地土壤環境質量類別。依據三地農用地詳查等成果，劃定耕地土壤環境質量類別，推進受污染耕地安全利用和嚴格管控，調整三地受污染耕地安全利用等目標任務。開展受污染耕地區域排查登記和必要的加密調查，針對安全利用類水稻超標區，實施農藝調控等安全利用措施進行風險管控，確保水稻達標生產；針對嚴格管控類水稻超標區，結合當地農產品產業優勢、現代農業產業園等項目，推動種植結構向重金屬低累積或非食用農產品調整。

（四）強化建設用地土壤環境管理

三地政府要科學合理規劃土地用途，編製大灣區國土空間規劃時，要充分考慮土壤污染風險，合理確定土地用途，實現疑似污染地塊、污染地塊空間信息與國土空間規劃的綜合管理，同時比照香港受污染土地的風險管控、再開發利用的工作程序及制度體系。涉及成片污染地塊分期分批開發的，要合理安排土地供應及相關規劃許可證發放時序，防止受污染土壤及其後續風險管控和修復措施影響周邊敏感人群。嚴格建設用地准入管理，建立大灣區建設用地土壤環境監管聯動機制，明確職責分工，三地要加強建設用地在規劃許可、土地供應、治理修復等環節監管。列入建設用地土壤污染風險管控和修復名錄的地塊，未達到風險管控、修復目標的，禁止開工建設任何與風險管控、修復無關的項目。規範建設用地有關報告評審，構建三地建設用地污染地塊土壤環境信息系統，完善土壤污染風險評估和修復效果評估評審工作指引，制定三地建設用地土壤污染風險管控和修復相關報告審查要點、專家庫管理辦法和從業單位管理辦法，定期公佈各類報告評審通過情況。

（五）加強土壤污染源頭控制

三地要加強土壤污染重點監管單位管控，確定並公佈土壤污染重點監管單位名錄，對重點監管單位周邊土壤進行監測，督促重點監管單位依法落實自行監測、隱患排查等有關要求。重點監管單位開展自行監測和周邊監測。加強涉重金屬行業污染管控，深入開展涉重金屬重點行業企業全口徑排查，動態完善清單，推進涉鎘等重金屬重點行業企業排查，實施重金屬污染防治分區防控策略。加強工業廢物處理處置，深化工業固體廢物堆存場所排查整治，編製堆存場所整治方案，核查工業固體廢物堆存場所整治情況，加強三地在廢物管理上的合作，建成大灣區固體廢物減量化、資源化、無害化處理處置體系，完善三地固體廢物監管體系。加強生活垃圾污染治理，推進非正規垃圾堆放點排查整治，完成整治的要劃定管控範圍，做好移交和後續管理，推進生活垃圾無害化處理項目建設，保證生活垃圾得到收集、轉運和處理。推進粵港澳三地農業面源污染源頭減量，開展農藥包裝廢棄物回收處置工作，在規模化養殖場配套糞污處理設施裝備。降低三地主要農作物化肥、農藥使用量並提高農藥利用率，推廣測土配方施肥技術。

（六）推進重點污染源風險防控

推進三地集中式地下水型飲用水源補給區、化工企業、加油站、垃圾填埋場和危險廢物處置場等區域周邊地下水環境狀況調查。三地政府生態環境部門督促指導相關企業按有關標準完成加油站埋地油罐雙層罐更新或防滲池設置。實施報廢礦井、鑽井、取水井封井回填，因報廢、未建成或者已完成勘探、試驗任務的，督促工程所有權人按照相關技術標準開展封井回填，對已經造成地下水串層污染的，督促工程所有權人對造成的地下水污染進行治理和修復。

（七）貫徹系統治理

加強地下水污染防治，防範土壤污染物擴散遷移，強化三地農村地下水型飲用水源保護，劃定地下水型飲用水源調查評估和保護區。三地政府定期對地下水型飲用水源水質狀況進行監測和評估，實現地下水型水源取水口水質監測全覆蓋。建立地下水污染防治管理體系，廣東省政府生態環境部門牽頭制定大灣區地下水污染防治實施方案，構建三地地下水環境監測信息平臺框架。

（八）加快建立土壤污染綜合防治和監管體系

構建受污染耕地、污染地塊安全利用率考核體系，在廣東省率先開展土壤污染防治行動計劃終期考核評估，為港澳考核發揮示範引領作用。建設土壤環境污染修復技術研發、評估驗證與工程示範基地，形成耕地和礦山技術產品驗證評估成果，以礦山、地塊、耕地為重點，形成土壤污染防治技術經驗。港澳填海造地的比例較高，填海土壤層中由從前的海床組成的部分可能受到污染，特別是針對市區附近由填海而得的土地，其環境質量狀況也應列入大灣區土壤風險管控的關注情形。持續推進污染地塊環境監管。對污染地塊環境監管，三地探索建立建設用地規劃、用地預審、土地供應等環節土壤環境質量監管介入機制，試點實施地塊環境調查監督性監測措施等，開展土壤污染風險管控和修復工程、出臺有關政策或技術規範文件。鼓勵探索開展污染土壤異地集中處置新模式，加強環境監管。

（九）提高生態環境保護的科技支持水平

粵港澳三地政府要把生態環境保護科學研究納入科技發展計劃，鼓勵科技創新，加強農村生態環境保護、生物多樣性保護、生態恢復和水土保持等重點生態環境保護領域的技術開發和推廣工作。在生態環境保護經費中，應確定一定比例的資金用於生態環境保護的科學研究和技術推廣，推動科研成果的轉化，提高生態環境保護的科技含量和水平。建立早期預警制度，加強生態環境惡化趨勢的預測預報。強化土壤環境監測能力建設，三地加快建立土壤樣品製備與流轉、土壤環境監測、重金屬溯源等重點科研機構。完善國家、省土壤環境監測網絡，加快重點行業企業用地土壤污染狀況調查樣品入庫。實現土壤環境質量監測點位全覆蓋，同時開展地下水環境試點監測，完成地下水質量點位監測與評價。

（十）重視信息公開及公眾參與

重視信息公開及公眾參與，提高公眾對決策的信任度和接受度。將場地污染評估與整治的公眾參與規定的相關內容，融合於城市規劃和建設項目環境影響評價階段。針對城市規劃，有關的規劃文件需徵求公眾意見，並開展問卷調查和公開報告，公眾可以隨時訪問或提出質疑；針對建設項目環境影響評價，需開展公眾諮詢，公開建設項目有關的文件。

五、土壤污染防治協同的具體對策與措施

（一）加強組織領導

建立粵港澳土壤污染防治合作小組，建立協同、聯動的土壤污染治理與修復協調推進機制。三地政府是土壤污染防治的責任主體，要將土壤污染治理與修復任務逐一分解，加強組織領導，完善政策措施，加大資金投入，創新投融資模式，強化監督管理，抓好工作落實，同時三地生態環境部門可以通過簽訂合作備忘錄、區域環境保護合作聯席會議等形式，加強污染場地風險管控技術交流與合作，互相借鑒行之有效的制度。推進三地與生態環境部、科學技術部在環保領域的交流和合作。探索建立基於行政協議的行政協同運行機制，以區域土壤環境監測網絡、環保合作計劃等形式實現粵港澳土壤污染的聯防聯控，推進區域土壤環境質量的改善。

（二）強化工業園區環境監管

三地應加強園區土壤污染風險防範，重點監管工業園區應加強對危險廢物產生單位的監管，產廢單位應依法制定危險廢物管理計劃，建立危險廢物管理台賬，並依法向生態環境部門申報。產廢單位自行建設的危險廢物利用處置設施必須符合有關標準。對不能自行利用或處置的危險廢物，必須按照有關規定交由有危險貨物運輸資質和危險廢物經管許可證的單位運輸和處置，不得擅自傾倒，轉移和處理處置，嚴格執行重點環境管理危險化學品及其特徵化學污染物釋放與轉移報告制度，積極採取措施預防和控制環境污染風險。生產、使用、進口化學品的相關企業要嚴格執行新化學物質登記、有毒化學品進出口環境管理登記制度。工業園區管理機構應建立有效的管理體系，防止企業在生產和廢棄物處理處置過程中將污染物向土壤環境轉移，督促企業落實關停、搬遷及原址場地再開發利用過程中的污染防治和環境風險管控工作。完善園區環境監控體系，重點監管工業園區污染源排水口和園區污水處理廠總排口應安裝自動監控裝置、視頻監控系統，逐步建立、完善集污染源監控、工況監控、環境質量監控於一體的園區數字化在線監控平臺。鼓勵重點監管工業園區對其用地自行開展土壤環境監測。

（三）加強污染地塊風險管控

建立污染地塊名錄，三地要根據潛在污染地塊清單及污染地塊環境風險情況，依據已開展的建設用地土壤環境狀況調查評估結果，結合土壤污染狀況詳查工作，完善污染地塊名錄及開發利用的負面清單，並進行動態更新。符合相應規劃用地土壤環境質量要求的地塊，可進入用地程序；不符合相應規劃用地土壤環境質量要求的地塊，通過調整規劃或進行治理修復，確保達標後再進入用地程序。對暫不開發利用或現階段不具備治理修復條件的高風險污染地塊，組織劃定管控區域，設立標識，發佈公告，開展土壤、地表水、地下水、空氣環境監測；發現污染擴散的，有關責任主體要及時採取污染物隔離、阻斷等環境風險管控措施。明確治理與修復主體，造成土壤污染的單位或個人要承擔治理與修復的主體責任。責任主體發生變更的，由變更後繼承其債權、債務的單位或個人承擔相關責任；土地使用權依法轉讓的，由土地使用權受讓人或雙方約定的責任人承擔相關責任。土地使用權終止的，由原土地使用權人對其使用該地塊期間所造成的土壤污染承擔相關責任。

（四）分類管理農用地土壤

劃分農用地土壤環境質量類別，按照有關技術規範，利用農用地土壤污染狀況詳查結果，根據土壤污染程度、農產品質量情況，以耕地為重點，組織開展農用地土壤環境質量類別劃分工作，將農用地劃分為優先保護類、安全利用類和嚴格管控類。建立分類清單，數據上傳至三地土壤環境信息化管理平臺。根據土地利用變更和土壤環境質量變化情況，定期對各類別耕地面積、分佈等信息進行更新。

（五）科學實施污染耕地治理與修復

三地根據耕地土壤污染程度、環境風險及其影響範圍，確定治理與修復的重點區域，開展污染耕地治理與修復。污染耕地集中區域應優先組織開展治理與修復，開展受污染耕地綜合治理與修復試點示範工程，探索建立易推廣、成本低、效果好的技術模式。對需要採取治理與修復工程措施的受污染耕地，應當優先採取不影響農業生產、不降低土壤生產功能的生物修復措施，或輔助採取物理、化學治理與修復措施。農業部門應當會同生態環境、國土資源部門組織制定土壤污染治理與修復方案，明確耕地土壤污染治理與修復重點任務、責任單位和分年度實施計劃。

（六）加強清潔耕地的保護

三地農業部門根據各地農用地土壤環境質量類別，對照結合永久基本農田劃定工作要求和最新的土地利用規劃，積極配合相關部門將符合條件的優先保護類耕地優先劃為永久基本農田或劃入永久基本農田整備區，實行嚴格保護，確保其面積不減少、土壤環境質量不下降，除法律規定的重點建設項目選址確實無法避讓外，其他任何建設不得佔用。加強優先保護類耕地集中區域高標準農田建設，制定適用於農業產業重點區域的土壤環境保護方案。大力推行秸稈還田、增施有機肥、少耕免耕、糧菜輪作、農膜減量與回收利用等措施，保障土壤環境質量不下降。對於輕微污染的耕地，加強農產品質量檢測及追溯管理，採取措施避免超標農產品流入市場。農村土地流轉的受讓方要履行土壤保護的責任，避免因過度施肥、濫用農藥等掠奪式農業生產方式造成土壤環境質量下降。加強優先保護類耕地的環境質量監管，對優先保護類區域農田土壤進行動態監管，提高三地農業產業重點區域土壤環境質量調查頻次，加密優先保護類區域農田土壤環境質量監測點位佈設。開展動態監測，對局部質量惡化或有污染物累積趨勢的優先保護類農田土壤，各地應盡快查明原因，及時處理。推進中輕度污染耕地安全利用。三地農業部門要利用農產品產地重金屬調查結果，選擇中輕度污染耕地集中連片的區域，按照受污染耕地安全利用相關技術指南要求，開展受污染耕地安全利用試點工作，重點在農藝調控、替代種植、治理與修復等方面進行探索。安全利用類耕地集中的區域，應當根據土壤污染狀況詳查結果和農產品超標情況，結合本區域主要作物品種和種植習慣，組織制定農作物安全利用方案，明確農田土壤安全利用的重點任務、責任單位和實施計劃，做到受污染耕地的安全利用。嚴格管控重度污染耕地，三地農業部門要利用農產品產地重金屬調查結果，選擇重度污染耕地集中連片的區域，開展受污染耕地嚴格管控試點工作，重點在種植結構調整、治理與修復、農產品安全監管等方面進行探索。三地農業部門應當對本行政區域的嚴格管控類耕地，提出劃定特定農產品禁止生產區域的建議。對威脅地下水和飲用水水源安全的，要制定環境風險管控方案，移除或者清理污染源，採取污染隔離、阻斷等措施，防止污染擴散。

（七）重視土地規劃及土壤環境質量以符合用地要求

　　生態環境部門要充分參與建設規劃項目的審批環節，並向土地規劃與管理部門建議採取的污染整治措施和審核土地利用計劃的環評結果等，當涉及可能存在土壤與地下水污染時，要求土地開發前必須進行土地污染評估和完成必要的整治工程。加強對污染物特徵、來源、空間分佈、遷移規律及生物利用度的研究，以生態系統整體保護作為出發點，考慮三地水文及地質條件，結合工業發展需求，整合行業發展及相關土地規劃。編製土地利用總體規劃、城市總體規劃和控制性詳細規劃時，要充分考慮污染場地污染風險，合理確定土地用途。針對土壤污染嚴重的場地，或污染情況較複雜、難以徹底管控風險且規劃為敏感用地類型的地塊，可以探索建立土地利用規劃調整的特殊通道，構建形成基於經濟性、安全性和時效性綜合考慮的土地利用規劃調整路徑，對在規劃執行中發現的高風險污染場地的合理利用具有重要意義。

（八）推進生活垃圾處理設施環境整治

加快三地簡易垃圾填埋場整治，開展簡易填埋場地理位置、垃圾處理處置方式、環境污染情況等基礎信息調查，明確治理修復任務，確定相應工作方案。加強對生活垃圾無害化處理設施的監管，強化污染物排放監管。生活垃圾無害化處理設施運營企業按規定自行開展污染物排放監測，建立日常監測制度，安裝自動監測系統和超標報警裝置，並按月報告監測結果。推進焚燒廠、衛生填埋場主要設施運營狀況的實時監控，加強填埋場滲瀝液和填埋氣體的監督性監測。加強對生活垃圾焚燒廠飛灰處置的監管，將生活垃圾焚燒廠納入省危險廢物產生源規範化管理考核的重點源，建立監管台賬。建立環境信息公開制度，推動生活垃圾無害化處理設施運營企業主動向社會公開主要污染物排放情況、生活垃圾處置設施運行情況、環境監測數據等。督促生活垃圾無害化處理設施在運營期間設置污染物排放在線監測系統，實時公佈主要污染物排放指標，並提供網上實時查詢，允許公眾代表監督運營情況。

（九）提升污染治理與修復能力

增強科技支撐，開展粵港澳三地土壤污染源分析、重金屬高背景值農用地安全利用以及污染土壤治理修復技術等聯合研究，開展聯合技術攻關。注重健康風險影響評估，推進土壤風險管控、治理與修復等共性關鍵技術研究，加強化工、電鍍、廢舊電子拆解等行業典型污染地塊土壤污染治理修復技術研究。加強土壤修復治理技術篩選與成果轉化應用，建成土壤修復技術驗證評估中心，篩選、推廣區域性適用土壤修復技術，構建具有大灣區地域特徵的土壤修復技術體系，實現區域土壤污染協同治理。

（十）強化工程監管及目標責任

責任主體實施污染土壤治理與修復活動不得對土壤及其周邊環境造成新的污染，並委託第三方機構對治理與修復工程進行環境監理。治理與修復過程中產生的廢水、廢氣、固體廢棄物等，應當依法進行處理處置，防止二次污染，倡導綠色修復。工程施工期間，責任單位要設立公告牌，公開工程基本情況、環境影響及其防範措施。治理與修復工程原則上在原址進行，並採取必要措施防止污染土壤挖掘、堆存等造成二次污染。轉運處置污染土壤的，有關責任單位要將運輸時間、方式、線路和污染土壤數量、去向、最終處置措施等，提前向污染土壤所在地和接收地的生態環境部門報告。生態環境部門會同有關部門對污染土壤治理與修復過程的環保措施落實、污染物排放、環保設施運行等情況進行監督檢查。嚴格土壤污染防治目標責任考核。粵港澳三地定期交流土壤污染治理與修復工作進展，三地政府生態環境部門委託第三方機構，按照有關技術規範，對土壤污染治理與修復成效進行評估，並編製評估報告，評估結果向社會公開。

（十一）推動環保產業發展

採取激勵措施和優惠政策，培育具有土壤環境調查、分析測試、風險評估、治理修復等綜合實力的環保科技企業。規範土壤污染治理與修復從業單位和人員管理，建立健全監督機制，將技術服務能力弱、運營管理水平低、綜合信用差的從業單位向社會公開。建設產業化示範基地，打造一批示範工程，促進土壤污染治理與修復產業集聚發展。發揮"互聯網+"在土壤污染治理與修復全產業鏈中的作用。

（十二）協同完善法規標準

健全、完善粵港澳三地生態環境保護法規和監管制度，協調三地管控制度規範。完善法規體系，出臺廣東省農用地、重點行業關閉搬遷企業地塊等相關土壤環境管理政策，鼓勵港澳出臺土壤環境管理政策，探索建立完善地方土壤環境管理體系。建立健全標準體系，依據粵港澳三地土壤污染特徵及監管實際情況，以農用地和建設用地為重點，協同制定土壤污染防治相關技術規範，制定典型重金屬污染耕地分級風險管控、重金屬污染耕地治理、土壤污染環境損害評估、污染地塊治理與修復環境監理、污染地塊治理與修復效果評估、污染土壤修復後再利用、土壤環境監測網絡管理等技術指南，制定三地建設用地土壤污染風險篩選指導值，基本建立大灣區土壤污染防治技術標準體系。

（十三）健全資金保障體系

廣東省財政統籌重金屬污染防治等資金，用於土壤環境調查與監測評估、監督管理、治理與修復、土壤污染綜合防治先行區建設等工作。三地統籌相關財政資金，通過現有政策和資金渠道加大支持，將農業綜合開發、高標準農田建設、農田水利建設、耕地保護與質量提升、測土配方施肥等涉農資金，更多用於優先保護類耕地集中的區域。積極申請專項建設基金，支持企業對涉重金屬落後生產工藝和設備進行技術改造。通過政府和社會資本合作（PPP）、環境績效合同服務、授予開發經營權益等模式，鼓勵社會資本投入土壤污染治理與修復，帶動三地更多社會資本參與土壤污染防治。

（十四）落實公眾的實質性參與

珠三角九市可以借鑒香港的信息公開和公眾參與模式，提升污染場地再開發過程中的信息公開與公眾參與，使公眾實質性參與到再開發全過程中，提高公眾對決策的支持度，基於對信息公開與公眾參與的法律制度實施和有關決策公眾支持度的雙重考慮，做好有關的配套措施。加強公眾引導與溝通，強化正確的風險認識和環保參與意識，有效緩解嚴重的公眾極端反映；明確工作程序、要求與方式，進一步明確信息公開的具體內容、期限、範例和獲得途徑等，進一步明晰公眾參與的工作節點、參與主體和具體形式等，並建立具體的意見反饋機制；推動非政府環保社會組織發揮作用，規範運行，為土壤污染風險及防治提供專業培訓、政策和技術諮詢和協助宣傳活動等。

第三章

大灣區生態環境的協同保護

第一節 自然保護地治理協同

2019 年《粵港澳大灣區發展規劃綱要》中關於自然保護地的協同主要涉及濕地，提出 "加強濕地保護修復，全面保護區域內國際和國家重要濕地，開展濱海濕地跨境聯合保護。"

一、濕地協同治理現狀

（一）粵港澳地區濕地保護現狀

粵港澳大灣區地處高溫多雨的華南沿海地區，由於我國東部華夏構造與華南岸線走向交錯，區內沿海峽灣發育，加上珠江口海陸交互頻繁，發育了類型豐富、分佈廣泛、結構複雜的濕地生態系統。截止 2015 年底，大灣區濕地面積 8650km^2，佔全區面積的 15.45%，是大灣區可持續發展的重要物質基礎和支撐平臺。其中，廣州濕地面積近 8 萬公頃，深圳濕地面積約 5 萬公頃，珠海濕地面積逾 19 萬公頃。香港濕地面積約 1 萬公頃，澳門路氹濕地保護區 55 公頃。大灣區各有其獨特的濕地資源，廣州的海珠濕地是全國最大的城央濕地；深圳灣福田紅樹林自然保護區對面是香港米埔自然保護區，兩個保護區一衣帶水連成綠洲；珠海淇澳－擔杆島省級自然保護區是我國為數不多的集森林、野生動植物和濕地生態系統於一體的綜合型自然保護區。

雖然地理位置上相鄰，但三地濕地保護的重點不同。廣東省濕地資源豐富、種類齊全，保護的根本目標是改善生態狀況，維護生態平衡，推進生態文明建設，促進經濟社會可持續發展，現階段濕地保護的工作重點在於促進濕地的保護和修復，劃定珠三角的濕地保護紅線，建成濕地生態保護體系，以濕地公園建設為抓手，同步推進治污治水、環境整治與水網綠化美化。香港地區濕地保護著力于構建優良領先的生態環境，具體包括以下三個方面：一是防止重要濕地資源喪失；二是盡量減少鄰近發展項目對濕地的不良影響；三是就不可避免的發展項目對濕地造成的損耗作出補償，側重於生態系統穩定。澳門地區濕地資源貧乏、斑塊零碎、生物多樣性單一，構建完整的區域生態系統是其濕地保護的主要目標，對建設跨境自然保護區和生態廊道有著迫切需求。

（二）粵港澳地區濕地法律制度

1.內地珠三角地區

憲法中並未將"濕地"作為獨立環境要素，直至 2014 年《環境保護法》第二條才新增"濕地"這一環境要素，《海洋環境保護法》則明確規定了保護紅樹林、珊瑚礁、濱海濕地。此外，《水法》《農業法》《野生動物保護法》《農業法》《土地管理法》等單行法也從地表水和地下水的保護、禁止圍湖造田、限制或禁止在灘塗等區域養殖捕撈等方面進行了規定。2021 年 12 月 24 日《濕地保護法》通過，這一首部專門針對濕地的立法體現了對濕地保護系統性和整體性認識的進步。

在廣東省內，早在 2006 年就制定了《廣東省濕地保護條例》，2020年修訂的條例專門增設一章，對紅樹林濕地保護管控、種植修復、利用發展等作了全面規定。《廣東省生態文明建設"十三五"規劃》更是明確提出完善濕地保護體系，加強濕地自然保護區、濕地公園建設；確定濕地保護率，開展濕地恢復與綜合治理工程。《廣東省國土空間規劃》明確以珠三角濕地保護恢復為重點，加快濕地系統的重建和恢復。此外，各個地級市也有對濕地的規定。《廣州市濕地保護規定》中關於"海珠濕地保護特別規定"專章規定 10 個條款，這種專章保護濕地的立法模式是全國首創；《珠海經濟特區前山河流域管理條例》對濕地公園、城市綠地、生態廊道的保護控制範圍作出了規定；《深圳市內伶仃島－福田國家級自然保護區管理規定》《惠州市省級自然保護區管理規定》《東莞市生態文明建設促進與保障條例》等也都涉及濕地保護的相關內容。

2. 香港地區

香港關於濕地的保護文件主要是《郊野公園條例》，規定郊野公園內所有動植物都受保護，保護區內嚴格控制破壞自然資源和自然景觀的活動，若將自然保護地轉變為建設用地，需經過嚴格的法律程序。該條例不止將濕地作為單一環境要素來保護，而是從生態系統角度出發，通過濕地保護促進生物多樣性保護、防止環境退化、減少自然災害。此外，還制定了《林區及郊區條例》《海岸公園條例》《野生動物保護條例》《香港濕地公園》等。

3. 三地合作

《珠江三角洲地區改革發展規劃綱要（2008-2020 年）》提出"節約集約利用土地，有效保護河口和海岸濕地"，"加強自然保護區和濕地保護工程建設，修復河口和近岸海域生態系統，加強沿海防護林、紅樹林工程和沿江防護林工程建設，加強森林經營，提高森林質量和功能，維持生態系統結構的完整性。" 2010 年《粵港合作框架協議》中提到構建全國領先的區域環境和生態保護體系，環保合作的重要領域之一是共同建設跨界自然保護區，共同保護珠江口紅樹林等濱海濕地。2011年《粵澳合作框架協議》中提出構建完整的區域生態系統，建設跨境自然保護地和生態廊道。2019 年《粵港澳大灣區發展規劃綱要》強調推進"藍色海灣"整治行動、保護沿海紅樹林，建設沿海生態帶，強化近岸海域生態系統保護與修復。

（三）粵港澳地區濕地管理及保護體制

1. 管理體制

根據《廣東省濕地條例》，濕地保護實行統籌管理與分部門實施相結合的體制，具體為林業主管部門進行組織協調和監督管理，水、自然資源、農業農村、住房城鄉建設、生態環境等主管部門按照各自的職責，做好濕地保護工作。而深圳市則創造性地建立 "政府 + 社會組織 + 專業委員會" 的多元化管理模式。2015 年，福田區政府將福田紅樹林生態公園委託給深圳紅樹林基金會管理，這是國內第一個由政府負責規劃建設，並成立專業管理委員會，然後委託社會公益組織管理的城市生態公園。

香港地區則實行多部門協作和聯合保護的綜合管理體制，即政府所有、委託管理、多方參與、獨立監督。濕地公園的所有權屬于政府，行政主管部門是漁農自然護理署（漁護署），其他行政部門依職權負責保護區內生態執法、環境監測、土地規劃等事務；政府將該濕地委託給世界自然基金會（WWF）香港分會進行專業化管理，漁護署與若干社會組織緊密合作共同管理，如委託香港觀鳥會進行鳥類監測以便考核基金會的管理成效；成立濕地諮詢委員會，其成員由建設、園林、旅遊和城市規劃等領域的政府代表、專家、社會組織組成，履行監督職責，就濕地保護相關事宜向漁護署提供諮詢建議。

2. 保護模式

（1）分類保護

粵港澳大灣區濕地類型豐富結構複雜，涵蓋了包括近海濕地與內陸濕地、自然濕地與人工濕地框架下的幾乎所有的濕地類型。《濕地保護管理規定》將濕地分為濕地自然保護區、濕地公園、濕地保護小區。《廣州市濕地保護規定》進一步分類為國家公園、濕地自然保護區、濕地公園、水產種質資源保護區、海洋特別保護區、飲用水水源保護區、濕地保護小區等。

香港地區的濕地主要分為以下五類。① 郊野公園（Country parks）：香港面積最大、最主要的生態保護區域，約佔香港陸地面積的40%，它既有生態保護功能，也有康樂休憩功能，相當於國家公園。② 特別區（Special areas）、受限制區（Restricted areas）：主要功能是保護生態，受限制區相當於自然保護區，如香港濕地公園屬特別區，米埔自然保護區屬受限制區，是後海灣拉姆薩爾濕地的一部分。③ 特殊科學價值地點（Sites of specific scientific interest）：由漁護署鑒定，並由規劃署記錄在冊，在該類地點範圍內一般不予批准新開發。④ 海岸公園（Marine parks）、海岸保護區：保護和管理重要的海洋生態環境。⑤ 其他濕地則被劃分為農業及綠化地帶，其範圍內大部分濕地的發展用途均須事先獲得城市規劃委員會批准。

（2）分區管控

內地不同類型保護地的分區不同。① 濕地自然保護區：保護地體系改革背景下，自然保護區功能分區由核心區、緩衝區、實驗區轉為核心保護區和一般控制區，核心保護區除滿足國家特殊戰略需要的有關活動外，原則上禁止人為活動；一般控制區除滿足國家特殊戰略需要的有關活動外，原則上禁止開發性、生產性建設活動，僅允許對生態功能不造成破壞的有限人為活動。② 濕地公園：根據濕地公園內各區域對於其生態平衡維持的作用大小及其脆弱程度將濕地公園分為濕地保育區、恢復重建區、宣教展示區、管理服務區。

香港地區則將濕地分為濕地保育區和濕地緩衝區。濕地保育區內不允許建設新項目，除非項目有利於濕地保護、有助於環保教育或關乎公眾福祉，並且開展這類項目前必須進行生態影響評估，以證明項目不會對濕地功能造成負面影響。濕地緩衝區是為了防止濕地保育區外的工程對該區產生負面影響，在濕地緩衝區內開展工程項目前也必須進行生態影響評估，以證明項目對濕地功能造成的負面影響可以緩解。

（四）粵港澳地區濕地保護與修復

由於城鎮化的發展，城市邊緣的濕地遭受破壞，因此濕地的保護與修復尤為重要。國務院 2016 年發佈的《濕地保護修復制度方案》，對濕地保護和修復做了系統規定，在濕地生態修復制度方面，提出退化濕地的修復實施"誰破壞，誰修復"的原則，修復方式以"自然恢復為主，人工修復相結合的方式"，綜合修復和整治自然濕地，優先修復生態功能嚴重退化的國家和地方重要濕地。此外，還規定了明確修復主體、實施濕地生態修復工程、強化修復成效監督、健全修復成果檢測評價體系等。《廣東省濕地保護條例》則在第三章專章規定了"濕地保護和修復"，嚴格濕地用途管制，嚴懲破壞濕地行為，明確修復主體責任。

在大灣區，紅樹林的保護與修復尤為突出。自然資源部、國家林業和草原局于 2020 年印發的《紅樹林保護修復專項行動計劃》提出行動目標，部署廣東省到 2025 年營造 5500 公頃、修復 2500 公頃紅樹林，佔到總任務目標將近一半。與地處溫帶的舊金山、紐約和東京三大灣區相比，亞熱帶及熱帶的紅樹林濕地生態系統是特有的生態系統，紅樹林受到威脅，會同時帶來海岸侵蝕、棲息地破壞等生態問題。[1]《廣東省濕地保護條例》按照"因地制宜、科學種植"原則，支持科學營造紅樹林，規定在紅樹林濕地資源現狀調查的基礎上，科學論證、合理確定紅樹林適宜恢復種植地，明確紅樹林種植選種要求和優先修復區域，推進紅樹林濕地營造修復工作科學有序開展。

（五）粵港澳地區濕地執法制度

1. 廣東省珠三角地區

我國濕地違法行為的處罰依據主要來源於《中華人民共和國環境保護法》《中華人民共和國野生動物保護法》《中華人民共和國漁業法》《中華人民共和國水法》《中華人民共和國自然保護區條例》《中華人民共和

1　于淩雲,林紳輝,焦學堯,沈小雪,李瑞利.粵港澳大灣區紅樹林濕地面臨的生態問題與保護對策[J].北京大學學報(自然科學版),2019,55(04):782-790.

國野生植物保護條例》和《中華人民共和國水生野生動物保護實施條例》等法律中的相關規定。最新通過的《濕地保護法》則加大了處罰力度，提高了處罰額度。地方立法中對濕地違法行為處罰的限額不統一。《廣東省濕地保護條例》規定，對擅自圍墾、填埋濕地等違法行為，處每平方米 20 元至 30 元的罰款，對違法行為造成嚴重後果的最高處 5 萬元以下罰款。

2. 香港地區

《香港郊野公園條例》規定了按日連續處罰，對郊野公園內的違法行為苛以嚴厲責任。該條例第二十六條規定郊野公園內的違法行為屬犯罪，可處不超過 5000 元的罰款及為期不超過一年的監禁，對持續的罪行可另處每日不超過 100 元的罰款。

二、濕地保護案例 —— 香港米埔自然保護區

深圳灣福田紅樹林自然保護區對面是香港的米埔自然保護區，兩者聯成 620 公頃的綠洲，形成一個鬧市間的 "小鳥天堂"。

米埔保護區位於香港新界元朗區西北角，隔深圳河和後海灣（深圳灣）與深圳市福田區相望，總面積約 380hm²，擁有全港最大片的紅樹林，約佔全港紅樹林總面積的 42%，生長著本港 8 種紅樹中的 7 種，還保存有華南地區僅存的傳統基圍蝦塘。由於自然生態環境良好，一直是候鳥越冬的重要場所，在英國殖民地期間曾是重要的冬季捕獵野鴨場所，缺乏保護。直到 1962 年英國知名環保人士斯科特爵士前來參觀，並致函港府，提出建立米埔保護區。1975 年始，根據香港法例第一百七十章《野生動物保護條例》，米埔沼澤區，所有與該沼澤區毗連的紅樹沼澤，以及內後海灣的潮間帶泥灘及淺水水域被列為 "限制進入地區"（俗稱禁區）。1976 年，米埔被列為具特殊科學價值地點。1984 年，WWF 開始接手管理米埔保護區，推行環境教育和保護工作。1995 年，米埔及後海灣共 1500hm² 的濕地正式被《拉姆薩爾公約》列為國

際重要濕地。

管理體制方面，由非政府組織進行管理。米埔保護區的土地歸香港政府所有，政府以每年1元的租金租借基圍給基金會管理，每個基圍都有獨立的牌照，規定了土地用途限制。基金會雖然擁有基圍的管理權，但在保護區內開展的大部分管理和維修項目仍需事先得到漁農自然護理署等政府部門的批准才可實行，港府如對基金會的管理工作不滿意，只需提前3個月發出通知，即可收回土地。

具體管理方面，嚴格的管理確保了米埔保護區內野生動植物（尤其是越冬候鳥）得到有效的保護。米埔保護區按照禁區要求嚴格管理，根據香港《野生動物保護條例》，未經漁護署發給"進入米埔沼澤區許可證"者，不得進入本禁區，違者可被定罪及罰款5萬元，訪客如前往浮橋或後海灣觀鳥屋，還必須持有粉嶺警察許可證辦事處發出的"邊境禁區通行證"。

執法方面，執法權限明確。漁護署的自然護理員負責在"限制進入地區"執行法例，所有進入該地區的人員須持有《許可證》，並須到自然護理員辦公室登記。當有人違反規定擅闖禁區時，漁護署會對違法的人員提出訴訟，有需要時（如擅闖者手持武器），聯繫警署警員前來協助，最後由法院按規定作出處罰。

監督體制方面，基金會成立了一個米埔管理和發展委員會，成員包括政府部門代表、學者、非政府組織代表、專家等，負責監督保護區是否按照管理計劃制定的目標、對策和時間表進行工作，並定期向政府提交報告。同時，政府也可以隨時委託第三方的中介諮詢公司，對保護區管理情況進行評估，然後將評估結果反饋給政府。

三、濕地協同治理不足與困境

在國內沿海三大城市群（環渤海灣城市群 [簡稱 "環渤海"]、長江三角洲城市群 [長三角] 和珠江三角洲城市群 [珠三角]）濱海濕地中，因粵港澳大灣區地處珠江流域下游，河流多從珠江河口入海，大灣區範圍內的濕地保護面臨水質問題和水量問題雙重疊加的難題。珠江三角洲濱海濕地受圍海造地和中高等污染物輸入的綜合影響強度高於長江三角洲和環渤海灣的濱海濕地，珠三角城市群城市化進程對濱海濕地資源的影響最大。此外，近 40 年來工業化與城市化高速推進，高強度人類活動不斷影響濕地生態系統，導致濕地面積持續減少，內部景觀破碎化嚴重，濕地生境質量惡化，濕地生態服務功能和資源供給能力不斷下降。與世界三大灣區相比，粵港澳大灣區在水環境質量、防洪防澇標準、濕地生態功能和濕地管理體制上都存在差距。

2019 年《規劃綱要》提到開展濱海濕地跨境聯合保護。但是從三地協同治理現狀可知，當前三地所屬法域、濕地保護目標等都不相同，管理水平也存在差異。香港的米埔濕地早在 20 世紀 70 年代便進行專業化的保護，而廣東省則相對落後，在濕地的功利性開發利用的理念、濕地要素的分散管理模式、濕地修復力度等方面存在諸多不足。

其一，對濕地保護的認識不足且片面。廣東省環境保護一直滯後於經濟社會的發展，部分城鎮化地區開發強度過大，建設用地快速發展，導致城市邊緣區的濕地受到嚴重侵蝕，生態系統遭到破壞。截至 2018 年，廣東省已建成濕地公園 241 個，但往往只關注建設問題，偏重保護地的數量增長目標而較少關注管理目標。

其二，濕地分類有待規範化、法制化。2019 年《關於建立以國家公園為主體的自然保護地體系指導意見》提出 "形成以國家公園為主體，自然保護區為基礎，各類自然公園為補充的自然保護地管理體系"，《濕地保護法》規定 "省級以上人民政府及其有關部門根據濕地保護規劃和濕地保護需要，依法將濕地納入國家公園、自然保護區或者自然公園"。而當前濕地的分類較為繁多，越基層的立法濕地保護類型越多樣化，因此在自然保護地體系重新建構的背景之下，國家公園、濕地公園、濕地保護區等濕地保護形式之間的關係還有待規範化。

其三，管理體制混亂，職責交叉，權責不明。林業部門作為濕地管理的主導部門，既受上級林業部門的領導，也要接受本級政府的領導，這導致行政系統內部決策、執行之間分工不明確，隸屬關係不清晰；加之保護地體系改革，國家公園、自然保護區、自然公園等都是有效保護濕地資源的途徑，但行政主體目前並不統一，加大了管理難度。

其四，濕地修復存在諸多問題。首先，基本原則缺位。堅持系統保護、生態優先、科學修復、合理利用、持續發展原則，這些法律原則，有的是從別的部門法中引用而來，有的顯得比較片面而無法提供全面性指導，也有的已經過時而無法適應現在的實踐趨勢。其次，濕地規劃不足。當前僅僅提到了濕地破壞嚴重地區的濕地生態修復工程規劃，其他地區未作要求。此外，追責機制不足。目前濕地修復法律制度中責任主要體現為行政責任，最主要的承擔方式就是恢復原狀、行政處罰。追責制度的不完善，就容易導致違法成本低、責任落實難、執行難等問題。

四、域外灣區濕地協同治理經驗

（一）舊金山灣區

在 20 世紀 80 年代後期，美國提出 "no net loss" 的濕地監管政策，通過濕地保護、濕地管理、構建新的濕地以及教育科研等方法，保證濕地總面積不再減少。[1]

舊金山灣是美國太平洋沿岸最大的海灣，面積達 4000 多 km²，區內有 7 個國家野生生物保護區，擁有豐富的濱海濕地資源，但也面臨著開發、污染、氣候變化和外來物種入侵等多種威脅。舊金山灣歷史上有著大面積生境多樣化的潮間帶濕地，近 150 年來濕地圍墾現象嚴重，目前保存的潮間帶濱海濕地僅佔 10% 左右，濕地生境喪失嚴重。為了恢復舊金山灣濱海濕地的生態功能，該地區實施了人為補給沉積物修復下

1　唐聖囡,李京梅.美國濕地補償銀行制度運轉的關鍵點及對中國的啟示[J].濕地科學, 2018,16(06): 764-770.

沉和侵蝕海岸帶、建造人工生態島改造棲息地；構建濕地保護聯盟，協調多頭管理；利用濕地緩解銀行開展濕地補償；實施保護地役權，解決濕地恢復面臨的土地資源短缺；施用除草劑，清除入侵的互花米草等措施。[1]

（二）紐約灣區

紐約市通過聯邦、州、地區三級立法，組成一個完整的濕地保護法律體系。此外，通過濕地權屬轉移明確保護權責。截至 2009 年，紐約市已將絕大部分受保護濕地的管理權和資源所有權轉移到國家公園服務部（National Park Service）、紐約市公園管理和公眾娛樂部（Department of Parks & Recreation）和紐約市環境保護部（Department of Environmental Protection）三個保護部門名下，且三個部門在濕地保護上有著明確的分工。不過，雖然三個部門直接參與濕地管理，但每個部門對管轄範圍內的濕地具有完整的管理權。[2]

（三）東京灣區

日本是一個典型的島嶼國家，因此其濕地類型大多為濱海濕地。與我國相似的是日本沒有濕地保護專門立法，濕地保護散落在其他環境要素的法規中。[3] 日本保護濱海濕地的法律規定，散見於《自然環境保護法》《自然公園法》《鳥獸保護及狩獵法》《瀕危野生動植物保護法》《環境影響評價法》《自然再生推進法》等。此外，《污染控制法》和《公害救濟法》對濕地保護也有法律效力。[4]

日本在環境保護方面採取一種公眾參與和國家管理相結合的方式。在濕地保護方面，濕地管理工作多環節給予公眾參與機會，促進公眾在切實參與進一步提高濕地保護意識和積極性。

1　張明祥,鮑達明,王玉玉,劉宇.美國舊金山灣濱海濕地保護與管理的經驗及啟示[J].濕地科學與管理, 2015,11(01):24-28.

2　沈哲,劉平養,黃劼.紐約市濕地保護對我國大中型城市的啟示[J].環境保護, 2012(19):76-78.

3　梅宏,高歌.日本濕地保護立法及啟示[J].環境保護, 2010(22):72-74.

4　朱建國,王曦等.中國濕地保護立法研究[M].北京:法律出版社, 2004.

五、濕地協同治理的具體路徑

作為三大生態系統之一的濕地，在增強生態系統穩定性和提供生態系統服務功能方面具有不可替代的功效，粵港澳大灣區濕地保護應當協同推動環珠江口濕地保護體系建設，提升灣區濕地生態系統服務功能。

（一）首先應協同保護目標。

濕地生態系統是具有整體性的系統，不能將其簡單視為要素的組合。只有對濕地進行整體性保護才能發揮其生態系統服務價值。珠三角一帶的濕地在氣候、物種、自然景觀等方面具有同質性，分割式的保護顯然不利於發揮濕地的整體效益。因此應將提升灣區生態系統功能和服務作為協同保護的目標。

（二）合作編製濕地保護規劃。

內地和港澳地區立法、執法、司法制度不盡相同，通過區域統一立法的形式進行協同治理難度較大。因此應確立規劃先行制度，明確大灣區濕地保護的基本方針、目標任務、具體措施等，增強規劃的可操作性，更好的開展協同保護。

（三）規範濕地生境聯接制度。

粵港澳大灣區濕地保護應當以構建完整的區域生態系統為目標，通過環珠江口跨境區域綠道建設，建立跨境濕地自然保護區和生態廊道。

（四）建立跨界環境影響評價制度，提高公眾參與度。

作為自然保護地類型之一，濕地的設立和管理必然影響自然保護地範圍內和相鄰區域居民和社區的權利和利益。香港對濕地保護區域有嚴格的生態影響評估，廣東省內的濕地環評可借鑒《環境影響評價公眾參與辦法》，要求相關部門聽取直接或間接受濕地建設和管理影響的公民、法人和其他組織的意見，包括當地居民、相鄰區域的居民和經營者等。此外，應規定公眾參與的程序。通過開發決策的信息公開、廣泛的公眾參與、有效的政府協調來化解、建立和完善跨界濕地保護的環境影響評價制度。

（五）建立紅樹林濕地自然保護區，加強灣區聯動合作。

首先，建立保護區有利於增強公眾對紅樹林濕地的認識；其次，灣區三地紅樹林保護區存在很大的相似性，通過加強各保護區之間的聯動合作，有利於互相借鑒成功經驗，加強對紅樹林的保護。

第二節　海洋環境保護協同與 兩岸三地陸海統籌

　　粵港澳大灣區作為我國未來的世界級城市群，其發展已上升為國家戰略。灣區指的便是海灣地區，其作為區域的一種表現形態，[1] 是"由於海洋或湖泊運動而形成的海岸線或海面的凹處"。[2] 可以說，灣區在自然地理上便天然與海洋、海岸帶相互依存、緊密聯繫，海洋和海岸帶作為粵港澳大灣區經濟發展、社會活動的物質基礎與前提性條件，其生態環境保護直接影響粵港澳大灣區的一體化發展。而實現粵港澳大灣區海洋生態環境的保護和兩岸三地陸海統籌，離不開三地的共同努力。粵港澳大灣區生態環境的保護和兩岸三地陸海統籌[3] 不僅需要依靠經濟、社會發展，更需要通過法律來引領和保障。如何通過法治路徑來解決大灣區在海洋環境和海岸帶中遇到的問題，回應三地的需求，促進三地在生態環境保護領域進行法治創新，最終實現生態文明建設目標，構建藍色海

1　盧文彬.灣區經濟:探索與實踐[M].北京:社會科學文獻出版社, 2018:9.

2　該定義來自《不列顛百科全書》。

3　兩岸三地陸海統籌關鍵在於海岸帶的協同保護。

灣，是粵港澳大灣區面臨的重大現實難題。

一、大灣區海洋環境和海岸帶保護現狀

粵港澳大灣區鄰接廣東省七個沿海城市，以及香港、澳門兩個特別行政區，擁有 2 萬餘平方千米的海域面積、2 千餘米的海岸線、數百個海島，海洋資源優勢突出。[1] 按照空間格局和生態環境的相對一致性，粵港澳大灣區可劃分為大亞灣區、珠江口區、大廣海灣區、香港海區和澳門海區 5 個典型區域，涉及廣東省 7 個沿海城市及香港和澳門兩個特別行政區。[2] 可以說整個大灣區城市群是建立在海洋和陸地的交接過渡地帶上，其包括海岸及其毗鄰水域，主要由河流、三角洲、海岸平原、濕地、海灘與沙丘、紅樹林及其他地理單位組成。它受陸域和海洋環境強烈相互作用的影響，也受到人類活動的頻繁影響，是重要的生態過渡帶、資源富集區和人類海洋利用活動的集聚區。[3]

（一）海洋環境和海岸帶生態環境現狀

近年來，我國高度重視海洋生態環境保護工作，從中央到地方不斷出臺越來越嚴、越來越實的法律規範。儘管如此，我國典型海洋生態系統健康狀況改善不明顯，粵港澳大灣區的生態環境仍處於一個較差的狀態。主要表現為以下特徵：

第一，海洋微塑料污染較為嚴重。2020 年廣東省珠江口、大亞灣海域進行海漂垃圾監測。海灘垃圾主要為塑料袋、塑料瓶、一次性泡沫碎片和紙類等。塑料類垃圾最多，佔 71.1%；紙制品類佔 9%；其他垃圾佔 19.9%；海面漂浮垃圾主要為泡沫和塑料瓶，塑料類垃圾數量最多，佔 77.3%；其次為木制品類垃圾，佔 19.5%，其他類垃圾佔 3.2%。而根據《澳門環境狀況報告（2020 年）》統計，2019 年澳門棄置的固

1　趙文靜,楊靜,趙肖,寇傑鋒.粵港澳大灣區海洋生態環境保護與監管策略[J].環境保護, 2019, 47(23):21-23.

2　同上。

3　潘新春,楊亮.實行海岸線分類保護 維護海岸帶生態功能——《海岸線保護與利用管理辦法》解讀[J].海洋開發與管理, 2017,34(06):3-6.

體廢物量為 545725000 公斤，2020 年則為 437592 公斤。[1] 其中海泥量由 2019 年的 420000 立方米增長到 2020 年的 1765000 立方米。而澳門的紙類、塑膠、橡膠和金屬等廢物主要通過出口到外地進行資源化處理，但回收率較低，據 2020 年統計，僅為 19.5%。2020 年澳門海上捕獲的固體廢物和水浮蓮約為 326 噸。[2] 而海洋微塑料污染不僅影響海水美觀，也通過作用海洋生物威脅人類健康，海洋微塑料污染已經成為粵港澳大灣區海洋生態環境亟待解決的問題。

第二，海域水質較差。根據《2020 年廣東省生態環境狀況公報》統計，雖然經過治理，2020 年廣東省的近岸海域水質年均優良面積比例上升 2.3 個百分點，但劣四類水質面積比例仍佔 5.7%。河口水質劣四類水質主要分佈在珠江口、汕頭港、湛江港等河口港灣，主要超標分子為無機氮和活性磷酸鹽。[3] 香港受到珠江河口的區域性背景水平以及本地污染源影響，維多利亞港水質管制區內 2020 年只有 70% 的監測站符合總無機氮水質指標，後海灣緊鄰深圳，後海灣總無機氮水平較高導致長期年平均值超標。西北部水質管制區的整體達標率為 67%，但總無機氮受到珠江口的高背景水平所影響而未能符合相關水質指標。[4] 根據近年的監測資料顯示，近年來澳門沿岸水質整體改善，但受無機氮和活性磷酸鹽影響，非金屬評估指數已超出標準值並呈上升趨勢，水體富營養化較為嚴重，2019 年以內港監測點富營養化指數最高。[5] 澳門海域離岸水質比沿岸水質整體狀況要好，沿岸水質富營養化指數較高，7 個中區及南面沿岸監測點較 2019 年上升超過 50%，內港和筷子基的水質情況最差，兩者的非金屬評估指數、富營養化指數及葉綠素濃度最高。[6]

第三，自然岸線退化嚴重。從粵港澳大灣區的土地利用現狀來看，

1　數據減少主要是因為疫情影響。
2　澳門環保局.澳門環境狀況報告（2020年）[R/OL]。
3　廣東省生態環境廳.2020年廣東省生態環境狀況公報[R/OL]。
4　香港環保署.2020年香港海水水質[R/OL]。
5　澳門環保局.澳門環境狀況報告（2019年）"水環境"一章[R/OL]。
6　澳門環保局.澳門環境狀況報告（2020年）[R/OL]。

近年來海域開發活動頻繁，建設發展用地明顯增加，截至 2016 年 1 月，廣東省確權海域面積為 45828.48 公頃，其中城鎮建設填海造地用海 3932.53 公頃，港口用海 7728.71 公頃。這就導致了用於生態發展的海岸線明顯減少。海岸線是潮間帶生物賴以生存的棲息地、覓食和繁育後代的天然場所，同時也是國民經濟和人類生活賴以生存的空間載體，是承載人類進行圍填海造地、海洋資源開發、海洋養殖、交通運輸等活動的黃金基線。[1] 粵港澳大灣區由於開發較早，隨著城鎮化的發展，近四十年來珠江口的海岸線以年均速率 39.1m/a 向海域方向推進，[2] 新形成的岸線人工化的程度非常高，從 1973 年的 10%，發展到 2019 年的 67%。自然岸線及修復岸線的比率為 33%，低於國家對廣東省的最低要求 35%。

　　第四，生物資源減少，生態系統功能下降。生物資源和生態系統功能的保護也是評價海洋環境和海岸帶保護的一項重要內容。海洋生物資源和生態系統功能的保護關鍵在於海岸帶附近的濕地、河口、海灘、洪水沖積平原、沙丘、障壁島、珊瑚礁、魚類和野生動物的棲息地。[3] 粵港澳大灣區主要的海洋保護區共 16 個，其中國家級 5 個、省級 4 個、市級 5 個、縣級 1 個、其他 1 個；主要保護對象方面，包括中華白海豚的保護區 2 個，涉及保護紅樹林的 6 個，水產資源保護區 2 個，水產種質資源保護區 1 個，涉及珊瑚礁保護的 2 個，涉及海龜資源保護的 1 個，涉及黃唇魚保護的 1 個，涉及海島保護的 1 個，保護國防安全用海的特別保護區 1 個。由此可見，粵港澳大灣區海洋保護區區域特徵明顯，涉及珊瑚礁、紅樹林兩種生境。[4] 隨著大灣區開發建設活動，大量紅樹林被破壞，主要海洋珍稀瀕危動物分佈空間變小，陸海生態通道被破壞。根

1　張震,祿鵬基,霍素霞.基於陸海統籌的海岸線保護與利用管理[J].海洋開發與管理, 2019, 36(04):3-8.

2　劉旭攏,鄧孺孺,許劍輝,宮清華.近40年來珠江河口區海岸線時空變化特徵及驅動力分析[J].地球信息科學學報, 2017,19(10):1336-1345.

3　朱曉燕.國內外海岸帶管理對海洋生物多樣性保護立法研究[M].北京:中國法制出版社, 2018:115.

4　趙濛濛,寇傑鋒,楊靜,趙文靜.粵港澳大灣區海岸帶生態安全問題與保護建議[J].環境保護, 2019,47(23):31.

據《2020 年廣東省生態環境狀況公報》統計可知，近年雷州半島珊瑚礁和大亞灣海域生境質量一般，珠江口生境質量差，生物多樣性指數僅有 1.94，大型底棲生物密度和生物量偏低，生態系統呈亞健康狀態。[1]

（二）海洋環境和海岸帶保護管理機制和規範現狀

香港、澳門和廣東省在一個中國原則下分屬三個不同的法域，其環境法律制度也各有差異，為了有一個更清晰的認識，以下將分而述之。

1. 廣東的規範現狀和管理機制

我國關於海洋環境保護和海岸帶利用管理的規定主要散見於海洋環境保護法、環境保護法、漁業、海域使用管理、海警和針對各環境要素保護等單行法律規範中，受此影響廣東省也主要依靠"法律 + 行政法規 + 地方性法規 + 規範性文件"構成的多層次規範體系來管理和保護海洋環境和海岸帶。法律主要包括《環境保護法》《海域使用管理法》《海洋環境保護法》《環境影響評價法》《海警法》以及其他以單個環境要素為規制對象如《水污染防治法》《固體廢物污染環境防治法》等環境保護法律。行政法規主要包括《海洋傾廢管理條例》《防止拆船污染環境管理條例》《防治海岸工程建設項目污染損害海洋環境管理條例》《海洋石油勘探開發環境保護管理條例》《防治船舶污染海洋環境管理條例》《防治海洋工程建設項目污染損害海洋環境管理條例》《防治陸源污染物污染損害海洋環境管理條例》《廣東省實施 < 中華人民共和國海洋環境保護法 > 辦法》等。除此之外，根據廣東省自身實踐制定的地方性法規也具有一定操作性，如《廣東省海域使用管理條例》，再如深圳市 2020 年 1 月 8 日頒佈的《深圳經濟特區海域使用管理條例》，其中就專章規定了海岸線保護管理的相關內容，規定了海岸線分類保護的制度。同時在開發利用的實踐中政府行為一般也會受到各類規範性文件的約束，如《國務院關於加強濱海濕地保護嚴格管控圍填海的通知》（國

1　廣東省生態環境廳.2020年廣東省生態環境狀況公報[R/OL]。

發〔2018〕24 號）、《廣東省近岸海域污染防治實施方案》（粵環函〔2018〕1158 號）、《廣東省海岸帶綜合保護與利用總體規劃》等文件對廣東海洋環境和海岸帶保護具有一定指導作用。

在這種法律背景下，目前廣東並沒有一個專門管理海洋和海岸帶的管理機構，涉及的管理機構既有陸地管理部門，也有海洋管理部門。關於海洋及海岸帶保護、利用和修復的工作主要由自然資源部門和規劃部門負責。海洋和陸域的生態環境保護工作主要由生態環境部門來承擔，如近岸陸域排污等生態環境執法工作由生態環境部門負責。海警則是負責海上生態環境違法行為。

2. 香港的規範現狀和管理機制

雖然香港法律一般傳襲普通法傳統，但在環境法方面以制定法為主。不過香港與內地的環境管理制度不同，目前並沒有像《環境保護法》一樣的框架性環境保護法律，而是由一系列條例和附屬立法構成。針對海洋環境保護而言，直接適用近海陸域和海域自然資源開發利用、生態環境保護的法律主要包括《保護海港條例》《海洋傾倒物料條例》《海岸公園條例》《漁業保護條例》《商船防止及控制污染條例》。此外，還有一些涉及近海陸域和海域自然資源開發利用、生態環境保護的法律，如《環境影響評估條例》《空氣污染管制條例》《水污染管制條例》《廢物處置條例》以及《保護瀕危動植物物種條例》。

就海岸帶管理和保護而言，香港形成了以《海岸公園條例》為主，其他各環境單行條例共同輔助的法律框架，在管理機制上主要由漁農自然護理署和環保署負責相關工作。香港對海岸帶專門的管理和保護主要是通過海岸公園加海岸保護區的形式進行。目前香港將海岸帶主要分為 6 個海岸公園和 1 個海岸保護區進行管理，包括海下灣海岸公園、印洲塘海岸公園、沙洲及龍鼓洲海岸公園、東平洲海岸公園、大小磨刀海岸公園、大嶼山西南海岸公園、鶴咀海岸保護區，且主要由漁農自然護理署根據《海岸公園條例》負責相關管理保護工作，《海岸公園條例》規定了這些地區海岸公園及海岸保護區的指定、管轄及管理。而涉及到海洋環境和海岸保護如水質保護、環評、生態保護等工作則主要由環保署負責。

3. 澳門的管理機制和規範現狀

澳門現行的環境法律規範主要由三部分構成：澳門加入的國際公約、澳葡時期的環境法例以及回歸後制定的環境法例。針對海洋環境和海岸帶管理和保護的法律主要是以綱要的形式存在，其中作為基本法的《環境綱要法》，以原則的方式規範了包括水、大氣、海洋、噪聲、瀕危物種等自然資源和自然環境的環境保護內容。此外，在 2018 年，澳門還通過了《海域管理綱要法》，規定了對於海岸及海域的管理和保護工作。根據該法，海事及水務局負責海域的綜合管理工作，環境保護局主要負責海域的環境保護工作。同時，澳門還制定了《澳門特區海域利用與發展中長期規劃》，為未來 20 年澳門海域的利用、發展和保護作出了全面、科學和前瞻性的規劃。

保護海岸帶及海域的生態環境一直是澳門的一項重要目標。對於澳門來說，管理和保護海洋環境和海岸帶的部門主要是環保局和海事及水務局。澳門的環境管理體制在 2009 年進行了改革，原來僅具有諮詢和建議的環境委員會被環境保護局所取代。為了更好地管理和利用海域，2016 年 6 月，澳門設立了海域管理及發展統籌委員會，負責統籌、協調和推動海域範疇的工作。

通過比較分析，可知目前對於海洋生態環境和海岸帶的保護，粵港澳大灣區存在一些不協同之處：

其一，表現為區域之間的不協同。粵港澳大灣區各城市發展模式和發展程度不一，在管理機制、法律規範形式和內容上存在差異，如管理部門不一樣就容易導致對接較為困難，立法形式和內容的切入角度不同也會給規範協同帶來困難。以環境質量標準中的海水水質標準為例，內地在海洋功能區劃制度下，按照海域的不同使用功能和保護目標，將海水水質分為四類：第一類適用于海洋漁業水域，海上自然保護區和珍稀瀕危海洋生物保護區；第二類適用于水產養殖區，海水浴場，人體直接接觸海水的海上運動或娛樂區，以及與人類食用直接有關的工業用水區；第三類適用於一般工業用水區，濱海風景旅遊區；第四類適用于海洋港口水域，海洋開發作業區。香港海水水域共劃分為 10 個水質管制區，每區均有一套法定的水質指標。香港海水水質指標整體達標率是根據全港開放水域監測站的 4 個主要水質指標參數，包括溶解氧、總無機氮、非離子化氨氮及大腸桿菌，並根據面層（S）、中層（M）和底層（B）海水深度進行區分。澳門對海域環境質量的評價主要是從總評估指數、重金屬評估指數、非金屬評估指數、富營養化指數以及葉綠素濃度[1] 5 方面分析，其是以國家《海水水質標準》（GB3097-1997）第三類水質標準（適用於一般工業用水區、濱海風景旅遊區）進行。[2] 而這些管理機制和立法內容的區域差異在實踐中常會成為三地對海洋環境協同保護和兩岸三地陸海統籌保護的障礙。

其二，表現為管理部門的不協同。與此同時也可看到，粵港澳大灣區針對海洋環境和海岸帶保護的法律規範和管理機制存在一些共通之處。總體來說，目前我國粵港澳大灣區針對海洋環境和海岸帶保護的環境法律體系可以分為污染防治和自然資源保護利用兩類，而這兩類規範以海岸線為界大致劃分為陸地環境保護規範和海洋環境保護規範，劃分為直接適用于海洋環境保護和間接適用海洋環境保護的規範。其區域內管理機制也呈現出一種分行業、分部門的分散管理特徵，可以看到，除了香港專門以《海岸公園條例》規範海岸帶的管理和保護外，廣東省和澳門仍主要是以 "陸海分立" 的思路進行管理。事實上，無論是污染防治還是自然資源保護，無論是陸地還是海洋環境保護，其常常作用于同

1　赤潮爆發的重要因素是水體富營養化指數和有機污染，通過分析富營養化指數可以反映水體富營養化情況，並以葉綠素a濃度輔助判斷水體中浮藻的豐富程度。

2　澳門環保局.澳門環境狀況報告（2020年）[R/OL]。

一自然要素，這種人為分割分離了本來相互聯繫的自然要素，忽視了自然要素乃至整個海洋和海岸帶生態系統的系統保護和綜合管理，容易導致大灣區海洋環境和海岸帶保護過程中出現政府職責重疊、空白或衝突的問題。

二、影響大灣區海洋環境和海岸帶協同保護的原因分析

實際上，影響粵港澳大灣區海洋和海岸帶生態環境保護的主要原因在於在海洋和海岸帶管理和保護中存在利益衝突。集中體現為粵港澳大灣區經濟發展與環境保護、不同區域、不同部門存在一定利益衝突。

首先是大灣區各區域經濟發展與環境保護存在利益衝突。由於大灣區地理位置毗鄰海洋，因此海洋和海岸帶承載著沿海地區太多的利益，如海洋蘊含著豐富的自然資源、漁業資源、旅遊資源、空間資源，這些都可以為沿海地區帶來直接的利益。但海洋和海岸帶絕非僅僅屬沿海地區，它關乎全體人類和子孫後代的發展。以規劃為例，大灣區的規劃實際上是一個陸域發展與海域生態環境保護矛盾集中展現的焦點，土地和空間是大灣區一個重要的發展要素，因此為灣區居民拓展生活和發展空間是灣區建設和發展規劃中繞不開的問題，但規劃中常存在過度填海、過度開發海岸線的情形，這些過度的陸地活動最終帶來紅樹林消失、生物物種瀕危、生境改變、海水污染等海洋生態環境惡化的後果，如何平衡海洋資源開發利用、海洋生態環境保護和海洋安全保障的關係顯得十分重要。

其次是粵港澳大灣區不同區域存在一定利益衝突。有區域就有區域利益，有區域利益就有對區域利益保護的要求。[1] 和經濟發展與環境保護利益衝突不同，這裡更強調內陸、沿海區域、海域，以及不同行政區域的利益衝突。首先，內陸、沿海區域與海域存在利益衝突，以水質為例，由於海水由內陸河流匯集而成，因此最終海水水質實際上受內陸入

---

1 楊寅.行政區域利益衝突的法律規制[J].法學評論, 2006(03):46-55.

海河流區域、沿海區域影響，若要想改善海水水質，勢必要對內陸入海河流區域、沿海區域水環境質量標準和排污標準提出更高的要求，由此便會引發這些區域的利益衝突。其次，不同行政區域存在一定利益衝突，目前我國仍是基於省界、市界等行政劃界進行區域治理，但陸海生態系統是一個整體，並不會因行政劃界而割裂，這種陸海生態環境整體保護和行政區域的割裂往往會導致不同區域在區域發展和生態環境保護中出現衝突。在粵港澳大灣區裡，該區域的海洋環境互相影響，一個區域的污染與破壞往往會影響其他區域，甚至蔓延至整片海域，並受陸地經濟社會活動的累積影響。[1] 以 2020 年飽受爭議的"深圳灣航道疏浚案"為例，該航道疏浚工程雖然發生在深圳區域，但被質疑可能會影響香港米浦濕地，[2] 原因在於香港與深圳共享後海灣和大鵬灣的水體，極具生態價值的米埔濕地和拉薩姆薩爾濕地就分佈在後海灣內，此時便在不同行政區域內產生了利益衝突。

再次是粵港澳大灣區管理海洋和海岸帶的不同行政部門存在一定利益衝突。雖說行政機關及其工作人員是代表人民利益行使權力，但不可否認的事實是，他們也有自己的利益。無論是對外或者對內行使權力，行政機關及其工作人員在實現公共利益的同時，也會追求自己的利益。[3] 也就是說，行政行為往往承載著不同部門的利益。這就導致了部分行政行為其實是從部門利益出發，而非從整體政府的角度認識。如，不同部門對於經濟發展規劃或專項規劃難以達成一致，部分職能部門忽視環保需求；部分行政措施以部門為中心，各自為政，不顧及管理和保護行為的聯動與協作；對於陸海生態環境保護，不同執法機構存在執法缺位、割裂的情形，或存在陸源排污口未納入海洋環境保護監管，或存在陸域與海域環境監管割裂，或存在海洋自然保護區長期處於管理缺位狀

1 鄭淑嫻,楊黎靜,吳霓,章柳立,陳綿潤.粵港澳大灣區海洋生態環境協同共治策略探討[J].海洋開發與管理, 2020,37(06):48-54.
2 中國新聞網.深圳灣航道疏浚工程環評涉嫌抄襲中科院：全面調查[EB/OL]。
3 章劍生.作為擔保行政行為合法性的內部行政法[J].法學家, 2018(06):72.

態。以上都是在海洋和海岸帶管理和保護活動時不同行政部門可能發生的利益衝突。

三、大灣區海洋環境和海岸帶協同保護的可行性分析

（一）三地對於海岸帶生態環境利益具有一致的訴求

如前文所述，海洋和海岸帶作為粵港澳大灣區戰略實現的腹地空間，其生態環境保護關乎著粵港澳大灣區三地重要發展，因此三地在利益上具有一致性，較容易達成共識，這是三地合作的基礎。海洋區別於陸地，具有整體性、複合性、流動性的特點，不能簡單地人為分割，海岸帶受此影響，也互相作用，難以分割。由於海洋生態環境的整體性和系統性，無論是廣東省，還是香港和澳門，其都會受陸地經濟社會活動的累積影響，如深圳的填海活動會對香港海岸的生物資源造成影響，除此之外，一個區域污染與破壞帶來的影響往往會蔓延至整片海域。可以說，大灣區海岸帶生態環境和自然資源是一種跨區域的公共物品，三地對於維護海岸帶生態環境利益具有一致的訴求。因此，面對不容忽視的大灣區海岸帶生態環境問題，各地政府亟須聯手開展生態環境治理，保障大灣區安全、良好的發展環境和自然資源的可持續利用。

（二）三地協同保護具有政策基礎

堅實的政策基礎為粵港澳大灣區海岸帶協同保護提供了良好的外部環境。首先，粵港澳大灣區海洋環境和海岸帶協同保護是陸海統籌理念下的必然要求。陸海統籌是"在陸地與海洋兩大系統之間建立的一種資源利用、經濟發展、環境保護、生態安全的綜合協調關係和發展模式"。[1] 它作為習近平生態文明重要思想組成部分，要求不同主體在開發建設和生態環境保護活動時，應當秉持陸海生命共同體理念。在"陸海統籌"理念的要求和指導下，粵港澳大灣區海岸帶的開發利用也必須遵循陸海生命共同體理念，將陸地和海洋兩大生態系統，將粵港澳三地視

1　韓增林,狄乾斌,周樂萍.陸海統籌的內涵與目標解析[J].海洋經濟, 2012,2(01):10-15.

為一個整體進行開發、建設和保護，打通三地陸地和近海兩大生態廊道、促進三地陸海之間物質和能量流動、防控三地海岸帶生態環境的不利影響。

其次，各發展規劃中要求粵港澳大灣區海洋環境和海岸帶實現協同保護。《粵港澳大灣區發展規劃綱要》第七章中要求“加強海岸線保護與管控，強化岸線資源保護和自然屬性維護，建立健全海岸線動態監測機制。強化近岸海域生態系統保護與修復，開展水生生物增殖放流，推進重要海洋自然保護區及水產種質資源保護區建設與管理。推進“藍色海灣”整治行動、保護沿海紅樹林，建設沿海生態帶。加強粵港澳生態環境保護合作，共同改善生態環境系統。加強濕地保護修復，全面保護區域內國際和國家重要濕地，開展濱海濕地跨境聯合保護。”此外，在最新頒佈的“廣州市十四五規劃”中也提出“以萬頃沙海洋保護區、南沙濕地、無居民海島等典型海洋生態系統為重點，實施紅樹林保護修復工程。開展海岸線整治修復，推進虎門大橋北側海灣等整治項目，整體提升海岸線生態景觀風貌。推動粵港澳大灣區、廣州都市圈健全生態環境保護的區域合作機制。”

（三）三地協同保護具有經驗基礎

三地曾就自然保育、海上執法等環境保護開展一系列合作，具有一定經驗基礎。事實上，港澳回歸後，在三地政府的支持下，通過建立聯席會議制度，三地的環保聯繫更加緊密。早在 1990 年，粵港兩地就成立了「粵港環境保護聯絡小組」，以便雙方就共同關注的環境問題進行交流。2000 年 8 月，粵港政府就攜手在「粵港持續發展與環保合作小組」（合作小組）之下成立了「珠江三角洲水質保護專題小組」（專題小組），以促進保護珠江口地區水環境的交流和合作。2019 年合作小組與「粵港應對氣候變化聯絡協調小組」合併成為「粵港環保及應對氣候變化合作小組」，促進粵港的環保和應對氣候變化合作。

2019 年澳門特別行政區政府持續深化區域間的環保交流合作，舉辦了 2019 年澳門國際環保合作發展論壇及展覽。同時，通過有關合作機制，推進與國家生態環境部、國家科學技術部、泛珠三角區域、粵澳、港澳和珠澳等在環保領域的交流和合作。另外，亦持續進行粵港澳珠江三角洲區域空氣監測網絡的相關工作。[1]

四、大灣區海洋環境與海岸帶協同保護的法治路徑

（一）完善三地利益溝通、協調機制

在現有政策和經驗基礎上，完善三地之間涉及海岸帶管理和保護的利益溝通、利益補償機制。"如果大家都產生了共鳴，那並不是因為彼此之間有一種事先自發安排好的協議，而是因為有一種同一的力量把大家引向同一個方面。"[2] 一致的利益訴求便是將粵港澳三地引向合作的力量。雖然三地都意識到大灣區的可持續發展要以保護海岸帶生態環境為前提，但在具體事務中，三地利益仍有分化，甚至出現衝突，如何通過法律機制彌合分歧是三地亟待解決的問題。

彌合分歧需要三地識別出一致的利益和衝突的利益，尋求能夠消解利益衝突的方法，同時為利益衝突方提供一個溝通交流的平臺，這就要求建立多層次、多主體參與的利益協調和溝通機制。

首先，在中央層面，中央要建立粵港澳大灣區海岸帶管理和保護協調委員會，協調諸如圍填海、航道疏浚等工作，監督三方主體針對海岸帶保護的信息公開、通報。

其次，在地方層面，三地政府間要建立長期穩定的溝通機制，其可借鑒粵港環保及應對氣候變化合作小組的模式，由三地成立針對大灣區海岸帶保護和利用的利益協調小組，促進成立大灣區海洋環境治理和海岸帶保護專門機構。舊金山灣區的管理和保護是一個較好的例子。根據《加州海岸法》，涉及到海岸帶一般相關事務管理的工作主要是加利福

1　澳門環保局.澳門環境狀況報告（2019年）"環境投入和參與"一章[R/OL]。

2　E·迪爾凱姆.社會學方法的準則[M].狄玉明譯.北京：商務印書館, 1999:31.

尼亞海岸委員會進行。但就舊金山灣來講，其灣區水質問題由區域水資源質量控制委員會負責，而灣區保護和發展委員會處理灣區海濱事務，負責舊金山灣的填海疏浚、沼澤保護、濕地保護沿岸土地開發利用等活動的監管和海岸帶管理法的執行，以及負責參與加利福尼亞溢油防治和相應計劃。

再次，在社會層面，要充分發揮公眾參與機制在三地利益溝通和協調中的作用，這既包括大灣區海岸帶保護和利用的利益協調小組的成員要加入行業協會負責人、企業負責人、民間環保團體以及有一定影響力的公眾人物，[1] 也包括開展三地公眾針對海岸帶保護的合作交流項目，還包括政府在進行涉及海岸帶保護的重大規劃和重大決策時，給予受影響區域民眾質詢、表達意見的途徑，如為了保證公眾參與的機會，協調公民與海洋環境和海岸帶開發利用、保護之間的矛盾，《加州海岸法》就要求"最大限度地保障出入，並應在顯著位置張貼"以執行憲法的要求。指示海岸委員會"在符合健全的資源保護原則和憲法保護的私有財產所有者權利的前提下，最大限度地擴大沿海地區的公共娛樂機會"[2]。最後，探索在三地建立生態補償制度和自然岸線佔補平衡制度，對因保護海岸帶發展利益受損的區域進行合理補償。

（二）打破三地海岸帶保護法律規範壁壘

打破三地海洋環境和海岸帶保護法律規範壁壘，意味著通過協調法律規範形式、內容的協調，減少三地法律規範中存在的法律衝突，促使三地的法律達到協調的結果。

首先，粵港澳大灣區三地可聯合研究海洋環境和海岸帶協同保護的相關法規，落實並釐清各區域在灣區海岸帶管理和保護的權力和職責，通過制定和落實配套的地方法律法規，將區域的環境治理合作提高到法

1　謝偉.粵港澳大灣區環境行政執法協調研究[J].廣東社會科學, 2018(03):246-253.
2　王慧,姜彩雲.海岸帶管理法制研究——以《加州海岸法》為視角[J].環境與可持續發展, 2020, 45(04):92-98.

制的高度，以保障大灣區政府間針對海岸帶協同保護的順利開展。實際上，法治發展的區域社會基礎，從總體上規制著區域法治的空間本質性特徵。粵港澳大灣區作為一個區域，存在自身的空間本質性特徵，有其自身規制要求和特色，這就是協調其法制的前提。如紅樹林、珊瑚礁是粵港澳大灣區重要的生境類型，綠海龜、中華白海豚、黑臉琵鷺等是粵港澳大灣區極為珍稀的動物，這些生境和生物資源對粵港澳大灣區海岸帶、海洋乃至整個區域的生態環境保護和自然災害防護起著關鍵作用。這些內容在地方立法規制時應當側重和著重保護。再如內地的《海域使用管理法》和香港的《海岸公園條例》，以及澳門的《海域管理綱要法》中一致的內容是否可以成為合作的基礎，如何理解其中的不同，如何消弭三地不同法律規範的差異所帶來的衝突。三地可研究嘗試建立針對海洋環境和海岸帶協同保護的立法信息共享平臺，分享立法工作經驗和立法成果的共享互鑒等，加強三地在海洋環境和海岸帶協同保護立法上的協作交流，實現立法進展聯動互通，就立法工作中遇到的難題、衝突及時溝通、協調解決，最大限度地發揮粵港澳大灣區在立法資源和制度規範方面的協同推進優勢。

其次，實現粵港澳大灣區具體法律制度的協同。海洋環境和海岸帶協同保護，關鍵是規劃制度、環境標準制度、排污許可制度、調查監測制度以及執法制度中有相關內容支撐。

第一，規劃制度要實現協同保護。實現經濟發展事項與生態環境保護事項、不同區域規劃的協調，關鍵是將海洋生態環境保護政策目標納入各個非環境部門的決策中，尤其是陸海空間規劃、海域規劃、經濟發展規劃以及各專項規劃等，並充分考慮對粵港澳大灣區受影響區域的環境影響，《粵港澳大灣區發展規劃綱要》就明確要求"劃定並嚴守海洋生態保護紅線，強化自然生態空間用途管制""強化近岸海域生態系統保護與修復，開展水生生物增殖放流，推進重要海洋自然保護區及水產種質資源保護區建設與管理""推進'藍色海灣'整治行動、保護沿海紅樹林"，以及"加強濕地保護修復，全面保護區域內國際和國家重要濕地"，因此，在規劃時應當充分考慮海岸線保護與管理力度，特別是對於原生自然岸線、自然保護區及珍貴生物資源，應實施最嚴格保護。再如《香港 2030＋：跨越 2030 年的規劃遠景與策略》中就提出"在規劃及發展過程中把氣候變化、生物多樣性和其他環境考慮因素主流化，並積極管理特定具高生態價值的地區""採用綜合規劃方式並融合智慧、環保及具抗禦力的概念，以幫助環境日益增加的環境壓力""減少對生態敏感地區或針對藍綠資源的影響"。[1]因此需要完善規劃制度中信息共享、對話協商、規劃環評、專家諮詢、公眾參與等程序，以此實現重大決策中保護海岸帶生態環境、協調不同區域利益的要求。

第二，環境標準制度要實現協同保護。各項環境標準制定程序上應當做到統籌不同區域，這就要求在粵港澳大灣區各區域在標準制定時要通過協商制定、專家諮詢、公眾參與等程序，充分處理好與其他區域環境標準的關係。

第三，排污許可和固廢管理制度要實現協同保護。《粵港澳大灣區發展規劃綱要》明確指出，"規範河（海）排污口設置，強化陸源污染排放項目、涉水項目和岸線、灘塗管理""強化深圳河等重污染河流系統治理"。事實上，近岸海域水質較差的原因除河口區營養鹽本底值相對較高外，還有一個重要原因是陸源污染入海量大，超出了海域自淨能力。尤其是近岸海域的水質、入海河流。因此需要通過綜合排污許可制度和入海污染物總量控制制度，確定粵港澳大灣區水污染物排放控制指標及總量，突破地域限制，從整體保護出發，對入海排污口進行合理規劃佈局，協同污染物在陸海不同環境媒介、不同區域的遷移轉化，如強化深圳河、珠江口等重污染河流的系統治理，深化河海污染聯防聯控聯治。此外，還要加強海上污染源控制與風險防控，解決海洋塑料問題，

---

1 香港發展局及規劃署.《香港 2030＋ ：跨越2030年的規劃遠景與策略》[R/OL].(2021-10-08).

除了對塑料生產、使用、收集和回收利用過程進行規制和管理外，還需要粵港澳大灣區作為一個整體，統籌考慮固體廢棄物的管理工作，優化法律法規體系，同時需要三地共同推動可再生資源回收利用處理行業集中化、規模化、專業化的發展。實現對固定污染源排放活動從陸地到海洋的全過程管理[1]和全海岸帶管理。

第四，要完善調查監測制度。《粵港澳大灣區發展規劃綱要》中要求"建立健全海岸線動態監測機制"，同時還提出，"加快建立入海污染物總量控制制度和海洋環境實時在線監控系統"。政府作為海洋、海岸帶管理和保護的主導力量，在管理過程中，由於缺乏科學數據導致政策失誤，甚至給生態環境保護工作帶來風險的情況是存在的，政府必須意識到，海岸帶生態系統間的作用和影響很複雜，必須通過不斷的調查、監測獲取進一步的信息和數據，才能為協通活動提供數據支撐。因此有必要完善粵港澳大灣區陸海自然資源狀況調查制度，建立統一的資源基礎數據庫，完善粵港澳大灣區陸海整個生態系統監測網絡體系和監測信息共享機制，建立健全海岸線動態監測機制，綜合運用衛星、航空遙感和海上監測等多技術手段，採用數字化、可視化、網絡化等多種方式，構建海岸線動態監視監測網絡，對粵港澳大灣區海岸線實行全方位、實時、動態、立體化監測。[2]在這方面，可借鑒《長江保護法》和《土壤污染防治法》的相關規定。[3]

第五，完善執法制度。主要包括根據海洋生態環境保護要求，加大陸源污染執法，完善粵港澳大灣區海上環境執法與陸上執法的聯合執法、執法協助、案件移送相關機制和程序，推進海洋執法應急聯動合作體系建設。

---

1   李摯萍,陳曦珩.綜合排污許可制度運行的體制基礎及困境分析[J].政法論叢,2019(01):104-112.

2   趙文靜,楊靜,趙肖,寇傑鋒.粵港澳大灣區海洋生態環境保護與監管策略[J].環境保護,2019, 47(23): 21-23.

3   《長江保護法》第八條、第九條分別規定了長江流域的調查、監測制度，《土壤污染防治法》第十五、十六條規定了土壤污染監測制度，第三十五、三十六條規定了土壤污染調查制度。

（三）建立三地不同區域、不同部門的行政協作制度

　　最後，建立粵港澳大灣區不同區域、不同管理部門的行政協作制度。粵港澳大灣區海洋和海岸帶協同保護的真正內涵在於協同，協同陸海各要素、協調陸海經濟發展與環境保護、不同區域、不同行政管理部門的利益。其主要包括兩方面內容：一是區域之間要進行協作，二是涉及海洋環境和海岸帶管理和保護的部門要協作。雖然粵港澳大灣區目前已經建立了以《深化粵港澳合作推進大灣區建設框架協議》《粵港合作框架協議》《粵澳合作框架協議》為基礎、以聯席會議為核心的合作機制，通過粵港、粵澳環保合作小組及其下設的專責（項）小組，落實執行相關環境合作規劃、協議和行動方案。此外，粵港澳也開展了一些具體的環境合作項目，如"粵港澳珠江三角洲區域空氣監測網絡""清潔生產夥伴計劃項目""粵港碳標籤合作"等，但這些協作受舉辦頻次和"一事一議"所限，對於海洋環境和海岸帶協同的長期有效保護並不能起到良好作用。[1]

　　需要明確的是，粵港澳大灣區海洋環境和海岸帶協同保護絕不意味著適用於內地的制度當然要適用於港澳，反之亦是如此。內地和港澳的環保法律制度是結合其自身的法律背景和社會實踐建立的，若強行一致，既不科學也不必要，反而可能會造成立法資源的浪費。完善現有法律制度固然可以對協調海洋和海岸帶生態環境保護中出現的利益衝突起到一定作用，但由於其仍是建立割裂的機制和法律體系的基礎上，從根本上很難真正實現粵港澳大灣區海岸帶的協同保護。此外，完善現有法律制度或許可以實現陸海環境要素和實體內容的協同治理，但對解決區域、不同行政部門利益衝突收效甚微。粵港澳大灣區海洋環境和海岸帶協同保護需要建立一套能夠協調不同區域、不同管理部門行動的制度。而行政協作制度就是一種通過制度和規則來形成區域間、部門間協調與

1　李麗平,張莉,張彬,等.粵港澳大灣區生態環保合作對策建議[N].中國環境報,2019-05-21(3).

合作的秩序，完善跨區域、跨部門協同的制度嘗試。行政協作，指的是平行的職能部門之間，由於各部門管理事務的關聯性和職責權限的局限性，基於同一目標，部門之間實行橫向聯合的管理方式。[1] 如《海警法》第五十八條就規定了海警機構與外交（外事）、公安、自然資源、生態環境、交通運輸、漁業漁政、應急管理、海關等主管部門，以及人民法院、人民檢察院和軍隊有關部門的行政協作，以立法的方式為海上執法合作指明了方向。

建立不同區域、不同管理部門的行政協作制度是持續、穩定實現粵港澳大灣區海洋環境和海岸帶協同保護的關鍵。首先，需要以法律的形式明確規定，對海洋環境和海岸帶進行協同保護是不同區域、陸海不同管理部門的基本職責；其次，需要對協調職責進行定義和分類，列舉所有帶有協調性質的行政行為，將其納入地方政府、不同管理部門職責範圍內，如在進行陸域海域發展和環境保護時，召開陸海聯席會議、共享陸海信息資源、協調溝通、案件移送受理反饋等工作機制；最後，以法律形式對機構、區域之間的協作行為細節做出明確的規定，明確粵港澳大灣區行政協助的啟動、程序、拒絕機制、費用、爭議及處理等多方面。當前，粵港澳大灣區已經建立了以《深化粵港澳合作推進大灣區建設框架協議》《粵港合作框架協議》《粵澳合作框架協議》為基礎、以聯席會議為核心的合作機制，通過粵港、粵澳環保合作小組及其下設的專責（項）小組，落實執行相關環境合作規劃、協議和行動方案。此外，粵港澳也開展了一些具體的環境合作項目，如"粵港澳珠江三角洲區域空氣監測網絡""清潔生產夥伴計劃項目""粵港碳標籤合作"等。

在促進協作方面，美國和日本有一些經驗值得借鑒。對於涉海各部門的協調，加州成立了海洋保護委員會，負責協調加州海洋部門的工作，並對州和聯邦的法律和政策提出必要的修改建議，此外，加州海岸

1　金國坤.行政權限衝突解決機制研究——部門協調的法制化路徑探尋[M].北京:北京大學出版社,2010:72.

管理局作為一個非監管機構，與海岸委員會、保護與發展委員會、地方政府和其他合作夥伴合作，以恢復和加強海岸資源和公眾參與。[1] 同中國一樣，日本也沒有專門負責海洋管理事務的綜合性職能部門，其涉海事務主要由內閣官房、環境省、農林水產省、經濟產業省、國土交通省、文部科學省、外務省、防衛省 8 個行政部門承擔。為了統籌協調各省廳海洋管理部門，日本設立了海洋權益相關閣僚會和海洋開發審議會作為專門協調機構。海洋權益相關閣僚會由首相牽頭，相關省廳大臣參與，下設專門幹事會，主要負責在各個海洋管理部門之間進行協調，統一制定和落實海洋管理政策，通過共享信息、共同制定政策的方式實現各部門間的溝通和協調。而海洋開發審議會由內閣總理和 14 個省廳官房長官組成，負責調查、審議有關海洋開發的綜合性事項，協調制定海洋開發規劃和政策措施。為了進一步推動海洋的綜合管理，2007 年 7 月 20 日日本宣佈正式實施《海洋基本法》，並成立以首相為本部長的海洋政策本部，該部由經濟產業省、國土交通省等 8 個省廳的 37 名工作人員組成，負責策劃、擬定、調查、審議、推進日本的中長期海洋政策和海洋基本計劃，並協調各省廳與海洋相關的行政事務。[2] 總之，將這些行政協助行為制度化、職責化、程序化，從而督促各級政府和有關行政管理部門共同協作，切實履行粵港澳大灣區海岸帶協同保護的職責。

結語

尋求粵港澳大灣區海洋環境和海岸帶協同保護的法治路徑是生態文明和"藍色海灣"建設的必然要求，也是貫徹陸海統籌理念的重要實踐樣本。由於三地經濟、社會、和法律文化背景不同，再加上陸海管理兩分機制，粵港澳大灣區海洋環境和海岸帶保護上存在區域、管理部門不協同的問題。其法治路徑關鍵在於協調三地經濟和發展利益、協調各區

---

1 王慧,姜彩雲.海岸帶管理法制研究——以《加州海岸法》為視角[J].環境與可持續發展, 2020, 45(04):92-98.

2 朱曉燕.國內外海岸帶管理對海洋生物多樣性保護立法研究[M].北京:中國法制出版社, 2018: 76-80.

域、各部門利益，通過完善利益溝通協調機制，促進三地法律規範內容的協同整合，以及建立不同區域、不同管理部門的行政協作制度，實現粵港澳大灣區海洋環境和海岸帶協同保護的法治化。實際上，粵港澳大灣區海岸帶協同保護的內容遠不止於此。它包含著更加豐富的內容，如其中蘊含的空間法哲學理念、系統論、協同論等思想都值得我們去深入挖掘，並進一步將其用於指導實踐。

第三節　生物安全與生物多樣性保護協同

一、我國生物安全與生物多樣性治理現狀

生物安全的概念有廣義、狹義之分。廣義的生物安全,指生物物種不受人類不當活動(即違背自然生態規律的開發、利用生物資源的生產活動、交易活動和技術活動)的干擾和侵害,其個體總量處於動態平衡的穩定狀態;狹義的生物安全,指現代生物技術的研究、開發、應用以及轉基因生物的跨國越境轉移等對生物多樣性、生態環境和人體健康產生潛在的不利影響,及對其所採取的一系列預防和控制措施。生物安全治理,聚焦於三點:防控外來物種入侵、管理轉基因生物及微生物環境安全性。[1]

上個世紀 80 年代以來,生物安全問題隨著對生物資源的開發利用及對生物技術的發明使用而漸漸嚴重,甚至危及國家安全。生物安全與糧食安全、生態安全密切聯繫,對國家安全的重要性,堪比金融、能源安全。大部分發達國家都已將或擬將生物安全戰略納入國家安全戰略,

---

1　《五大禍端威脅中國生物安全》,載網易新聞網,2013年11月21日。

制定相關規劃。[1]

（一）我國生物安全與生物多樣性現狀

中國國土面積遼闊，地形及氣候類型豐富，是世界上 12 個擁有最多生物多樣性的國家之一。目前，我國已發現 660 餘種外來入侵物種，其中 71 種對生態系統已造成或具有潛在威脅，我國生物多樣性呈現總體下降的趨勢，存在資源過度開發、生物物種資源嚴重流失的迫切形勢。

20 世紀 80 年代，珠江口是最豐產的近海水產區和水生物繁殖區，是生物種群最豐富、生物優勢種群更迭最活躍的海區。隨著珠三角區域的經濟發展，污染物入海量劇增，大規模的圍海造地、人工填海、養殖及建設港口碼頭等人類活動使伶仃洋正在變淺變小，無序采砂造成海岸侵蝕、珠江口紅樹林區面積銳減、濕地功能嚴重退化、局部海域"荒漠化"。[2]

（二）法律法規政策現狀及不足

1992 年，聯合國制定的《生物多樣性公約》（以下簡稱《公約》）第一次提出了"生物安全"，旨在保護地球的生物多樣性，我國加入了該公約。《公約》規定，締約國要根據國情，制定並及時更新國家戰略、計劃或方案。1994 年，我國發佈《中國生物多樣性保護行動計劃》，確定中國生物多樣性優先保護的生態系統地點和優先保護的物種名錄，明確了 7 個領域的目標。1997 年，我國發佈《中國生物多樣性國情研究報告》，確定了 1996 至 2010 年中國生物多樣性保護和持續利用國家能力建設的目標。1999 年，原國家環保總局編製《中國國家生物安全框架》，提出了中國國家生物安全管理的政策和法規體系框架。2010 年，環境保護部發佈了《中國生物多樣性保護戰略與行動計劃》，

1　蘇建強,安新麗,胡安誼,朱永官.城市環境生物安全研究的進展與挑戰[J].環境科學, 2021, 42(06):3.
2　唐永鑾.廣東省海岸帶和海塗資源綜合調 報告[M].北京:海洋出版社, 1987:1-3.江璐明,張虹鷗,梁國昭.環珠江口與環東京灣地區產業發展及環境比較[J].熱帶地理, 2005,4:331-335.

提出了我國未來 20 年生物多樣性保護總體目標、戰略任務和優先行動。

有關部門先後組織了多項全國性或區域性的物種調查，建立了相關數據庫，出版了《中國植物志》《中國動物志》《中國孢子植物志》以及《中國瀕危動物紅皮書》等物種編目志書。相關部門在各自領域開展物種資源的科研與監測工作，建立了相應的監測網絡體系。

在法律法規方面，我國先後發佈了《野生動物保護法》《森林法》《草原法》《畜牧法》《種子法》以及《進出境動植物檢疫法》等一系列生物多樣性保護相關法律，頒佈了《自然保護區條例》《野生植物保護條例》《農業轉基因生物安全管理條例》《瀕危野生動植物進出口管理條例》和《野生藥材資源保護管理條例》等行政法規。

2020 年 10 月 17 日，我國通過《生物安全法》，明確提出維護生物安全應當貫徹總體國家安全觀，統籌發展和安全，堅持以人為本、風險預防、分類管理、協同配合等原則，並依法建立了生物安全風險防控體制（包括生物安全風險監測預警制度、生物安全風險調查評估制度、生物安全信息共享制度、生物安全信息發佈制度、生物安全名錄和清單制度、生物安全標準制度、生物安全審查制度、生物安全應急制度、生物安全事件調查溯源制度、進境動植物和動植物產品以及高風險生物因子國家准入制度、境外重大生物安全事件應對制度、生物安全監督檢查制度），同時還對防控重大新發突發傳染病、動植物疫情，生物技術研究、開發與應用安全，病原微生物實驗室生物安全，人類遺傳資源與生物資源安全，防範生物恐怖與生物武器威脅，生物安全能力建設等方面，規定了明確的法律措施和法律責任。[1]

梳理相關法律法規，我國對生物安全與生物多樣性的法律規制還存在一些不足。

第一，以損害管理為主，風險預防理念還沒有被全方位貫徹。損害

---

1   孫佑海.生物安全法:國家生物安全的根本保障[J].環境保護, 2020,22:12.

管理即損害預防及損害後果控制。體現在相關立法目的上的變現為：立法目的多重並列致使目的不明確，風險防控重心不突出；對風險防控的需求容易讓位於短期的經濟發展目標；在實踐中，對生物安全的保障往往體現於對損害後果的應急補救。

第二，以行政管制為主，行政部門與社會公眾缺乏溝通與合作。少數法律法規對公眾參與作了倡導性、原則性的規定，缺乏細則和制度保障。

第三，缺乏對政府風險決策的監督，責任制度不完善。對政府做出風險決策時的內部程序及公眾參與的外部程序未作出詳細規定。當前立法缺乏風險治理的目標責任及黨政主體責任規定，對行政行為導致的生物安全損害缺乏司法救濟規定。[1]

二、粵港澳大灣區生物安全與生物多樣性協同治理現狀

目前，粵港澳大灣區就生物安全與生物多樣性保護開展了廣泛的合作，例如中華白海豚保護、紅樹林保護、濕地保護、生物多樣性保護、自然保護區保護、野生動植物保護等，並取得了一定的成效。

（一）協同治理組織

包括聯席會議、合作小組、專家小組、專題／專責小組等多種形式。以粵港為例，其組織機構主要包括以下幾種。

1. 粵港合作聯席會議

自 1998 年起每年一次，輪流在廣州和香港召開，由廣東省與香港特區政府的行政首長共同主持。其議題內容涉及兩地在區域合作規劃制定、基礎設施、產業經濟、營商貿易、科技創新、生態環境、教育人才等事務方面的合作協調，具有宏觀指導意義。

1　魯冰清.論生物安全法律規制的範式轉變:從損害管理到風險治理[J].吉首大學學報(社會科學版),2021,42(01):3-4.

2. 粵港持續發展與環保合作小組

成立了"粵港環境保護聯絡小組"，後更名為粵港持續發展與環保合作小組（以下簡稱合作小組），是粵港兩地環境保護領域的重要合作機構，其具體負責兩地環保合作事宜中的聯繫工作。合作小組每年召開會議，主要內容是審議專家小組和專題 / 專責小組的年度工作報告，審議粵港兩地之間環保合作的年度主要工作成果，並就雙方共同關心和需要解決的環境質量、自然資源、生態環境及可持續發展事宜進行交流磋商，議定下一年度的合作計劃。

3. 專家小組和專題 / 專責小組

有"珠江三角洲空氣質素管理及監察專責小組""林業及護理專題小組""海洋資源護理小組""珠江三角洲水質保護專題小組""大鵬灣及後海灣（深圳灣）區域環境管理專題小組""粵港清潔生產合作專責小組""東江水質保護專題小組""粵港海洋環境管理專題小組"等，專門負責某項具體跨界環境問題的監察、研究、合作交流，並討論制定應對策略。專家小組的職責是擬訂年度工作計劃，提出相關的工作建議、方案和合作項目，協調各專題項目的討論，以及審閱各專題工作成果與報告，並向合作小組報告。

（二）協同治理政策

包括法律、行政計劃、協議等。2017 年粵澳簽署《2017-2020 年粵澳環保合作協議》，涉及規劃編製、環境治理、信息通報、科學研究、環保宣傳等多個方面。[1]

（三）現存協同治理體系的不足

廣東現在的產業較之於港澳較耗費自然資源，會造成更多污染；港澳的經濟水平更高，故對生態環境的要求更高，對生物安全及生物多樣性的保護標準更高；由於港澳地區人口密集度非常高，故生態承載壓力

---

[1]　古小東,夏冰.區域生態環境保護協同機制的優化構建——以粵港澳大灣區為例[J].當代港澳研究,
2019,1:10-12.

更大。三地對人口的環境承載力不同，經濟發展水平也具有較大差異，因而三地的政策目標各有差異，尚需提高三地政府的政策協調度。由於三地的法律、行政構造不同，協商成果的實施效果往往難以保障。並且在環境問題上，往往存在"公地悲劇"，可能發生政府互相推卸責任的情況。

三、粵港澳大灣區生物安全與生物多樣性協同保護的路徑建議

粵港澳三地位於珠三角地區，聚集了上千萬常住人口和數百萬流動人口。隨著國家對城市群的戰略建設，隨著交通網絡的不斷完善，粵港澳的人口將進一步快速流動，人口將進一步聚集，因此，粵港澳亟需提高生物安全治理水平以適應發展需求。

（一）司法保護協同路徑

我國的生物安全立法缺乏相關行政法規及部門規章用以與司法進行銜接，從而難以讓訴訟發揮保護生物安全及生物多樣性的最後屏障作用。因此，可從以下兩方面開始改善，

其一，在粵港澳試行生物安全及生物多樣性司法保護試點。充分調動社會組織的積極性，借助檢察機關的力量，發揮出環境公益訴訟的重要作用，擴大案件受案範圍。在當前的實踐中，環境污染案件是生態環境損害賠償訴訟的主要類型，隨著《生態環境損害賠償制度改革方案》的出臺，生態環境損害賠償制度將包含生態環境損害和生態系統功能退化，有助於保障生物安全。

其二，發佈相關行政法規及部門規章明確政府責任。政府在生物安全與生物多樣性的保護中具有重要作用，明確政府的管理責任，將有助於落實執法要求，嚴格執法。

（二）轉變理念，以風險預防為主

風險預防，是指當遇有嚴重的、不可逆轉的損害威脅時，即使缺乏

科學上充分、確實的證據，也不得延遲採取措施防止環境惡化。[1] 目前的生物安全治理體系以事前預防損害危險、事後控制損害後果的傳統管理理念為主，該理念已不能適應如今生物科技高速發展所帶來的風險防控需要，也不能滿足高風險社會對多元主體參與合作治理的要求，並且導致社會公眾和決策者的風險意識偏低，決策者更多追求的是確定管理，任意錯過採取預防措施的時機。

第一，以風險預防理念，引導粵港澳試行生物安全及生物多樣性司法保護試點。

第二，建立以政府為主導的、企業、社會團體、社會公眾多元主體共同參與的合作治理機制。政府負有環境保護的法定義務，位於主導地位，企業、社會團體、社會公眾能夠為風險治理提供重要信息、群策群力，並能監督政府行為，在治理機制中具有重要的支持與補充作用。具體要構建溝通與協商機制，共同商定生物安全及生物多樣性風險防控及事後解決方案；建立信息公開機制，保障公眾的知情權；明確規定各方責任，建立能夠進行互相監督的監督保障機制。

第三，建立政府生物安全風險治理的內外監督機制。由於政府要對各種新出現的生物安全風險進行科學性的判斷，其難以再按照傳統行政法要求的法律保留原則與比例原則進行嚴格的依法行政，以此，政府需要有更大的自由裁量權力。與之相對，需要"強化對環境風險治理的程序控制，以程序理性化解或者減少風險決策可能引發的風險。"對行政裁量權的程序控制包括行政系統內部的程序控制與外部的監督。行政系統內部的程序控制，一是通過風險研判制度、風險評估制度與風險管理、決策的有效銜接，避免以政治判斷代替科學判斷。二是通過政府向同級人大及其常委會的生物安全風險決策報告制度，加強人大及其常委會對風險決策的監督。對行政裁量權的外部監督，一是通過風險溝通與

1　魯冰清.論生物安全法律規制的範式轉變:從損害管理到風險治理[J].吉首大學學報(社會科學版),
2021,42(1):34-42.

協商機制、信息共享機制與合作治理機制、公益訴訟制度等，使公眾廣泛、有效地參與風險治理，防止行政裁量權的恣意、專斷。二是通過司法機關對行政機關風險決策的程序合法性審查，對行政裁量權進行司法監督。此外，通過自我監控與信息披露、第三方鑒定、行政監督等機制監督保障風險合作治理的企業主體、社會主體的責任履行的情況。[1]

（三）城市環境生物安全及生物多樣性保護

1. 建立粵港澳共享的城市環境生物安全大數據平臺和城市微生物風險防控體系

隨著城市化的發展，城市中的動物、微生物構成及其多樣性處在劇烈變化中，故為了維持一個良好健康的城市生態系統，應系統研究城市環境中的微生物，將有助於提前預防城市傳染性疾病。

建立健全粵港澳共享的監測報告預警系統，如由疾病防禦控制中心負責和管理的傳染病疫情監測和報告系統，國家衛生計生委合理用藥專家委員會負責的全國細菌耐藥監測網（CARSS）以及由農業農村部負責的動物源細菌耐藥性監測計劃等。再次，針對微生物污染物主要傳播媒介和途徑的阻斷措施，如此次新冠疫情中採取的感染者隔離、勤洗手和戴口罩等措施。最後，採用物理和化學等方法對環境介質中微生物污染物的消殺措施

粵港澳協力開展城市環境生物安全研究。① 研發城市環境微生物組監測新方法，建立城市環境微生物監測系統，探明城市環境微生物組和典型人類病原菌的時空變化規律，構建城市環境生物安全大數據平臺。② 明確城市環境微生物組分佈規律和擴散傳播途徑，解析環境微生物組與人體微生物組的相互作用機制。③ 識別城市環境病原微生物的人群暴露途徑，構建病原菌傳播預警模型，評估微生物污染健康風險，並提出防控對策。從而形成系統完備的"實驗—監測—大數據"

1　魯冰清.論生物安全法律規制的範式轉變:從損害管理到風險治理[J].吉首大學學報(社會科學版),2021,42(1):7-8.

的綜合平臺，為國家生物安全防控提供科技支撐。此外，未來還應加強與疾控和臨床領域的合作，在早期監測、診斷、預防、控制、治療全鏈條聯合攻關，構建城市微生物安全風險防控和治理體系。[1]

提升城市生物安全的應急能力，粵港澳聯合制定應急策略和進行模擬演練。以大城市發生重大疫情等為切入點，形成模擬、演練、預警、決策、處置為一體的城市生物安全應對處置體系，從整體上提高突發生物安全事件的綜合防控與應急處置能力。[2]

2. 提升對粵港澳大灣區珍稀瀕危物種的保護力度

加強中華白海豚的保護，在現有白海豚保護地基礎上擴大保護區域，實現白海豚集中分佈生境的連通，提高保護區級別，加強保護地及周邊區域航行船舶管理海洋工程及開發活動的監控、海上定置網的拆除、石油洩露風險的應急防範和宣教指引，提高對白海豚保護和救助能力。加強漁業資源產卵場、索餌場、育幼場和洄游通道的保護。特別是加強獅子洋、伶仃洋、黃茅海、鎮海灣等區魚類資源產卵場的保護和管控，劃出保護保育範圍，打通洄游通道，制定禁止捕撈期限，逐步恢復健康的海洋生物群落結構。

修復粵港澳大灣區受損紅樹林、珊瑚礁、海草床等生態系統。針對大灣區紅樹林區域多開發圍塘養殖，存在廢水污染、過度採捕等問題，即使紅樹林保護區也存在外來物種入侵和病蟲害問題，因地制宜地開展退養還林、受損生境改造、鄉土樹種補植、外來物種如互花米草的清理、病蟲害的防治等，優化紅樹林特別是無瓣海桑純林生態系統種群結構，提高紅樹林生物多樣性與生態系統健康水平。珊瑚礁、海草床生態系統重點排除周邊區域的污染物排放、工程施工、人為破壞等干擾因素。通過生境的養護修復、珊瑚種苗培育與人工移植等提高活珊瑚覆蓋

1　蘇建強,安新麗,胡安誼,朱永官.城市環境生物安全研究的進展與挑戰[J].環境科學, 2021, 42(06):2565-2572.

2　曹峰.淺析城市生物安全風險[N].民主與法制時報, 2020-05-14(001).

率；通過種植海草幼苗等形成具有一定規模的海草床，促進受損生態系統類型及功能的恢復。[1]

3. 城市自然空間規劃應加強生物多樣性保護和研究

尤其注意保護鄉土物種以及古樹名木等與城市協同進化的物種。利用城市廢棄地、坑塘河溪等，通過生態重建使其成為鄉土物種棲息地，針對目標物種營造多種類型的微型生境，為鄉土植物、鳥類、昆蟲、兩栖類、小型獸類等生物提供生活環境。完善城市河流、綠道、碧道等具有生態廊道功能的空間的生境設計，一方面為兩栖類、魚類等生物提供棲息空間，另一方面可以促進各個 "島嶼狀" 城市自然空間之間的基因交流，形成群團狀網絡保護體系。[2]

（四）智慧城市建設

1. 運用新型信息技術建設大灣區智慧生物安全與生物多樣性管理平臺。

以歷史衛星影像、無人機或航空影像、大灣區海島海岸線及陸域基礎地理信息、歷史海圖以及國家、廣東省、大灣區各市及香港、澳門掌握的歷史常規環境監測數據、白海豚等珍稀瀕危物種活動軌跡、資源開發數據集成為基礎，定時更新、建設粵港澳大灣區大數據，技術上通過大數據的分析與挖掘，實現影像與基礎地理信息數據的疊加以及各類監測、開發活動、規劃數據的查詢、篩選、分析、三維展示功能，實現粵港澳大灣區生物安全與生物多樣性保護一張圖。同時探索監測數據共享機制，實現與國家各部委監測網絡、與大灣區管理模塊、執法監管模塊、國土空間規劃模塊的互聯互通。[3]

1　王金華,黃華梅,賈後磊,鄭淑嫻,趙明利,陳綿潤,張曉浩,莊鐸.粵港澳大灣區海岸帶生態系統保護和修復策略[J].生態學報, 2020,40(23):7.

2　葉楓,李輝,徐豔.粵港澳一體化背景下深圳城市自然空間規劃的生態學思考[J].風景園林, 2020, 27(10):4.

3　王金華,黃華梅,賈後磊,鄭淑嫻,趙明利,陳綿潤,張曉浩,莊鐸.粵港澳大灣區海岸帶生態系統保護和修復策略[J].生態學報, 2020,40(23):7-8.

2. 建立基於城市數智網的城市智慧治理體系

開展城市數智網、城市治理系統模型、城市群體協同服務等基礎理論研究，突破城市多尺度立體感知、跨領域數據匯聚與管控、時空數據融合的智能決策、城市數據活化服務、城市系統安全保障等共性關鍵技術。

研發城市智慧治理公共服務平臺，並實現一體化智慧化運營管理，積極探索和挖掘數據智能的價值，沉澱數據智能資產。

開展城市智慧治理體系的集中應用創新示範，強化體系應用，以應用為牽引迭代推進體系理論完善與升級。城市數智網的落地實施必須具備四個前提：海量多元的數據，智能的算法，強大的算力，足夠大且安全的存儲。城市數智網的系統架構設計必須兼顧邏輯模型和技術模型，從業務管理視角和技術視角進行全方位的系統規劃設計。從數據基礎設施層面看，必須要健全基礎數據庫、業務數據庫、知識庫、算法庫、元數據庫、主數據庫體系，必須構建內部、外部兩套數據源體系，在此基礎上融合形成可便捷交換共享的數據服務平臺。[1]

---

1   杜明芳.疫情考驗觸發的一數智網:城市智慧治理體系構建[J].中國建設信息化, 2020,7:21.

第四章

生態環境損害救濟與生態環境修復

第一節　生態環境損害救濟制度協同

一、內地生態環境損害救濟制度的實踐現狀

（一）制度定位

2014 年 10 月中共十八屆四中全會決議《中共中央關於全面推進依法治國若干重大問題的決定》中提出"探索建立檢察機關提起公益訴訟制度"。中央政法委明確該項改革任務由最高人民法院、最高人民檢察院、國務院法制辦等部門共同負責。2017 年 5 月 23 日，中央全面深化改革領導小組第三十五次會議審議通過了《關於檢察機關提起公益訴訟試點情況和下一步工作建議的報告》，指出正式建立檢察機關提起公益訴訟制度的時機已經成熟，要在總結試點工作的基礎上，為檢察機關提起公益訴訟提供法律保障。最高人民檢察院隨後向全國人大常委會提交"兩法"修改的申請與草案，全國人大常委會經審議決定修改"兩法"，明確檢察機關在兩大領域有權提起民事公益訴訟，四大領域依法提起行政公益訴訟。[1]

1　劉藝.論國家治理體系下的檢察公益訴訟[J].中國法學, 2020(02):152.

環境行政公益訴訟制度作為我國國家治理體系現代化建設的一環，包含對現有體制機制和法律法規的改革，更包含新的體制機制、規範體系的構建。[1] 從 2015 年 7 月 1 日檢察機關開展提起公益訴訟試點工作之始，相關的司法體制和規範就處於調整和適應過程。試點結束之前，全國人大常委會及時啟動 "兩法" 修改程序；2018 年 3 月 2 日，最高人民法院和最高人民檢察院聯合發佈《關於檢察公益訴訟案件適用法律若干問題的解釋》（以下簡稱 "兩高檢察公益訴訟司法解釋"）繼續調整和規範這項機制。通過這些行動，我國在較短的時間內高效地完成了環境行政公益訴訟機制和規範體系的同步建構。

從立法規定和司法實踐來看，內地環境行政公益訴訟保護的公益不僅包括客觀法所代表的公共秩序與公共利益，還包括具體的國家利益（如涉及社會主義核心價值觀的國家利益等）或者通過私益訴訟很難保護的涉及不特定多數人的分散性公共利益等。[2] 檢察機關作為法律監督機關，一方面通過履行法律監督職能保護社會主義法律體系本身所代表的制度公益，進一步提升司法影響力，強化司法部門監督行政機關法律實施的力度而發揮間接治理功效；另一方面作為獲得法律授權的公益司法保護力量而非行政保護力量，對特定公益進行專門的司法保護。

（二）實踐情況

2017 年下半年是內地環境行政公益訴訟制度 "全面推開" 的開端。當年 7 月至 12 月期間，內地檢察機關向人民法院提起 233 件公益訴訟案件，其中民事公益訴訟 29 件、行政公益訴訟 130 件、刑事附帶民事公益訴訟 74 件。同期，內地法院受理人民檢察院提起的環境公益訴訟案件 77 件，其中民事公益訴訟 25 件，佔環境公益訴訟案件總數的 38%；而 2017 年全年，內地法院審結各類公益訴訟案件 1112 件，其中有 985 件檢察公益訴訟案件，檢察公益訴訟案件在審結的公益訴訟案件

1　劉藝.論國家治理體系下的檢察公益訴訟[J].中國法學, 2020(02):153.

2　劉藝.論國家治理體系下的檢察公益訴訟[J].中國法學, 2020(02):154.

中佔到了 89% 的比重。[1]

　　2018 年是內地環境行政公益訴訟制度蓬勃發展的一年。這一年中，檢察機關共提起 3228 件公益訴訟案件（其中行政公益訴訟案件 587 件、民事公益訴訟案件 165 件、刑事附帶民事公益訴訟案件 2476 件）。同時期，全國法院共受理人民檢察院提起的環境公益訴訟案件 1737 件（其中民事公益訴訟 113 件，行政公益訴訟 376 件，刑事附帶民事公益訴訟 1248 件），受理的檢察公益訴訟案件數佔環境公益訴訟案件總數的 96%；全國法院審結各類公益訴訟案件 2138 件，其中有 2020 件檢察公益訴訟案件。檢察公益訴訟案件佔審結公益訴訟案件的比例為 94%。[2]

　　2019 年 1 月至 10 月，內地檢察機關共提起 3020 件公益訴訟案件，其中提起行政公益訴訟案件 269 件，民事公益訴訟案件 301 件，刑事附帶民事公益訴訟案件 2450 件。截至 2019 年 6 月 30 日，全國法院受理人民檢察院提起的環境公益訴訟案件 767 件，佔環境公益訴訟案件總數的 92%；同時期，全國法院審結各類公益訴訟案件 1105 件，其中有 842 件檢察公益訴訟案件，佔各類公益訴訟案件的比例是 76%。[3]

（三）主要特徵

　　內地環境行政公益訴訟的初建歷程體現了國家在公益治理中的主導地位和負責態度。檢察公益訴訟制度涉及國家主要治理主體，包括立法機關、檢察機關、行政機關、審判機關等。其中檢察機關作為公益保護的司法力量，始終秉持在公益保護方面的主動和負責態度，積極推動公益司法保護機制良性運行。[4] 在檢察公益訴訟的治理網狀結構中，檢察機關的主動使本來相對被動、封閉的司法活動更加積極、更加開放。如環境行政公益訴訟的訴前和訴訟兩個階段，涵蓋了客觀性、中立性、開放

1　劉藝.我國檢察公益訴訟制度的發展態勢與制度完善——基於2017-2019年數據的實證分析[J].重慶大學學報(社會科學版), 2020,26(04):174.

2　同上。

3　劉藝.我國檢察公益訴訟制度的發展態勢與制度完善——基於2017-2019年數據的實證分析[J].重慶大學學報(社會科學版), 2020,26(04):174-175.

4　劉藝.論國家治理體系下的檢察公益訴訟[J].中國法學, 2020(02):154.

性等特徵，形成行政管制與司法治理相互依存的公益保護行動者網絡，可在一定程度上彌補行政治理之不足，形成多元治理機制在公益保護層面的耦合。在訴前程序中，檢察機關與行政機關通常會進行充分的溝通；在進入審判程序時，檢察機關與行政機關可在庭前會議中交換證據、討論爭議焦點等。[1] 除此之外，根據 2018 年 4 月 27 日實施的《中華人民共和國人民陪審員法》第十六條第（二）項規定，人民法院審判根據《民事訴訟法》《行政訴訟法》提起的公益訴訟案件時，由人民陪審員和法官組成七人合議庭進行。由專家擔任人民陪審員直接參與案件審理則體現了檢察公益訴訟程序的半開放性特徵。

二、港澳地區生態環境損害救濟制度的展開方式

由於受英美法（尤其是英國法）影響，香港地區並未形成公、私法分立的法律格局。出於對"議會主權"原則的沿襲，香港地區傾向於將有關公共利益的問題討論交由立法會進行，[2] 因而也並未形成獨立的環境行政公益訴訟制度，相關糾紛通過司法覆核程序加以解決。澳門地區受葡萄牙法律的影響，在《行政訴訟法典》第三十六條明確規定了民眾訴訟，即"為對損害公共衛生、住屋、教育、文化財產、環境、地區整治、生活質素及任何屬公產之財產等基本利益之行為提起司法上訴，澳門居民、有責任維護該等利益之法人以及市政機構，均為擁有民眾訴訟權之人……"，遺憾的是因為澳門特殊的歷史與現實原因，至今沒有一例民眾訴訟的案件發生。[3] 下面，本文將從法律淵源、法律體系、司法適用三個方面對港澳地區環境行政公益司法的相關問題進行介紹。

（一）法律淵源

1. 香港地區

1997 年香港回歸後實施由全國人民代表大會制定的《中華人民共

1　劉藝.論國家治理體系下的檢察公益訴訟[J].中國法學, 2020(02):154-155.

2　《中華人民共和國香港特別行政區基本法》第七十三條對此予以了認可。

3　羅智敏.澳門行政訴訟中的民眾訴訟:立法與司法實踐[J].吉林大學社會科學學報, 2016, 56(04):116.

和國香港特別行政區基本法》（以下簡稱基本法）。基本法第八條規定"香港原有法律，即普通法、衡平法、條例、附屬立法和習慣法，除同本法相抵觸或經香港特別行政區的立法機關做出修改者外，予以保留"，這樣特區繼續沿用回歸前的普通法制度，法律主要由成文法和普通法組成。普通法源自香港和其他普通法適用地區的高級法院的判決，成文法（稱為法例）則由特區立法會制定。法例包括稱為"條例"的法律，以及根據立法會在某條例下轉授的權力而訂立的附屬法例。

源於英國的普通法並沒有發展出獨立的名為行政訴訟的法律制度，而是建立起獨特的司法覆核制度用於處理行政訴訟、憲制訴訟案件。[1]在普通法傳統中，司法覆核制度是一種建立在禁止越權原則之上的司法監督制度，早期出現於英國高等法院王座法庭用英王的名義，應當事人的申請，以特權令的形式（包括提審令、禁止令、執行令、人身保護令等），對低級法院或行政機關的活動進行合法性審查。在殖民地時期，司法覆核制度也被英國殖民者移植到香港。[2]《基本法》不僅認可了司法覆核程序的法定作用，還大大拓展了其適用範圍，使其幾乎包含了關於各種社會事務的規定。因此，在司法覆核中，越權或非法性原則所涵蓋的範圍遠大於英國。

在香港回歸已成定局之後，香港有關人權的立法進程明顯加快，1991 年施行的《香港人權法案條例》在香港引入多項國際人權公約內容。[3]1997 年回歸後開始施行的《香港特別行政區基本法》不但明確保留了原有普通法的制度，更明確將有關人權的國際公約適用於香港，其第三十九條規定"《公民權利和政治權力國際公約》《經濟、社會與文化權利國際公約》和國際勞工公約適用于香港的有關規定繼續有效，通過香港特別行政區的法律予以實施。"這些立法，不但大大增強了香港居

1　吳軍輝.基於《基本法》的香港行政訴訟的特點及啟示[J].廣東行政學院學報, 2018,30(05):63.

2　同上。

3　吳軍輝.基於《基本法》的香港行政訴訟的特點及啟示[J].廣東行政學院學報, 2018,30(05):67.

民的人權保障及人權意識，而且為相關的司法覆核案件打開了大門。法律援助制度也為公益訴訟提供支持，在《香港法律援助條例》中列明對普通的刑事、民事訴訟當事人提供法律援助時，申請人必須滿足可支配財產情況的限制；但對以爭議《香港人權法案條例》在香港的實施為訴訟對象的，可免除可支配財產情況的限制。在與公益有關司法覆核案件中又特別關注案件的"公共利益"屬性。[1] 這一系列的歷史原因和制度安排導致了香港地區的環境公益類司法覆核擁有廣泛的法律淵源。

2. 澳門地區

眾所周知，澳門回歸後的很多法律源自於葡萄牙法律，葡萄牙法律構成了澳門法律的主體，"除了澳門本地立法機關制定的一些法律外，重要法律幾乎都來自於葡萄牙，即使是因應澳門主權回歸而正在進行的法律本地化，亦不能脫離原有法律中固有的葡萄牙法律傳統。[2] 因此，很大程度上，澳門現行有關民眾訴訟的制度設計是緣自葡萄牙的法律傳統。鑒於本文對民眾訴訟中環境行政公益類司法制度的比較研究目的，有必要簡要介紹一下葡國民眾訴訟的法律起源。

民眾訴訟的概念可以追溯到羅馬法，在古羅馬，任何羅馬市民（除婦女和受監護人外）都可以提起保護共同體利益的訴訟，被稱為民眾訴訟。在中世紀，因為與封建制度不相適應，民眾訴訟幾乎不復存在。19世紀以後，自由主義思想盛行，民眾訴訟被重新研究，在歐洲出現了研究民眾訴訟的熱潮。[3] 在傳統大陸法系國家的訴訟理論中，無論是普通的民事訴訟還是行政訴訟，只有當個人的"權利"或者"合法利益"受到侵害時才可以訴諸司法保護，但是在民眾訴訟中，有權提起訴訟的主體卻不僅僅限於自身權益受到侵害的個人，而是所有的公民。除了在一般法典中對民眾訴訟進行規定外，有的國家還在憲法中將民眾訴訟權確

---

1 吳軍輝.基於《基本法》的香港行政訴訟的特點及啟示[J].廣東行政學院學報, 2018,30(05):67.

2 鄧偉平.論澳門法律的特徵[J].中山大學學報(社會科學版), 1999(06):120.

3 羅智敏.澳門行政訴訟中的民眾訴訟:立法與司法實踐[J].吉林大學社會科學學報, 2016, 56(04):116.

定為公民的一項基本權利。[1] 作為一項客觀權利，其是主體在特定的社會環境下依法享有的抽象權利。[2] 例如《葡萄牙憲法》第五十二條就明確規定了公民的請願權及民眾訴訟權。《葡萄牙憲法》第五十二條第三款規定："任何人均得在法定情況及根據法律規定，親自或通過維護其有關利益之社團行使民眾訴訟權，尤其有權利促進對損害公共衛生、惡化環境及生活質素、或損害文化財產等違法行為加以預防、制止或提出司法追究，並有權利要求對受損害者給予相應之損害賠償。" 為具體實施此權利，葡萄牙 1995 年 8 月 31 日通過了第八十三號法律 ——《程序參與及民眾訴訟權》，對憲法規定的民眾訴訟權進行了細化，規定了民事訴訟和行政訴訟中的民眾訴訟權利及參與的程序。[3]

受葡萄牙影響，回歸後的澳門《行政訴訟法典》依舊規定，一般情況下，有權提起司法上訴的上訴人是 "認為被訴行為侵害其權利或受法律保護的利益的自然人或法人"，因此可以看出，一般情況下，只有當自己個人的直接權益受到侵害時才可以提起司法上訴。根據澳門《行政訴訟法典》第三十三條的規定，以下主體具有提起司法上訴的正當性：a）自認具有被司法上訴所針對之行為侵害之權利或受法律保護之利益之自然人或法人，又或指稱在司法上訴理由成立時有直接、個人及正當利益之自然人或法人；b）擁有民眾訴訟權之人；c）檢察院；d）法人，就侵害其有責任維護之權利或利益之行為亦具有上述正當性；e）市政機構，就影響其自治範圍之行為亦具有上述正當性。而根據《行政訴訟法典》第三十六條的規定，享有民眾訴訟權利的人包括澳門居民、有責任維護該等利益之法人以及市政機構。[4]

---

1   羅智敏.澳門行政訴訟中的民眾訴訟:立法與司法實踐[J].吉林大學社會科學學報, 2016, 56(04):117.
2   參見董彪,李建華.我國民法典總則中法律行為構成要素的立法設計——以權利本位為視角[J].當代法學, 2015,29(05):63.
3   羅智敏.澳門行政訴訟中的民眾訴訟:立法與司法實踐[J].吉林大學社會科學學報, 2016, 56(04):117.
4   羅智敏.澳門行政訴訟中的民眾訴訟:立法與司法實踐[J].吉林大學社會科學學報, 2016, 56(04):119.

（二）法律體系

1. 香港地區

香港特區至今共有 10 個法例管制污染，包括《空氣污染管制條例》《廢物處置條例》《水污染管制條例》《噪音管制條例》《保護臭氧層條例》《海上傾倒物料 條例》《環境影響評估條例》《有毒化學品管制條例》《產品環保責任條例》和《汽車引擎空轉（定額罰款）條例》。這些法例及其附屬法例倡導社會各界共同防止和消除污染。以《空氣污染管制條例》為例，它是管理空氣質素的母法，旨在就消滅、禁止與管制大氣污染及相關事宜訂定條文，規定了適用範圍、空氣質素指標、空氣污染管制、發牌制度、強制執行和上訴制度等，並清楚列明違反條例即屬犯罪；它有 20 多個附屬法例分別適用不同的空氣污染範疇。[1]特區環境法例的一個特色就是將環境違法行為全面刑事化。[2]

香港地區在環境保護司法實踐主要有環保署檢控污染者（刑事）、受害者訴侵權者（民事）和市民訴政府機關（行政）等三類。[3]其中的第三類案件是市民個人（包括公司）針對政府機關的作為或不作為可能影響自己在環境方面的權利而提起的訴訟。基本法明確規定居民有權對行政部門和行政人員的行為向法院提起訴訟。當居民的權益受到政府機構的行政決定、行為、不作為侵犯時，他可依法向法院提起司法覆核該事項合法性的申請。最近幾年，隨著公民環境保護的意識和行動不斷提高和增加，利用司法覆核來挑戰政府機關的決定以保護環境和自己的環境權的案件不時出現，典型案例如香港地區在 LEUNG HON WAI v DIRECTOR OF ENVIRONMENTAL PROTECTION AND ANOTHER 一案中，梁某以長洲島居民的身份向法院提起司法覆核，指出項目的環境影響評估報告書沒有嚴格依照《環境影響評估條例》的相關規定，要求

1　連遠帆.香港特區環境保護司法實踐分析[J].人民司法(應用), 2016(04):73.

2　盧永鴻.中國內地與香港環境犯罪的比較研究[M].中國公安大學出版社, 2005:112.

3　連遠帆.香港特區環境保護司法實踐分析[J].人民司法(應用), 2016(04):74.

法院裁定環保署署長對在長洲島設立綜合廢物管理設施而批出的環境許可證無效。在港珠澳大橋案中，東涌居民朱某因擔心港珠澳大橋香港段的建設會影響到東涌的環境質量，對工程的環評報告提起司法覆核。[1]

2. 澳門地區

澳門《行政訴訟法典》所規定的民眾訴訟權在其他法律中也得到確認，例如澳門 2013 年第十二號法律 12 /2013《城市規劃法》第十章 "對私人的保障" 中第五十二條也強調："一般保障規定，擁有權利或受法律保護的利益的人，因實施城市規劃或制定預防措施而受損時，享有私人的一般保障，尤其下列權利……（二）《行政訴訟法典》規定的民眾訴訟權"。由此可見，民眾訴訟是作為澳門居民的一項權利在法律中得以確認的。[2] 據澳門《行政訴訟法典》第十條的規定，澳門行政訴訟類型有：司法上訴；選舉上之司法爭訴程序；訴；對規範提出爭議之訴訟程序；其他緊急程序及其他程序。所謂的 "訴"，主要分為確認權利或受法律保護之利益之訴；命令做出依法應作之行政行為之訴；提供信息、查閱案件或發出證明之訴；關於行政合同之訴；非合同民事責任之訴。[3]

澳門理論界一般認為，立法者將涉及公權機關行為引起的訴訟主要就是 "司法上訴" 與 "訴"，司法上訴針對的是行政機關事先已經有一個明確的立場，也就是行政當局已經做出行政決定，而訴則一般情況下不以行政行為存在為前提，一般以追究民事責任或者主張權利或合法利益為前提。民眾訴訟規定在《行政訴訟法典》的第二章 "司法上訴" 中，可見民眾訴訟屬司法上訴中的一種情況，因此民眾訴訟所訴之行為、適用的程序及判決類型與司法上訴是一致的，其特殊之處在於所保護之利益與原告的資格。[4] 與一般的司法上訴不同，民眾訴訟保護的並非原告個

---

1   連遠帆.香港特區環境保護司法實踐分析[J].人民司法(應用), 2016(04):75.
2   羅智敏.澳門行政訴訟中的民眾訴訟:立法與司法實踐[J].吉林大學社會科學學報, 2016,56(04):118.
3   同上。
4   羅智敏.澳門行政訴訟中的民眾訴訟:立法與司法實踐[J].吉林大學社會科學學報, 2016,56(04):118.

人的權益，而是一種超個人的利益。[1]

從《行政訴訟法典》第三十六條規定可以看出，民眾訴訟所要保護的利益為兩種，一種被稱為一般性利益或者分散利益，另一種是公共利益。[2]鑒於本書寫作目的原因，著重介紹後一類型即公共利益類的民眾訴訟。根據《行政訴訟法典》第三十六條第二款規定："為對市政機關以及其具有法律人格及行政自治權之公共部門所作而損害其他公共利益之行為提起司法上訴，澳門居民亦為擁有民眾訴訟權之人。"澳門居民提起民眾訴訟針對的行為是"市政機關以及其具有法律人格及行政自治權之公共部門所作而損害其他公共利益之行為"。澳門特別行政區的《行政訴訟法典》針對公共利益的保護，除檢察機關外，又將起訴權利賦予澳門居民，所以澳門《行政訴訟法典》所規定的民眾訴訟所保護的利益範圍更為寬泛。[3]

（三）法律適用

在香港，司法覆核案件由高等法院原訴法庭審理。《基本法》對維護香港法治進行了特殊的安排，賦予特區享有終審權，其第十九條規定"香港特別行政區享有獨立的司法權和終審權"，並在第八十五條中就獨立的司法權做了進一步闡述："香港特別行政區法院獨立進行審判，不受任何干涉，司法人員履行審判職責的行為不受法律追究。"該表述與對行政權、立法權的表述明顯不同。在這個背景下，香港法院的獨立性在許多重大的環境公益類司法覆核案件的審理中得到了體現。[4]

在著名的"灣仔填海計劃"案中，由於香港政府實施的一項龐大的基建核心計劃，需要在維多利亞海灣多處填海造地，以保護維多利亞海灣風貌為宗旨的"保護海港協會"認為特區政府城市規劃委員會通過的該計劃中的"灣仔填海計劃第二期"工程項目違反《保護海港條例》，

---

1   同上。
2   同上。
3   羅智敏.澳門行政訴訟中的民眾訴訟:立法與司法實踐[J].吉林大學社會科學學報, 2016, 56(04):119.
4   吳軍輝.基於《基本法》的香港行政訴訟的特點及啟示[J].廣東行政學院學報, 2018,30(05):64.

逐於 2003 年 2 月 27 日向高等法院提出司法覆核。高等法院于同年 7 月 8 日一審裁決城市規劃委員會敗訴，並指出有關填海計劃必須附合三個條件要求：① 有迫切性、具充分理由及有即時需要；② 沒有其他切實可行的選擇；③ 對海港造成的損害減至最少。一審判決後，城市規劃委員會放棄上訴，"灣仔填海計劃第二期" 的工程項目被迫取消。[1]

　　港珠澳大橋項目對於粵港澳大灣區建設意義重大，此項目引起的行政訴訟案亦引人注目。該工程珠海段於 2009 年 12 月 15 日正式開工，香港預定於該年底或下年初開工。2010 年 1 月，66 歲的居民朱綺華向香港高等法院提出司法覆核，認為特區政府環保署批准的環境許可所依據的環境影響評估是不合理也不合法的，要求撤銷許可、重新進行評估。[2] 該案一審於 2010 年 3 月在香港高等法院原訟庭展開，由獨任法官審理。原告方指控被告方未嚴格按照法律要求對港珠澳大橋工程香港段環境影響報告進行審查及發放環境許可，全部指控具體涉及 7 項內容。被告方全部予以否認。一審法官在判決時不認可原告方的 6 項指控，但認定環保署長批核的環評報告欠缺關於空氣質量方面的獨立評估，未能符合港珠澳大橋《研究概要》及《技術備忘錄》的要求，裁定港珠澳大橋香港段環評報告不合規格，要求環保署長撤銷環境許可證；但因原告方的原因導致訴訟拖延，要求原告方承擔三分之一的訴訟費用。雙方均提起了上訴。[3]2010 年 9 月 27 日香港特區高等法院上訴庭由三名法官組成的合議庭做出判決，認為現有的環評報告已就港珠澳大橋日後對環境的影響進行全面分析，無須添加其他資料，遂撤銷原判、駁回原告方請求。二審後，原告方放棄向終審法院上訴，但港珠澳大橋香港段工程因此而推遲開工近一年，建設費用也大幅增加。[4]

1　吳軍輝.基於《基本法》的香港行政訴訟的特點及啟示[J].廣東行政學院學報, 2018,30(05):64.

2　同上。

3　同上。

4　同上。

三、內地與港澳地區生態環境損害救濟制度的銜接渠道

(一)《基本法》層面

我國內地的法系淵源受大陸法系影響頗深，而香港地區屬英美法系的普通法司法區。相比於刑事訴訟、民事訴訟和一般的行政訴訟，環境行政公益型司法因為涉及司法權對行政權制約關係的程度更深而使得其政治制度的屬性較為突出，對於香港地區原有政治制度、司法制度的衝擊也更具指征性意義。"一國兩制"模式下，在《基本法》的框架內，源自英國普通法的司法覆核制度在香港得以持續良性發展證明了在屬大陸法系的國家裡，以特別行政區形式允許英美法制度保留與運作的做法是可行的，這種融合模式在世界法制史上也是一個創新之舉。[1] 但《基本法》賦予香港地區居民廣泛覆核權利的同時，也給部分持不同政見者發起惡意訴訟創造了條件。[2]

在傳統的普通法中，立法、行政、司法部門之間的權力界限會被謹慎地遵守，法院在其職權範圍內自制地選擇對議會內部的事務"不干預"，這是分權原則適用的必然結果。[3] 正因為這種"不干預"在本質上是互相為之的，也就不能概而言之法院持有什麼樣的司法態度，還需要在實際案件中分析法院所適用的具體解釋原則和採取的審查基準，方可對司法與立法關係有更全面的理解。[4] 不干預原則源於權力分立原則，目的是保障議會對其內部事務享有排他性的主導權。現代立憲主義的發展改變了"不干預原則"所依據的憲制基礎，法院作為憲法的守護者，自賦了一種審查任何公權力機關行為合憲性的權力。在成文憲法國家，"不干預原則"的本質和內涵因受到憲法至上原則的影響而逐漸改變。[5] 香港特區法院在司法實踐中根據香港基本法對立法會的事務進行審查，

1　參見吳軍輝.基於《基本法》的香港行政訴訟的特點及啟示[J].廣東行政學院學報, 2018,30(05):67.

2　參見HCAL 453, 455, 458 & 460/2017.

3　楊曉楠.從"不干預原則"的變遷審視香港特區司法與立法關係[J].法學評論, 2017,35(04):47.

4　同上。

5　同上。

通過一系列判例逐漸建立了香港基本法下的"不干預原則",並通過適用這一原則調整香港特區法院與立法會之間的關係。[1]

對於香港地區而言,隨著九七回歸《基本法》代替《英皇制誥》成為"議會"層面的最高立法,而成文憲法國家的特點也自然地將一部分解釋憲法性文件(如《基本法》)的權力交予終審法院。儘管這種解釋權限仍舊需要服從全國人大常委會關於《基本法》的最高解釋,但通過對吳嘉玲案、陳錦雅案、劉港榕案、莊豐源案、談雅然案的分析後不難發現,"文本+(語境+目的)"的解釋規則迄今仍然是香港法院解釋基本法的基本規則,且香港終審法院中的激進力量正逐漸走向中間,理性平和佔據上風。在涉及到經濟社會發展、教育醫療科技、環境工程等政府政策合法性判斷的領域,鑒於該類案件具有的較強專業技術性及與政治體制的關聯性,終審法院在處理該類案件時通常秉持謙抑主義,採用尊重專業性和酌情權的基本態度,非到特殊情境,不會推翻政府決定或立法。[2]因而,我們有理由相信,這種"中央層面人大釋法+終審法院謙益主義"的憲法解釋格局在處理跨區域環境行政公益糾紛過程中,也將極大地減輕內地與港澳之間環境工程政策類項目案件中的"內耗"可能性,為灣區發展掃除惡意訴訟的法律障礙。

(二)環境法規層面

近年來,香港地區通過司法覆核程序提出有關環境質疑的案件,大都與《環境影響評估條例》(第 499 章)所作的決定有關。此條例旨在就環境保護訂定條文,並已為"指定工程項目"(即除非得到恰當的研究和控制,否則有機會對環境造成嚴重不良影響的工程項目)引入環境影響評估("環評")程序。根據環評程序,工程項目的倡議者必須擬備一份符合由環境保護署署長發出的"研究概要"(按工程項目而特別制訂)以及由環境局局長發出的"技術備忘錄"(訂立了適用於所有工

1　同上。
2　曹旭東.香港特區終審法院基本法審查的司法哲學(1997-2017)[J].法學評論, 2020,38(03):38.

程項目的一般原則、程序、指引和條件）的要求的環評報告。大部分司法覆核個案的爭議都涉及對"研究概要"和"技術備忘錄"中的要求的釋義。[1]

普通法的特質之一是隨社會發展而逐漸變遷。[2]通過判例，某一項新的規則或域外的規則就可以被引入到本地的規則體系當中，成為本地法律的一部分。對公法來說也不例外。例如，歐盟法中的"適當尊重原則"，就被香港終審法院稍作修改後納入到基本法法理當中，用來幫助決定法庭將在多大程度上尊重立法機關和行政機關基於其信息優勢、政策地位而做出的決定。通過這一原則，香港特區三權之間的關係將得以進一步的法律化，這無疑推動了基本法法理的發展。[3]除了普通法所固有的通過個案漸變式地改造公法原則這一優勢之外，香港特區所特有的優勢還表現在，其他普通法適用國家和地區的公法發展都可以為香港提供參考。[4]也就是說，通過與普通法系的其他成員保持聯繫，香港的基本法法理可以持續地從普通法公法的最新發展中獲益，且這一制度性的聯繫是由《基本法》所明確保證的。[5]

客觀而言，近年來內地在環境公益訴訟制度、生態環境損害賠償制度、生態環境修復制度等領域均取得了一些重大進展。以生態修復制度為例，內地在關於環境公益訴訟案件的審理中已多次使用過"修復環境"的責任承擔方式，相關技術導則和科學標準的出臺也為這一以恢復為主要特徵的司法制度提供了較為清晰的規範指引。這些規範在很大程度上有助於填補香港地區的法律空白，[6]並減少由此產生的關於"立法原意"的爭議。如前所述，普通法這種對於其它法域的規範吸納、轉化能

1　香港特別行政區律政司.《司法覆核概論——給政府機關行政人員的指南》(第三版).
2　黃明濤.普通法傳統與香港基本法的實施[J].法學評論, 2015,33(01):51.
3　同上。
4　同上。
5　黃明濤.普通法傳統與香港基本法的實施[J].法學評論, 2015,33(01):51-52.
6　譬如在前述的環評類案件中，法官們對法條解釋的爭議貫穿始終，背後反映的是立法規範層面的滯後；再如環境修復法律方面，香港地區只有《水污染管制條例》等少數法例規定有"監督修復水域"等內容。

力較強，可以通過加入的國際公約為媒介適當借鑒內地的成熟做法以促進自身解釋方法向地區立法的轉化。而香港地區制訂法效力大於普通法的慣例也使得這種法律轉化後的法律適用便利程度較高，對地方法律體系的衝擊更小。

（三）司法適用方面

　　普通法的一個特色就是法律來源於累積的法院判例。判例可以是對成文法的條文做出解析，也可以是對普通法的一些原則做出闡釋、演繹或推廣，以及決定怎樣將這些原則運用到案件的具體情況上。在普通法制度裡，上級法院的判例對下級法院有約束力，下級法院必須遵從。如在一起“廢物處置案”中，對指控“促使排放液體禽畜廢物進入水道”中“促使”這個字眼的法律意義，裁判官就接納了 HKSAR v Paul Y-ITC Construction Limited MA476/1997 案中的解釋從而做出一個事實方面的裁決。在 SHIU WING STEEL LTD v DIRECTOR OF ENVIRONMENTAL PROTECTION 一案中，申請人認為機場管理局在它的煉鋼廠附近建航空燃料儲存庫，如果有洩漏發生便可能造成威脅人命安全的危險事故，故向法院提起司法覆核，要求推翻環保署署長核准該項目環境評估報告書的決定和發出環境許可證的決定。案件最後訴至終審法院。終審法院於 2006 年在這個案件的判詞中所形成的法律概念、原則和規範，成為後來很多案件例如“港珠澳大橋案”判案的依據。

　　法治主義是香港社會最具有廣泛性的共識之一，良好和透明的法治環境是香港區域綜合競爭力位居世界前列的重要因素。[1] 而良好的法治環境除了較高自由度的法律規定外，還包括司法機關的公正司法和政府機關的依法行政，而行政訴訟制度同這兩者都密切相關。行政訴訟制度一方面為可能受到行政行為不法侵害的個人、企業、組織提供法律救濟，另一方面則對行政行為進行合法性審查，將行政權的運用控制在法律範

1　吳軍輝.基於《基本法》的香港行政訴訟的特點及啟示[J].廣東行政學院學報, 2018,30(05):67.

圍內，其在法治建設中作用突出。[1] 香港社會因為一些行政訴訟案件的審理而承受了時間上和經濟上的代價，但卻維護了法治，維持了社會對法治的信仰。[2] 從實踐情況來看，儘管香港司法覆核制度的適用範圍比較廣，門檻也不高，但並沒有引發行政訴訟案件的大量湧現，每年的統計數字都在兩位數以內。[3] 其中的重要原因在於許多的行政爭議都在行政覆議階段（在香港被稱為行政上訴）被化解了。只有對行政覆議結果不服或者相關法律並無設置行政覆議機制時，個人、企業或組織才能申請進行司法覆核。與內地行政覆議制度顯著不同的是，在香港承擔行政覆議職能的不是政府內的行政覆議機關，而是由多名社會賢達組成的行政上訴委員會。行政上訴委員會立場的中立性提升了覆議裁決的公正性，使裁決易於為個人、企業或組織接受，無需再申請司法覆核。

目前在內地，環境公益訴訟的提起還受到諸多限制，在環境民事公益訴訟方面，提起訴訟的主體限於法律規定的機關和符合一定條件的環境保護公益組織；在環境行政公益訴訟方面，提起訴訟的主體僅限於檢察機關；個人則不能提起環境民事公益訴訟或環境行政公益訴訟。從世界各國及香港地區經驗可以看到，環境行政公益訴訟對於促進地方政府及環境保護行政機關避免錯誤決策、正確履行職責具有正面的積極作用。[4] 允許環境保護組織及關注環境問題的個人提起環境行政公益訴訟，有利於我們動員社會多方面力量在污染防治的攻堅戰中取得勝利，但我國內地做出目前的制度安排，一是出於對濫訴的擔憂，二是擔心司法層面的判決難以僅僅通過政府覆議達到止訟爭息的效果。由此可見，香港地區環境公益類司法覆核訴訟的制度設計至少給內地兩點啟示：一是訴前程序單純由檢察機關和被訴行政機關參與的規則設計難以使民眾形成對司法權威的足夠信任；二是香港地區法

1　同上。
2　吳軍輝.基於《基本法》的香港行政訴訟的特點及啟示[J].廣東行政學院學報, 2018,30(05):67-68.
3　吳軍輝.基於《基本法》的香港行政訴訟的特點及啟示[J].廣東行政學院學報, 2018,30(05):68.
4　同上。

官們圍繞 "法的爭訟" 展開的針鋒相對的規範解釋、判例引據，相較於內地公益訴訟更關注於環境公益本身是否得到充分救濟的做法，似乎更接近訴訟制度的另一層真義。

第二節 生態環境修復制度協同

一、粵港澳大灣區生態環境保護形勢

現階段，粵港澳大灣區生態環境保護的總體態勢嚴峻。

（一）優質水源比例不高

優質水源比例不高，飲用水水源安全保障面臨威脅。粵港澳大灣區位處於西江、北江和東江下游，飲用水水源安全長期面臨水質性缺水的脅迫，而旱季珠江口鹹潮上溯也加劇威脅沿岸城市供水安全。供水水源佈局分散、水源結構單一、應急備用水源建設滯後等因素影響供水水源安全，飲用水水源風險管理亟待加強。

（二）跨界複合環境問題亟需解決

流域性、區域性、累積性生態環境問題短期內難有根本轉變。水環境污染嚴重，黑臭水體問題突出。粵港澳大灣區大量的工業及生活用水需求導致水資源過度開發，也帶來了水環境污染問題，跨界型和複合型水污染問題凸顯。流域水環境脅迫嚴重，深圳河、茅洲河、淡水河、石馬河等河流水質依然呈重污染狀態；灣區部分城市水體黑臭現象明顯。

生活垃圾、固體廢物及危險廢物等的處理負荷壓力不斷累積加大。廣州、深圳、東莞、珠海及惠州的垃圾填埋場接近滿容，均在超負荷運轉。東莞、佛山的垃圾焚燒廠基本無剩餘處理能力，亟須擴容。

（三）臭氧污染形勢嚴峻

在粵港澳大灣區細顆粒物污染持續改善的背景下，臭氧污染形勢依然嚴峻。近十年，粵港澳大灣區 SO_2、NO_2、PM10 和 PM2.5 等污染物總體呈現下降趨勢，區域環境空氣質量整體改善。但是作為臭氧污染前體物的氮氧化物和 VOCs 等排放量仍居高不下，有進一步上升趨勢，且排放量底數不清，仍未納入粵港澳大灣區污染總量控制管理體系。

（四）區域生態系統破碎化

區域生態系統破碎化，近岸海域生態健康受損等環境問題突出。近年來灣區生態系統格局變化劇烈，生態系統破碎化程度高，部分城鎮化區域生態安全形勢嚴峻。珠江口近岸海域污染依然嚴重，自然岸線不斷減少，岸線開發利用方式粗放低效、破碎化等現象仍較嚴重。河湖生態系統破碎化，流域生態系統功能受損。近年來灣區生態系統格局發生了巨大變化，大灣區景觀多樣性和均勻度、團塊結合度和聚集度不斷下降，空間連通性下降，生態系統破碎化程度加劇，一些城鎮化區域生態安全形勢嚴峻。水體景觀嚴重破碎。河流破碎化破壞了原有的水生態環境平衡，流域的生態系統結構和功能遭到嚴重破壞，有明顯的退化趨勢。濕地退化嚴重，海岸帶生態安全面臨威脅。海岸帶開發利用、濕地圍墾建設等人為干擾，使自然濕地急劇減少，濕地功能和效益不斷下降。天然紅樹林面臨面積急劇減少、物種入侵嚴重等問題，嚴重破壞了浮游生物、魚蝦蟹類的生存環境，使生物多樣性急劇下降。海草床、珊瑚礁等南海典型生態系統也受到明顯破壞，珠江口和大亞灣長期處於亞健康狀態。

（五）森林覆蓋面積不容樂觀

森林面積銳減，生態系統穩定性較低。大灣區森林覆蓋面積減少，城市擴張成為林地流失的主導因素，林地主要轉為建設用地。森林生態系統呈現破碎化趨勢，廣州、深圳、東莞等建設用地佔比高的城市僅存大量小面積的林地斑塊分佈在城市和周邊區域。肇慶、惠州、江門等林地比例較高城市的平均斑塊面積明顯減少。

總體上，快速的人口增長和高強度綜合開發使得大灣區國土空間面臨著嚴重的生態退化和污染問題，亟須開展生態保護修復工作。加快大灣區生態保護與恢復，實施重要生態系統保護和修復重大工程，實現大灣區的整體保護、系統恢復和綜合治理，關係到國家生態安全格局和區域的可持續發展。

二、粵港澳大灣區生態保護修復工作實施現狀

（一）環境保護的系統性考慮不足

大灣區環境污染與發展之間的矛盾尚未解決，流域治理保護與開發利用的關係不協調，填海造地實踐與科學發展觀相衝突，生態保護修復後的產業發展路徑不明確，自然資源管理動力不足。

（二）體制機制面臨挑戰

大灣區統一協調的管理體制機制有待健全。生態保護修復作為一項系統工程，涉及諸多地域和部門，既需要牽頭部門統籌，也需要執行部門各司其職，最大程度形成治管合力。現行條塊分割的管理機制尚難以被破除，科學完善的修復策略尚不完備，城市之間資源要素流動和相互協作尚不充分，流域內生態補償機制等尚不健全，地理、歷史等因素阻礙了合作治理工作的推進，大灣區生態環境難以得到有效改善。

（三）統一空間管控體系尚未建立

大灣區生態保護修復空間管控體系亟須建立。作為世界先進的製造業和現代服務業基地，粵港澳大灣區城市群為經濟發展帶來新增長極的同時出現了生產空間擠佔生態空間、經濟產業佈局與生態空間格局錯位、國土空間資源環境超載等現象。一是各區域空間規劃、修復標準等

難以統一，跨區域生態保護頂層設計尚不完備。二是生態空間管控力度不夠，空間管控在規劃發展中的前置性作用未得到有效發揮。三是全過程監測監管體系尚未建立，難以應對中長期生態保護修復規劃提出的控制引導要求。

（四）制度稟賦存在差異

粵港澳三地政治制度及發展水平、環保理念、標準、管理制度的不同為大灣區海岸帶保護修復規劃的制定和實施提出了挑戰。大灣區海岸帶生態保護修復工程效果初步顯現，然而存在工程佈局零散、技術不盡合理、監測缺少有效評估等問題。跨區域和部門的聯防聯控和協同共治機制不完善，且受法制、權責等約束，在協同共治實施過程中較難形成合力。生態保護修復工程資金投入以政府為主，對社會資本尤其是民營資本吸引不足。亟需對制度和體系進行完善和創新，在立法、體制、機制、技術和模式等方面實現突破，在生態保護修復管理體制、生態補償機制等方面積極探索和創新。

三、粵港澳大灣區生態保護修復協同的指導思想

（一）生態優先，綠色發展

開展粵港澳大灣區生態保護修復，需要確立生態優先、綠色發展的理念，協調處理生態保護與經濟發展的關係，系統推進大灣區生態保護與恢復，建立統一協調的生態恢復管理體系和機制。全面提升大灣區自然資源管理的有效性，建立自然資源空間管控體系，全面提高大灣區生態保護和恢復能力的現代化水平。

系統治理、分尺度推進大灣區生態保護與修復工作。區域尺度上，充分發揮國土空間規劃的引領作用，系統優化區域空間格局，統籌部署有針對性的管控措施。在充分做好區域調查研究的基礎上，準確診斷識別跨行政區共性生態問題，明確大灣區生態保護修復目標。開展資源環境承載力評價，加強海岸線保護與管控，強化岸線資源保護和自然屬性

維護。生態系統尺度上，堅持"自然恢復為主、人工干預為輔"，充分順應生態系統自然演替規律，以問題為導向，設計基於自然的解決方案，科學選擇保護修復措施。場地尺度上，充分考慮"山水林田湖草"多種自然要素的協同性和關聯性，將同類型、同流域、同目標的相關工程項目進行整合，科學謀劃、分區實施，避免工程佈局碎片化現象，保障規劃落實層面的整體性和系統性。

（二）切實體現生態功能價值

生態保護修復是對整個區域生態系統進行宏觀的資源恢復和環境治理，應體現環境資源生態功能價值。粵港澳大灣區應一改海洋環境保護領域的空白立法現狀，抓住海洋環境管理前沿制度工具，針對海洋生態保護修復的實際，將海洋生態保護修復同時作為司法救濟方式和日常監管制度。海洋環境污染行為人不僅應承擔賠償環境損害的責任，還應承擔將受損害的環境修復至恢復環境功能的水平。沒有明確受害主體的海洋環境污染行為和掠奪性、破壞性海洋資源開發利用行為，海洋行政主管部門應責令責任主體限期治理、修復環境的責任。灣區生態保護修復制度建設，應當明確修復範圍既包括海域環境污染修復和陸域自然資源修復兩大類，注重陸海統籌，從陸地和海洋兩方面統籌治理海洋水體污染、恢復海洋生物生存的正常水體基礎環境是海岸帶生態系統恢復的重要內容之一。確定污染者、資源開發利用者、受益者及地方政府的修復責任承擔要件，明確修復標準和監督管理職責，由海洋行政主管部門形式對修復過程的監管職能，並在修復完畢之後進行一定時期的後評估和修復效果維護。強化區域生態保護和修復。建立國土空間開發保護制度，切實加強環境整治，劃定並嚴守生態保護紅線，強化國土空間合理開發與保護，加大自然保護區、重點生態功能區建設和保護力度，構建區域生態屏障。支持跨域河流中上游地區生態文明先行示範區建設。

（三）因地制宜，科學修復

在不同退化生態系統類型（如森林、礦山、濕地、湖泊、河流、濱海濕地、海洋）的生態保護修復過程中，在退化階段、退化程度和生態保護修復目標等方面存在差異，其採用的修復技術也應不同。開展灣區生態保護修復應建立在多學科知識的理論基礎上，使用可衡量的指標對明確的修復目標進行評估，在生態系統的完整性、穩定性和可持續性等生態學原理指導下，參考本地生態系統並考慮環境變化因素，科學制定生態保護修復方案。因地制宜，採用適合的技術手段支持和優化生態系統修復過程，實現生態系統從結構到功能的修復，從而改善個人、社區和國家層面的人類福祉，實現不同層次的生態服務效益。

（四）以生態功能恢復為目標

灣區生態保護修復應重視生態學理論指導，改變重工程、輕生態，重短期工程技術措施、忽略長期自然演變規律的弊端；應依託自然科學知識，遵循自然科學規律，科學開展不同類型、不同階段的生態保護修復實踐活動。灣區生態保護修復應樹立系統思維，以區域生態功能恢復為目標。大規模的生態保護修復會產生累積價值，應多維度看待生態保護修復的生態、社會和經濟價值。在修復受損自然生態系統的同時，也修復了因生態系統損壞而導致的人與自然、人與人之間關係的損害。灣區生態保護修復應構建"規劃設計—過程實施—監測評估—修復維護"全生命週期的管理機制。重視對生態保護修復過程中監測數據的獲取、生態保護修復效果的定量評價和修復的可持續性管理等方面。

（五）粵港澳三地有效聯動

開展大灣區海岸帶生態保護和修復規劃，協同粵港澳三地生態保護修復管理機制，統籌大灣區生態保護修復整體佈局和修復指標，建立符合粵港澳三地統一的技術方法體系、監測評估體系，普及全要素、多維度、近自然的保護修復措施。應對生態保護修復任務實施的難點和痛點，以"規劃、標準、監測、行動"為工作鏈條，以全面協調為導向，創新組織保障、職能分工、區域協同、資金投入、績效評價等機制模式，針對各區域之間資源分配不均，制約統籌協調發展的問題，合理配置各類生態要素和資源，研究跨區域的生態保護與修復功能佈局和協作分工模式。加強粵港澳生態環境保護合作，全面保護區域內國際和國家重要濕地，開展濱海濕地跨境聯合保護。主動實施粵港澳大灣區生態系統保護和修復重大工程，以山水林田湖草系統治理、土地綜合整治、海岸帶和海島生態保護修復、礦山生態保護修復四大行動計劃為抓手，聚焦北部生態屏障、南部海岸帶、三角洲河網濕地、珠江河口等重點生態功能區和城市發展的生態需求，以國土空間生態保護修復工程帶動生態保護修復工作。創新法律、土地、資金等政策，突破傳統管理機制壁壘，按照"源頭嚴防、過程嚴管、後果嚴懲"的要求，在自然資源規劃管控、用途管制等全程管理中落實生態保護責任，變被動修復為主動保護，變末端治理為前端防護，運用自然資源和國土空間激勵性政策，為社會力量投入生態保護修復增加動力，形成主動式生態保護修復模式。

四、粵港澳大灣區生態保護修復協同的具體要求

（一）深化粵港澳合作

推進粵港澳大灣區生態環境保護的頂層設計、深化粵港澳三地生態環境領域共治共享、加強飲用水水源保護、深入推進環境治理、實施生態保護與修復和統籌泛珠區域協調發展。為保障綠色生態灣區的建設，進一步優化粵港澳生態環境保護合作機制，粵港澳三地需要尋找環境利益共同點、進一步完善"縱向、橫向、斜向"的粵港澳大灣區環保合作制度、構建"多中心合作治理"模式、鼓勵非官方參與合作和盡快建立關鍵領域專項合作機制。粵港澳三地以協同推進生態文明建設為主線，在"粵港持續發展與環保合作小組"和"粵澳環保合作專責小組"的基礎上，研究成立粵港澳大灣區生態保護修復合作小組，系統優化灣區跨區域的生態環境協同保護和治理政策體系，創新完善生態保護修復工作機制。建立健全統一協調的生態保護修復管理體制機制，全面提升大灣區自然資源管理效力。粵港澳大灣區可以打破跨界和跨部門管理的界

限，成立專屬的協調機構，全面負責、統籌推進大灣區生態保護修復工作。珠三角九市可以借鑒香港、澳門構建市場經濟體制與法律制度運行體系的成熟經驗，通過制度創新破除行政和制度壁壘，建立跨區域污染防治法律制度，逐步建立流域水污染聯防聯控體系、區域生態保護修復管理制度等，在釐清權責的基礎上統一區域生態監測管理，充分發揮協作機制監督作用，強化山水林田湖草等生態要素動態監測和考核，建立完善生態監測信息共享機制。同時，探索完善獎懲機制，將山水林田湖草生態保護修復工程績效目標完成情況與領導幹部業績考核、選拔任用、離任審計等掛鉤，激發實施者管理方式和管理手段的創新思維，提高流域管理效力。

（二）設立跨境修復和自然保護協調機制

建立大灣區跨境海洋生態保護修復和自然保護地協調機制。粵港澳三地水陸相連，環境質量彼此相關，開展生態環保合作具有深厚基礎和良好條件。發展改革委作為粵港澳大灣區建設領導小組辦公室具體職能承擔單位，積極推動粵港澳三地開展生態環保合作，目前已經設立了相關環保合作專責小組，簽署了雙邊環保合作協議，深入推動區域水、海洋生態環境等方面保護和整治，取得了一定成效。同時，在制定大灣區建設三年行動方案和年度重點工作等文件時，對河流生態環境治理、入海污染物總量控制、海洋環境實時在線監控等作了相關安排。加快編製大灣區生態環境保護、水安全保護等專項規劃，對提升水環境質量、強化河口海灣綜合整治、加強海域生態系統保護與修復等作了重點考慮。在推進粵港澳大灣區建設的總體框架下，加快推動有關方面和地方編製實施大灣區生態環境保護、水安全保護等規劃，進一步細化強化具體政策舉措，持續深化區域生態環境保護交流合作，逐步推進各區域空間規劃和修復標準等的統一，完善跨區域生態保護頂層設計，建立生態保護修復空間管控體系，推動大灣區生態環境質量持續改善。建立粵港澳大灣區常規的點線面水體污染治理體系，推進跨行政區域的水環境責任制度建設。可成立大灣區海岸帶水體污染統籌治理工作委員會，統籌大灣區跨區域海水污染治理，編製相關制度與實施辦法，按照灣區內各城市陸域污染對海水水質污染的貢獻，分配珠江重點口門所在各市負有大灣區近岸海域水環境治理的責任，在資金、技術研發、生態補償方面予以重點投入。

（三）開展灣區生態保護與修復研究

評價粵港澳大灣區自然保護區、重點生態功能區建設和保護情況、生物多樣性保護情況、岸線、濕地保護與恢復情況等，分析灣區生態保護和修復存在的主要問題及面臨的形勢，研究構建國土空間合作開發與保護體系，針對灣區自然保護區、重點生態功能區、森林資源、濕地、岸線等提出針對性的保護和管理措施，完善鄰接地區生態保護合作規劃與建設。

（四）建立自然資源空間管控體系

加強自然資源空間管控力度，充分發揮空間管控在系統治理中的關鍵作用。通過深入開展區域自然本底調查、生態現狀評價，對區域生態系統的結構、功能、承載、質量等進行系統評估。開展水陸統籌、"山水林田湖草生命共同體"綜合觀測，推動空天地一體化的多源數據融合，建設一體化生態系統觀測網絡及生態保護修復監管信息平臺。依託觀測網絡及分區分類的自然資源空間管控技術方法體系，提出近期和中遠期生態保護修復目標，合理引導"三生空間"規模與佈局，構建層級清晰、功能明晰的自然資源空間管控體系。緊密依託綜合環境功能區劃定、生態空間劃定、環境質量底線劃定等工作基礎，以國土空間"三條紅線"為基礎，以分區分類管控為抓手，強化自然生態空間用途管制，將管理制度有機融合，配以開發強度、環境質量、排放限制、環境管理、監督執法、經濟政策等，建立涵蓋山水林田湖草全要素、從准入到考核全過程的管理政策體系，全面提升生態保護修復能力現代化水平。

（五）貫徹系統治理理念

實施山上山下、地上地下、陸地海洋以及流域上下游的整體保護、系統修復、綜合治理，真正改變治山、治水、護田各自為戰的工作格局。地理邊界的聯繫、生態系統的整體性和環境影響的相關性，決定了大灣區生態環境必須作為一個共同體來統籌考慮。大灣區系統治理問題主要表現在三個層面：一是規劃層面，流域上下游地區的城鎮、鄉村人口佈局及生態文明建設、工業產業發展規劃協調度不夠，岸線無序發展和過度開發現象依然存在，山水林田湖草各要素分而管之，人與自然和諧共生的局面尚未形成；二是在實施層面，行政區劃界定項目和後續資金問題沒有得到根本解決，全要素、多維度、近自然保護修復措施普及率不高；三是在監管層面，沒有充分考慮山水林田湖草等要素之間介質的流動性、關聯性以及生態系統的整體性，沒有打破多個部門重複監測、數據共享不足、多頭管理的局面。

（六）強化海域生態保護，加大生態保護修復力度

海域生態系統服務功能及其生態價值是社會與環境可持續發展的基本要素。保護粵港澳大灣區內典型海洋生態系統、重要漁業水域及海洋生物多樣性，推進海洋生態整治修復。

一是要加大紅樹林、珊瑚礁、海草床、河口、濱海濕地等典型海洋生態系統，以及產卵場、索餌場、越冬場、洄游通道等重要漁業水域的調查研究與保護力度，強化近岸藍色海域生態系統保護與修復，推進近岸海域生態保護修復。以珠江入海八大口門，以及大亞灣、大鵬灣和深圳灣為綜合治理與生態保護修復重點區域，控制和削減河口和海灣的周邊工業廢水、城鎮生活污水、農業面源污水和海域污染源的污染物排海總量，加強河口與海灣環境污染綜合治理與生態保護修復，以"自然修復為主、人工修復為輔"為原則，開展受損岸線、受損濱海濕地生態系統、受損海島的修復，在生態保護和修復區搭建起沿海生態廊道和生態節點，構築大灣區生態安全屏障。

二是推進重要海洋自然保護區和水產種質資源保護區的建設與管理，加強海洋生物多樣性本底調查，加大海洋保護區選劃力度。修復粵港澳大灣區受損海島。大灣區部分海島存在連島、沿岸線圍填、岸線侵蝕、島體裸露等問題，以維護海島生態系統獨立性為原則，針對性地採取連島堤壩拆除、岸線修復、島體覆綠等措施實施海島海岸生態保護修復，提高海島生態功能。

三是因地制宜採取紅樹林栽種、珊瑚海草移植、漁業增殖放流、人工漁礁建設等多種修復措施，逐步恢復粵港澳大灣區海域的生態功能，加快紅樹林、珊瑚礁、海草床等近海岸受損生態系統修復。針對大灣區紅樹林區域多開發圍塘養殖，存在廢水污染、過度採捕等問題，因地制宜地開展退養還林、受損生境改造、鄉土樹種補植、外來物種的清理、病蟲害的防治等，優化紅樹林特別是無瓣海桑純林生態系統種群結構，提高紅樹林生物多樣性與生態系統健康水平。珊瑚礁、海草床生態系統重點排除周邊區域的污染物排放、工程施工、人為破壞等干擾因素，通過生境的養護修復、珊瑚種苗培育與人工移植等提高活珊瑚覆蓋率，通過種植海草幼苗等形成具有一定規模的海草床，促進受損生態系統類型及功能的恢復。

四是推進"藍色海灣"綜合整治工程，在粵港澳大灣區海岸帶生態系統損害調查與評估的基礎上，修復受損岸線、增加濱海濕地面積，有效控制圍、填海規模。根據岸線類型、受損狀況等，結合國土空間規劃，採取植被補種、生境營造、垃圾清理、沙灘養護、非法構築物拆除、退堤還海等針對性修復措施，提升岸線生態功能和減災能力。大灣區砂質岸線存在污染和侵蝕問題，查清污染來源並進行排除，對後方養殖池污水實施污水處理、深海達標排放，定期清理沙灘海漂垃圾。侵蝕嚴重岸段，需查清侵蝕機理，必要的岸段採取構築物拆除、灘肩補沙、建設水下潛堤或人工岬角等措施以減緩侵蝕的發生。紅樹林岸線結合紅樹林生態系統的修復，可採取退養還灘、垃圾清理等措施。大灣區人工岸線多為防潮堤壩、港口等，根據其開發利用類型，可進行災毀岸線的生態護岸改造。

（七）建立粵港澳大灣區海岸帶生態保護修復工程技術方法體系

生態保護修復工程制定與實施必須建立在科學認知的基礎上，實現生態系統從結構性修復到功能性修復。珠三角九市海岸帶生態保護修復工程的科學技術方法需與香港、澳門的海岸帶生態保護修復技術方法有效對接。針對大灣區河口海灣相間分佈、海岸帶生態系統多樣、珍稀瀕危物種世代棲息所在地、生態壓力大等特點，需在自然岸線的保護、典型海洋生態系統保育、自然保護地的管理、珍稀瀕危物種及其棲息地的保護等方面進行深度研究與合作，探究適宜於粵港澳三地的能實現灣區海岸帶一體生態保護修復的砂質岸線修復、紅樹林修復、珊瑚礁修復、海草床修復、生態海堤改造、防護林建設等工程實施技術指導文件，協調生態保護修復的標準，有效銜接海洋生態環境監測方法，有效指導大灣區海岸帶生態環境改善。配套建立粵港澳大灣區海岸帶生態保護修復協同管理機制。海岸帶生態保護修復工程應建立科學的協同管理體系作為工程實施的保障。在保護管理理念、管理方式方法、公眾參與、自然教育方面開展深度調研與研究，建立跨界環境影響評價制度與跨界生態保護的多元協作機制，形成適宜三地的粵港澳大灣區海岸帶生態保護修復協同管理機制，在目標、規劃、政策、標準上做到"協同共治"，開展粵港澳三地海岸帶生態環境聯合執法、監測和海洋生態災害聯合應急防禦，共同打造大灣區海岸帶生態保護修復安全格局。

（八）提升水生態保護修復與承載能力

嚴格水生態空間管控，逐步推動大灣區內部其他涉水生態空間劃定，強化河口（灣）岸線、水域、灘塗資源的保護與管控。進一步強化河長制和湖長制，高質量規劃建設大灣區嶺南魅力碧道網，統籌山水林田湖草系統治理，全面提升河湖綜合治理能力。加強典型區域河流水體污染物輸移規律研究，強化大灣區重污染河湧系統治理，修復河網水生態環境，加快實現水生態保護體系現代化。堅持生態保護修復科學技術研究和轉化應用相結合，有效提升水生態治理能力。

（九）開展珠江口生態保護修復整治

緊密結合廣東省自然資源廳編製的粵港澳大灣區海洋生態保護修復項目庫和國家發展改革委、自然資源部聯合印發的《全國重要生態系統保護和修復重大工程總體規劃（2021-2035 年）》，將粵港澳大灣區生物多樣性保護作為海岸帶生態保護和修復重點工程，推進海灣整治、強化受損濱海濕地和珍稀瀕危物種關鍵棲息地保護修復、保護重要海洋生物繁育場、推進珠江三角洲水生態保護修復等工作。落實《水污染防治行動計劃》和《近岸海域污染防治方案》，堅持陸海統籌，開展入海河流及排污口綜合整治，加強港口船舶及海水養殖污染防治，嚴守海洋生態紅線，開展海洋生態保護修復，防範近岸海域環境風險，推動粵港澳大灣區近岸海域生態環境持續改善。

（十）加快受污染地塊和耕地治理修復

開展粵港澳大灣區土壤治理技術交流合作，積極推進受污染土壤和耕地治理修復示範工作。完善大灣區創新合作體制機制，推進創新科技和技術共享平臺建設。在土壤污染防治方面，確定石油加工、化工、焦化、電鍍、制革、醫藥製造、危險廢物處理處置、危險化學品生產、儲存、使用等重點監管行業。針對大灣區工業發達、污染地塊密集等特點，推動各地級以上市制定土壤污染治理與修復規劃，開展污染地塊環境監管試點、率先實施重點工業企業用地土壤調查評估制度。通過多元化試點示範，打造土壤污染防治示範。理順大灣區污染地塊多部門聯合監管工作機制，建立建設用地流轉環境調查評估與備案制度，確定行業准入條件，明確污染責任界定及責任追究原則，多元化籌措治理修復資金。因地制宜出臺管理制度和政策措施，逐步建立污染地塊環境監督管理模式，選取典型區域、典型污染地塊，開展污染地塊治理修復試點示範工程，開展大灣區土壤環境保護和綜合治理試點示範，從而發揮區域帶動效應。強化受污染耕地和地塊的安全利用，保障大灣區農產品質量和人居環境安全。

（十一）確保相關政策和資金渠道積極支持生態保護修復

一是生態保護修復資金，以海洋生態保護修復為例，財政部按照黨中央、國務院關於"藍色海灣"整治行動和海岸帶保護修復工程等重要決策部署，通過海洋生態保護修復資金，支持廣東等沿海省份開展"藍色海灣"整治行動，實施海岸帶保護修復工程等。二是生態環境損害賠償資金。財政部會同有關部門聯合印發《生態環境損害賠償資金管理辦法》，落實生態環境損害賠償制度，進一步明確生態環境損害賠償資金的管理和使用。廣東省可根據生態環境損害賠償資金管理辦法，因地制宜針對責任主體明確的受損海域和海島，開展生態損害賠償工作。將粵港澳大灣區作為中央財政轉移支付項目重點支持區域，做好中央海洋生態保護修復項目儲備庫相關工作。下一步，按照陸海統籌的要求，推進陸海生態保護修復一體化，繼續推進陸域生態保護修復資金來源的多元化，探索粵港澳三地聯合開展生態保護修復的財政支持機制。

第五章

氣候變化的共同應對

第一節 大灣區低碳城市群建設

一、"粵港澳大灣區城市群"由來

粵港澳大灣區城市群是指由廣東省廣州、深圳、珠海、佛山、惠州、東莞、中山、江門、肇慶 9 個珠三角城市以及香港和澳門 2 個國際都市組成的城市群。2009 年 10 月 28 日，粵港澳三地政府有關部門在澳門聯合發佈《大珠江三角洲城鎮群協調發展規劃研究》，提出構建珠江口灣區，粵港澳共建世界級城鎮群。2016 年《廣東省"十三五"規劃綱要》中在地方層級首次謀劃粵港澳大灣區建設，提出要將粵港澳大灣區建設成為世界級城市群，推進粵港澳跨境基礎設施對接。同年，國務院印發的《關於深化泛珠三角區域合作的指導意見》中明確要求廣州、深圳攜手港澳，共同打造粵港澳大灣區，建設世界級城市群。2017 年全國"兩會"《政府工作報告》將"粵港澳大灣區"建設正式納入國家頂層設計，並開展粵港澳大灣區城市群發展規劃的研究。2019 年 2 月 18 日，中共中央、國務院印發《粵港澳大灣區發展規劃綱要》。綱要提出，粵港澳大灣區不僅要建成充滿活力的世界級城市群、國際科技創新中心、"一帶一路"建設的重要支撐、內地與港澳深度合作示範區，還要打造成宜居宜業宜遊的優質生活圈，成為高質量發展的典範。隨著粵港澳交流合作的加深，三地政府加強了灣區的宏觀規劃，為三地一體化發展提供了向心力。粵港澳大灣區城市群從改革開放初期的各自發展逐漸向一體化進程邁進。

二、推進粵港澳大灣區低碳城市群建設的必要性

（一）粵港澳大灣區氣候變化現狀及其負面影響

近 50 年來，廣東省極端氣候現象頻發：極端高溫呈現出溫度上升趨勢，極端低溫呈現出溫度下降趨勢；[1] 極端降水現象頻繁，乾旱空間範圍擴大、趨勢迅猛、強度增強；[2]2006 年以來登陸的熱帶氣旋數目略增，登陸時間明顯延長。[3]香港在 21 世紀後，熱夜日數和酷熱日數大幅上升。2020 年香港全年的熱夜數目達到 50 天，酷熱數目則達到 47 天；香港 2006 年全年暖夜天數達到 27 天，八月份最高夜間溫度甚至達到了 36.3℃。[4]白盛楠 [5] 基於大數據對大灣區極端氣候成因進行分析，結果表明，二氧化碳的年際變量是粵港澳大灣區極端溫度和極端降水、極端氣候（桑拿天、高溫天、熱帶氣旋）的格蘭傑原因。粵港澳大灣區碳排放與其極端氣候之間存在因果關係。

粵港澳大灣區作為世界級城市群，不僅頻遭颱風、暴雨等極端天氣侵襲，亦受到由這些極端天氣事件引發的諸如內澇、滑坡與泥石流等一系列衍生災害的威脅。2019 年中國社會科學院發佈了《應對氣候變化報告 2019：防範氣候風險》，該報告基於大灣區近百年氣象觀測資

1 潘俊瑜,黃小堅,杜樂庭.基於均一化資料分析廣東省近三十年極端氣溫的時空變化特徵[J].熱帶地貌, 2018,39(02):20-28.
2 王水寒,邱建秀,王大剛.1960-2014年廣東省乾旱時空演變特徵[J].熱帶地理, 2020,40(02):357-366.
3 胡婭敏,劉錦鑾,莊旭東,杜堯東.廣東熱帶氣旋氣候變化的新特徵和應對建議[J].廣東氣象, 2015,37(05): 1-4、9.
4 于其位,劉啟漢,馮志雄,鄧雪嬌,麥博儒,李菲,鄒宇.探討1886-2012年期間全球二氧化碳濃度及城市化效應對於香港溫度趨勢變化的格蘭傑因果關係(英文)[J].熱帶氣象學報, 2016, 32(06):855-863.
5 白盛楠.基於大數據的大灣區極端氣候成因及其影響的模型研究[D].華北電力大學(北京), 2019.

料和區域氣候模式百年模擬結果，表明大灣區自 1961 年來平均氣溫以 0.21℃/10 年的幅度升高，至 2050 年，年平均氣溫或升高近 1.4℃。報告還特別強調了大灣區極端天氣氣候事件的災害風險將不斷增加，包括極端降水進一步增強、夏季高溫熱浪加劇、登陸熱帶氣旋強度增大、海平面繼續上升、大氣自淨能力略有下降等，粵港澳大灣區所處的珠江流域將面臨全年徑流增加、洪水增強和頻率增加等多種風險。[1]

氣候變化將導致農業生產的不穩定性增加，影響農作物的生長，降低農業生產帶來的經濟效益。對城市而言，可能會使城市供水更加緊張、人類的居住環境受到影響、沿海城市會受到海平面上升的威脅。同時，氣候變化會對人們的身體健康產生威脅，氣候變暖可能使對氣候變化敏感的傳染性疾病傳播範圍擴大，如心血管病、瘧疾、登革熱和中暑等疾病發生的程度和範圍將加劇和擴大等。對保險和其他金融業而言，氣候變暖將增加風險評估的不確定性，對金融業施加更大的壓力，從而導致風險評估的失誤，促使保險賠付的增加，減慢金融服務向發展中國家的擴展。

（二）低碳城市概念及基本特徵

首先，低碳城市以減少碳排放總量為基本目標。在城市發展的過程中推行低碳理念，節約資源、保護環境，減少城市發展過程中的碳排放，增強城市發展的環境友好性和可持續性。其次，低碳城市發展的基本準則是低碳化的經濟行為。如：企業實施清潔生產技術，提高資源利用效率；居民踐行低碳的生活方式；城市管理者將低碳理念融入城市規劃、城市建設等方面。總而言之，各經濟主體將低碳理念貫穿于其經濟行為中，共同推動城市綠色發展。再次，創新是發展的第一動力，創新要以低碳為嚮導，推動低碳城市發展離不開發展和創新。具體而言，是要在制度層面，協調各經濟主體的利益訴求，促進各方合作的合意；在

1　賈朋群,曾智琳,周莘睿.粵港澳大灣區:或將成為極端天氣氣候研究關注的"特區"——第一屆粵港澳大灣區極端天氣氣候及災害風險學術會評介[J].氣象科技進展, 2020,10(06):149-151.

技術層面，加強低碳技術的研發，強化技術創新的力度。[1] 綜上所述，低碳城市群建設以城市空間為載體發展低碳經濟，實施綠色交通和建築，轉變居民消費觀念，創新低碳技術，從而達到最大限度減少溫室氣體排放的最終目標。

（三）粵港澳大灣區低碳城市建設優勢

粵港澳大灣區地處我國沿海開放前沿，以泛珠三角區域為廣闊發展腹地，是我國與海上絲綢之路沿線國家往來距離最近的發達經濟區域，又通過現代化的鐵路物流中心與絲綢之路經濟帶沿線經濟體的市場相連接，在"一帶一路"建設中具有重要地位。粵港澳大灣區坐落著廣州、深圳、香港、澳門四大國際都市，高校數量密集，科研資源相對集中，是我國華南區域的創新中心，具有集中高端要素，以創新驅動發展的優勢。粵港澳大灣區具有發展開放型經濟的優越條件，在與國際市場接軌、中國對外開放進程中一直起著重要樞紐和門戶作用。其豐富的資金和人才資源，使其完全具備成為世界一流灣區和世界級城市群的基礎。但當今粵港澳大灣區在低碳城市發展方面距離國際大灣區尚有一定距離。因此，為實現灣區的可持續發展，低碳城市建設十分必要。

為推動灣區低碳可持續發展，中央與地方政府推出了一系列相關政策。2010 年，粵港政府簽訂《粵港合作框架協議》，首次提出"優質生活圈"概念，粵港地區將區域發展定位為"宜居、便利、管理和服務水平先進的優質生活圈"。2012 年，廣東省住房和城鄉建設廳、香港特別行政區政府環境局、澳門特別行政區政府運輸工務司共同發佈《共建優質生活圈專項規劃》，粵港澳政府首次達成"將大珠江三角洲區域建設成為具有示範意義的綠色宜居城市群區域"的共同願景。2017 年國家發展與改革委員會牽頭，粵港澳政府共同簽署了《深化粵港澳合作 —— 推進大灣區建設框架協議》。粵港澳大灣區共同致力於宜居宜

---

1   盧婧.中國低碳城市建設的經濟學探索[D].吉林大學, 2013.

業宜遊的優質生活圈的建設、生態建設和環境保護合作機制的完善，建設綠色低碳灣區的發展目標正式進入國家戰略層面。粵港澳大灣區的區位優勢、技術、資金和人才優勢、政策優勢都十分有利於大灣區低碳城市建設的推進。

三、綠色規劃

（一）城市土地利用規劃

近年來，粵港澳大灣區城市化進程非常迅速，很多城市的中心城區存在開發強度過高、土地利用混亂、違法用地行為頻發等現象，嚴重制約了粵港澳大灣區城市群的發展。王小丹將 2010 年廣東省土地生態安全評價格局與主體功能區劃相疊加，發現廣東省除珠海各市優化開發區土地生態安全狀況都為 "敏感級"。其認為優化開發區應當將土地節約集約利用放在首位，重點要提高土地利用效益。可知，大灣區廣東省九市在城市土地規劃利用缺乏清晰的規劃，城市土地利用現狀並不樂觀。[1]

而同作為大灣區城市之一的香港對土地的集約利用程度大約是中國大陸的 3 倍。香港自上世紀 70 年代開始就實施嚴格的城市增長管理制度。幾十年過去了，香港在獲得社會經濟充分發展的同時，生態環境也得到了可靠保障。香港的城市形成了協調發展的格局，體現出香港城市土地利用的可持續性。粵港澳大灣區其他城市可以借鑒香港經驗，推動城市土地集約和節約利用。

首先，針對城市土地利用混亂的問題，大灣區其他城市可以借鑒香港土地利用的法定圖則制度。法定圖則在香港的土地規劃中處於核心地位，所有城市規劃以及每塊出讓土地的用途以城市規劃圖則為最終標準。在圖則中詳細確定各種土地利用發展的限制，對政府的土地規劃以及開發利用有著很好的約束作用。其次，針對違法用地的問題，香港規劃署編寫了《香港城市設計指引》。對香港城市發展中的常見問題提供

1　　王小丹.主體功能區劃背景下廣東省土地生態安全評價[D].南京大學, 2013.

了細緻、科學的指引。其對土地出讓和流轉進行嚴格的把關，推行嚴格的用地政策，實現有規劃、合理地開發和利用土地資源。[1]但同時，對於土地用途的更改，香港也給出了較為彈性的政策，以滿足城市開發中的現實需要。最後，針對開發利用強度過高的問題，香港主要有以下經驗：一是對已有的土地資源進行最大限度地優化利用。二是積極推進舊城改造、城市更新政策，將老化、落後的片區進行改造，緩解城市用地壓力。三是試圖開闢新的城市土地，有計劃地推進填海造地的新市鎮計劃。

（二）舊城更新

舊城更新是指對城市中建成歷史相對較久、具有相對穩定的社會經濟結構和特定的地域風俗文化但是需要採取包括對其物質空間及附著在物質上社會、經濟、文化等要素的再開發、整治及保護等措施。使用年限較久的老舊社區線路老化、建築安全狀況欠佳，不僅會增加社區的能耗，而且不再適宜人們居住。對舊城進行更新和維護是保持城市活力、保障城市居民居住安全的重要途徑。

近年來，廣東省積極推進“三舊改造”，試圖通過這種全新的舊城更新方法實現釋放土地資源潛力、推動產業升級轉型、完善城鎮綜合功能、提升空間環境品質、合理扭轉土地屬性等。廣州市舊城更新主要是採用“招、拍、掛”的方式，區政府為主體，組織拆遷補償，後續再進行土地公開出讓回籠資金。開發商主要是通過參與土地拍賣獲得再開發機會。針對區內不同街區地塊存在的差異，將其劃分為“整治完善區”“歷史文化街區”“更新發展區”“拆除重建區”，分別採用不同的改造模式。

香港的城市更新起步較早，規則和流程也更為完善。城市更新早在 1841 年英軍佔領香港島起就成為香港城市建設的重要議題。香港的

1　肖璿.武漢與香港城市土地可持續利用比較研究[D].華中科技大學, 2009.

城市更新主要經歷了私營化的香港房屋協會時期、公私合營的土地開發公司時期和 2001 年至今的市區重建局時期。[1] 香港的舊城更新截至 2020 年，共推行 70 個項目，共計改善市區面貌 208000 平方米，重建失修樓宇 1495 幢。[2] 首先，推進香港舊城更新的主要責任機構是香港市建局。香港市建局成立於 2001 年，是一個半官方機構，其設置願景是為香港締造優質、充滿朝氣的城市生活。其主要是依據 5R 業務策略，指導和推進香港城市更新工作。5R 策略主要指重建、樓宇修復、改造重設、保育和活化。重建（Redevelopment）主要是針對殘破不堪的樓宇。復修（Rehabilitation）是指對那些還不足以需要重建的樓宇進行翻新復修，延長使用期。改造重設（Reconstruction and reset）指對老舊建築設施進行改造或者拆除重建，以使其符合現有的建築物使用標準。保育（Reservation）策略旨在保存重建區域中具有歷史價值和文化價值的建築物，為社區和公眾帶來長遠效益。活化（Revitalisation）是把重建、復修及保育三個方面從點、線、面立體地聯繫起來，發揮協同作用。香港特區政府會聘請獨立的公司顧問對其重建項目開展包括經濟影響評估和社會影響評估兩類項目影響評估以評價項目帶來的影響。香港在市區重建過程中還成立了專門統一的指揮機構，積極推行"需求主導型"業務，積極與開發商等私人資本合作，發展"自下而上"的更新模式。

與香港比較，廣州的舊城更新還存在諸多改善空間，如：建築復修保育策略有待改善，廣州在舊城更新過程中對有些具有美學及歷史價值的樓宇破壞性較大；公眾參與和信息公開程度低，居民反饋信息渠道不通暢等。[3] 香港舊城改造經驗也為粵港澳大灣區城市群舊城更新帶來一些啟發：在舊城更新中，應當將維護社會整體長遠利益作為目標，從小規模漸進推推進改造工作；應當制定更加嚴謹合理的規劃方案制定程序；完

1　陶希東.新時期香港城市更新的政策經驗及啟示[J].城市發展研究, 2016,23(02):39-45.

2　參見香港市建局網站。

3　殷晴.香港地區市區重建策略研究及對廣州市舊城更新的啟示[D].華南理工大學, 2014.

善信息公開和信息反饋渠道，加強公眾參與。

四、綠色建築

（一）立法現狀

　　我國自 1992 年聯合國環境與發展大會以來，接連頒發了一系列法律、行政法規和部門規章。全國人大常委會制定了《中華人民共和國建築法》《中華人民共和國節約能源法》《中華人民共和國可再生能源法》《中華人民共和國循環經濟促進法》等法律。國務院制定了《建築工程質量管理條例》《民用建築節能條例》《公共機構節能條例》，從行政法規的層面進行了更為詳細的規定。最後，住房和城鄉建設部則從建設行政主管的角度出臺了《民用建築節能管理規定》《實施工程建設強制性標準監督規定》等綠色建築管理規章。至此，我國綠色建築領域的法律體系基本形成，為推動綠色建築發展奠定了良好的制度基礎。

　　2013 年廣東省人民政府響應中央號召，印發《廣東省綠色建築行動實施方案》，以政府投資建築、保障性住房和大型公共建築為重點，逐步推行綠色建築標準，加強建築節能，完善綠色建築技術規範和標準體系。2018 年廣東省住房城鄉建設廳發佈了《廣東省綠色建築量質齊升三年行動方案（2018-2020）》，提出在 2020 年珠三角地區新建成綠色建築面積佔新建成建築總面積比例要達到 70% 的目標。該方案提出要堅持以規劃引領、嚴格執行設計標準、強化施工過程管控、建立並實施運行標識項目、推動綠色化節能改造、創新管理機制、推廣應用成熟和先進的技術、融入鄉村振興發展八個方面重點著手，進一步推動廣東省綠色建築發展。2020 年，廣東省相繼出臺《廣東省綠色建築條例》《廣東省綠色建築設計規範》《關於引發廣東省綠色建材產品認證及推廣應用實施方案的通知》《廣東省建築節能協會綠色建築技術與產品推薦目錄》等文件，進一步明確細化發展綠色建築中的具體問題，為綠色建築的發展提供了更為明細的指引。

香港地區的綠色建築立法則始於 1995 年《建築物（能源效率）規例》，該規例最初頒佈時為強制性規範。後該規範逐步細化為《建築物能源效益守則》，該守則中關於建築物能源效益採用非強制性規定，人們可以自願選擇使用綠色建築裝置。但對於符合標準的建築可以獲得註冊證書並在建築物文件中使用"高能效建築物標準"字樣。但隨著綠色建築的深入發展，2012 年香港修改了《建築物能源效益守則》，再次將其作為強制性守則在香港全面實施。同時，香港機電署也會定期會同業界協會團體、其他政府部門等制定《技術指引》《能源審核守則》來解釋《建築物能源效益守則》的相關內容，為推進綠色建築提供具體的操作指引。香港綠色建築立法主要由剛性的強制性規範和柔性的自願性規範組成。一方面，香港的立法會通過制定法律，以強制性規範的形式規定建築物必須遵循政府制定的相關準則。另一方面，香港綠色建築亦有自願性規範。譬如《香港建築物（商業、住宅、或公共用途）的溫室氣體排放及減除的審計和報告指引》中就鼓勵香港建築物在強制性標準上進一步實現更高的綠色建築要求。[1]

澳門的綠色建築立法對建築物能耗優化給出了明細的技術指引。其中包括具體建築材料的選擇和應用方法，照明系統、空調及通風系統、電力系統、升降機和自動給梯系統、再生能源系統的設計考慮和相關技術應用等。通過提供建築業綠色建築具體的應用方面細緻的規定和指引，有效推動了節能建築和綠色建築的發展。

（二）香港經驗借鑒

香港地區發展綠色建築起步較早，早在 1996 年就推出了第一個建築環境評價標準體系 BEAM。當前，香港已經形成了一套比較完善的綠色建築發展體系。"零碳天地"綠色建築示範區、綠色學校"聖言中學"

1　方東平,楊傑.香港臺灣地區綠色建築政策法規及評價體系[J].建設科技, 2011(06):70-71.

等都是香港成功示範性綠色建築。[1]

香港地區的綠色建築發展有著獨特之處，即政府和非政府機構共同推動綠色建築發展，兩條軌道並行開展、相互獨立，又相互協作、相互影響、目標一致，最終走向促進綠色建築完善之終點。其次，香港民間力量在綠色建築推廣中起著至關重要的作用，譬如香港綠色建築評估體系最初是由民間所制定的，負責的機構亦是非政府機構的香港綠色建築議會。香港綠色建築議會是由建造業議會、商界環保協會、香港環保建築協會、環保建築專業議會 4 個重要民間機構所組成，其會員來自建築項目的開發者、專業顧問、承建商、行業工會等。這種發展路徑讓非政府機構能夠及時向政府反映綠色建築中的問題，並積極與政府溝通，與政府達成進一步完善綠色建築立法相關事宜的意見，進而推動立法。

現行香港地區的綠色建築評估體系為 BEAM PLUS，認證為全壽命週期的認證，從規劃、設計、施工到後期維護、拆除等環節不間斷地進行完全評審，以保障綠色建築實施的生命力與連貫性。在認證過程中，香港還鼓勵有認證資格的專業人員參與認證並派出評估員參與項目認證。同時，針對認證過程的異議，BEAM PLUS 增加了申訴環節，有效保障相關人員、企業的合法權益。香港的綠色建築評估體系包括在規劃、設計、施工、管理、營運等一系列全壽命的評價。除此之外，根據《建築物能源效益守則》可知，香港的綠色建築除了考慮設計和施工成本以外，還會考慮建築物以及建材的長期營運、維護、修理、更換以及清拆等開支。相比之下，大陸地區採用的是《綠色建築評價標準》GB/T 50378-2014，主要由政府承擔具體的評估事務，而非政府機構的參與程度較低，不利於政府層面及時發現和解決發展過程中出現的問題。此外，大陸與香港的評估標準分類比較相似，都採用節地、節能、節水、節材、室內環境、管理以及創新的分類。但是節能標準在香港評估中佔

1　賈洪願,喻偉,張明,李永強,李百戰.中國與新加坡綠色建築評價標準體系對比[J].暖通空調, 2014, 44(11):26.

據一半左右的比例,而大陸各項標準佔比比較均一。

整體而言,香港的綠色建築體系處於亞洲的先列,而大陸的評價體系還未健全,經濟激勵措施和對象單一,無法全面調動市場。並且大陸普遍缺乏建築物週期考慮,僅關注設計及運行階段,而忽視建造、後期管理方面,不利於城市的可持續發展。現行大陸綠色建築法律強制性不足,綠色建築法律體系下的條文規定大多是指導性的,以激勵倡導為主,缺乏強制性標準,更無相應法律責任,可操作性不強。[1]

五、綠色交通

(一)粵港澳大灣區交通一體化規劃發展現狀

粵港澳大灣區綜合交通運輸設施建設經歷了由各自發展到一體化有序發展的轉變,主要可以分為三個階段:第一階段是改革開放前,區域內的綜合交通基礎設施建設緩慢,交通規劃缺乏一體化的頂層設計,以香港、澳門和廣州為代表的城市都朝對己方城市最有利的方向各自發展;第二階段是改革開放至 20 世紀末,大灣區內部的公路和鐵路建設興起並快速擴張,穗港沿線成為珠三角的交通運輸走廊。同時,一大批新興深水港和國際機場的設立使得對外貿易更加便捷,為粵港澳大灣區得形成和發展提供了良好契機;第三階段是 21 世紀,粵港澳大灣區綜合交通基礎設施進入高速擴張階段,城際軌道、高鐵和國際航空業務極速發展。[2]

當前粵港澳大灣區陸域交通體系已經基本形成。大灣區的高速公路總里程達到 7673 公里,鐵路運營總里程 5500 公里,城際軌道總里程 1430 公里,機場主要包括香港、廣州、深圳、澳門、珠海等 5 座幹線機場,形成了以深圳港、廣州港、珠海港為核心的大灣區港口群。其中就陸路運輸而言,廣州和深圳是大灣區公路、鐵路和地鐵的一級樞紐,

---

1   黃文婷.大陸與港臺地區綠色建築立法比較研究[D].廣東外語外貿大學, 2018.

2   曹小曙.粵港澳大灣區區域經濟一體化的理論與實踐進展[J].上海交通大學學報(哲學社會科學版), 2019,27(05):120-130.

是大灣區交通網的兩大核心。[1] 廣東九市通過珠三角環線高速公路、廣深沿海高速、港珠澳大橋等主要線路連接起來；鐵路運輸通過廣九鐵路、廣佛肇城際、廣珠城際等幹道連接。就區域內的港口而言，粵港澳大灣區擁有世界上最大的空港群，年航空客運量超過 1.7 億人次，已經超過紐約灣區三大機場吞吐量。此外，粵港澳大灣區還擁有世界上最大的海港群，港口吞吐量約為東京灣區的 8.5 倍、舊金山灣區的 29 倍、紐約灣區的 14 倍。其中，香港港、深圳港、廣州港、珠海港和東莞港吞吐量達億級以上。[2] 當前，粵港澳大灣區交通運輸非常發達，且體量很大，已然成為世界級城市群。

大灣區聚集著中國著名現代化都市，人口密集、規模龐大、交通運輸體量巨大。灣區運作繁忙、體量龐大的交通運輸，增加了城市的碳排放量，對城市群的局部氣候狀況產生不良影響。隨著經濟的不斷發展和生活水平的持續提高，粵港澳大灣區的交通運輸需求逐年增加，交通運輸領域產生的能源消費也呈現出上升的趨勢。2017 年，粵港澳大灣區交通領域的能源消費量為 7343 萬噸標準煤，約佔能源消費總量的 28%。其中，廣州、深圳、香港作為粵港澳大灣區的交通樞紐和對外口岸，其交通領域的能源消費量約佔粵港澳大灣區交通能源消費總量的 76%。[3] 就香港而言，根據香港環境保護署公開數據，2018 年香港交通運輸過程中產生的溫室氣體排放量佔年度溫室氣體排放總量的 18.1%，僅次於發電及煤氣生產過程產生的溫室氣體排放量。可見，粵港澳大灣區交通業在碳排放總量中佔比較大，發展綠色交通對降低灣區碳排放量、改善城市群局部氣候有重要意義。

1　巫細波,賴長強.基於POI大數據的城市群功能空間結構特徵研究——以粵港澳大灣區為例[J].城市觀察, 2019(03):44-55.

2　賴梅東.粵港澳大灣區生態資源與環境一體化建設[M].北京:中國環境出版集團, 2019:2-24.

3　《粵港澳大灣區能源轉型中長期情景研究》項目組著.粵港澳大灣區能源轉型中長期情景研究[M].科學出版社, 2020:154.

（二）粤港澳大灣區軌道交通發展 —— 學習香港 TOD 模式發展經驗

1.TOD 開發模式

TOD 開發模式（Transit Oriented Development）是指以公共交通站點為社區中心，通過合理的設計，鼓勵人們使用交通工具，從而形成一個以公交站點為中心、向外延伸大約 400 米、配套相應公共設施和公共空間的區域。TOD 發展模式具有用地形態和佈局緊湊、土地使用率高、公共交通服務良好、公共設施及公共空間配套完善、公交站點為區域樞紐等特點。[1] 粤港澳大灣區主要通過陸路交通實現城市群之間的互聯互通，其中軌道交通運量大、高效便捷、安全可靠，是加強粤港澳大灣區互聯互通、構建灣區內現在綜合交通運輸體系的必經之路。TOD 開發模式，為大灣區交通運輸業的可持續發展提供了一種先進的、可行的進路。

2. 香港 TOD 開發經驗 —— 以地鐵開發為例

對香港鐵路進行開發的是港鐵公司。港鐵公司將地鐵和物業進行聯動開發，主要遵循高密度（Density）、多樣性（Diversity）、設計（Design）的"3D"原則。首先，高密度原則（Density）的運用體現在對車站步行服務範圍內進行集約開發，高度發揮集體運輸的功能，使交通與城市建設相結合。港鐵公司非常注重對地鐵上蓋物業進行高密度的開發，因此地鐵上蓋物業的使用者享受便捷的交通的同時，高密度物業的使用者增加了軌道交通的客流量，以此達到了"地鐵＋物業"聯動開發模式的最大經濟效率。其次，多樣性原則（Diversity）的運用體現在按市場的需要合理配置住宅、商業零售、辦公、工業等不同種類的公共設施，增加區域活力和雙向客流。最後，城市設計（Design）主要體現在人車分離，為行人設計步道，提供環境優美的休閒空間，使公共區域發揮服務大眾的社會效益。

1　馬強.近年來北美關於"TOD"的研究進展[J].國際城市規劃, 2009,24(S1):227-232.

香港的 TOD 軌道交通經濟可持續發展運作模式為粵港澳大灣區提供了以下借鑒經驗：首先是要選擇經驗豐富、能夠起主導作用的、具有專業軌道交通規劃與建設運營能力的企業或企業組成的聯合體作為開發主體。其次，在規劃方面要注重功能定位，並同步進行物業規劃。最後，政府要堅持城市發展以公共交通為導向的戰略原則，進行合理的用地規劃，並給予適當的激勵，促進軌道交通公司或項目公司開發的積極性。[1] 粵港澳大灣區有發展 TOD 開發模式的國家政策支持、應用環境支持和香港先進的技術經驗支持，未來發展大灣區可持續發展的軌道交通指日可待。

3、大灣區綠色航運發展

粵港澳大灣區港口群吞吐量規模已達到世界級水平，世界上最繁忙的十大港口有 3 個在粵港澳大灣區。航運業已成為大灣區經濟發展的重要助推器。但是，粵港澳大灣區港口眾多，給灣區水域和大氣污染帶來較大影響。據調查，珠三角港口遠洋船舶排放的二氧化碳和氮氧化物已經佔到珠三角排放總量的 15% 左右。2017 年，廣州港務局和廣州市環保局聯合召開綠色港口行動計劃啟動大會。活動現場，全球五大國際班輪公司和 10 家港航企業簽署了《廣州港航綠色公約》。廣州海事局、廣州港以及馬士基航運等五大國際班輪公司共 83 家航運企業，總計 488 艘船舶志願加入綠色公約行動，積極響應港口節能改造和船舶使用低硫燃油的倡議。隨後，深圳市制定並發佈了內地首個船舶排放控制環保公約 ——《深圳港綠色公約》。但是，綠色航運過程中相關標準和制度尚未建立。有關綠色航運技術有待提升，如船舶綠色化、航運活動的機械化、自動化、信息化程度不高，航運材料的使用與綠色航運倡導的可重用性、可降解性也存在相當大的差距。更多節能技術有待發展，如提高燃料的利用率，或者使用新的燃料技術，研發船舶的節能設備，

1　李天惠.基於TOD的大灣區軌道交通PPP項目經濟可持續發展模式研究[D].大連理工大學, 2019.

應用新的科技從船舶的設計、結構、機械自動化等方面提升船舶的綠色環保性能等。

六、粵港澳城市群合作現狀及展望

粵港澳大灣區低碳城市群建設要以《粵港澳大灣區發展規劃綱要》為綱領，以建設低碳城市為目標，在城市群發展和建設的各個方面推行低碳理念，以達到減少城市生活和發展過程中的碳排總量。首先，在城市規劃藍圖階段中要推行綠色的城市規劃，加強城市土地資源的集約利用，提高土地利用效益，增強城市主體功能區的合理性。粵港澳大灣區各個城市在進行規劃的過程中，可以參照香港的法定圖則制度，以規範城市規劃發展中的亂象。其次，在大灣區城市建築物較為飽和的情況下，各城市應積極推進舊城更新，釋放老舊城區經濟活力，保障城市居民的居住安全。香港在城市更新方面起步較早，規則和流程也更為完善，其推行的"5R"策略很好地指導了香港的城市更新工作，值得灣區內其他城市借鑒。再次，內地和香港、澳門地區的綠色建築立法都已經初成體系，但在綠色建築方面香港依然位於亞洲前列。其當前推定的BEAM PLUS 評估體系相比大陸的而言，更加側重於建築節能，而大陸的評價體系還有待健全。最後，粵港澳大灣區水、陸、空交通都十分繁忙，交通領域能耗較大。尤其是廣州、深圳、香港作為大灣區重要的交通樞紐，在交通領域承受著較大的減排壓力。粵港澳大灣區有發展軌道交通的政策條件和地理條件，構建軌道交通可以借鑒 TOD 發展模式，推行聯動開發，推進交通與城市建設相結合。發展綠色交通能夠降低灣區碳排放量，對改善灣區城市群局部氣候有重要的意義，是粵港澳大灣區低碳城市群發展進程中必不可少的一環。

當前粵港澳城市群合作能力不足，三方應當構建利益共同體，創建新的合作模式，拓展合作的深度和廣度。首先，要完善粵港澳大灣區的制度和政策環境，建立起粵港澳大灣區的區域事務統籌協調機構，提升大灣區區域事務的工作效率。其次是要明確大灣區發展的整體思路，協調內部產業的分工合作，因地制宜開展各個城市的建設工作。最後要積極建立跨區域的組織團體，促進粵港澳地區的交流互動，充分發揮社會力量推動粵港澳大灣區一體化建設。

第二節　低碳能源體系建設

一、粵港澳大灣區能源利用現狀

（一）珠三角九市

從能源供應角度而言，珠三角九市處於我國能源供應環節最末端。煤炭來源完全依賴國內其他省市調入和國外進口，石油以外區調入為主。珠三角九市電力供應主要來自本地煤電、氣電、核電以及西電東送。其中，西電東送是電力第一位來源，其次是煤電、氣電和水電。[1]

珠三角九市 2005-2007 年能源供應量年均增速為 6%。其中，煤炭供應量年均增長 3%，油品年均增長 3%，天然氣年均增長 21%。儘管煤炭、油品需求量仍然處於上升趨勢，但是其在能源結構中的比例下降，清潔能源的比例顯著提高。珠三角九市能源結構明顯向低碳能源方向轉型。[2] 根據珠三角九市產業結構與能源消費對比圖表（圖1）可知，廣

1　吳偉傑,趙靜波,鐘式玉,鄭敏嘉.粵港澳大灣區之珠三角九市能源供需現狀及發展趨勢[J].節能, 2020,39(03):156-158.

2　《粵港澳大灣區能源轉型中長期情景研究》項目組著.粵港澳大灣區能源轉型中長期情景研究[M]. 北京:科學出版社,2020:53.

州、深圳、東莞產業結構主要以第三產業為主,佔比均超過 50%。佛山、肇慶、珠海、中山在第三產業消費能源佔比均非常接近 50%。整體而言,珠三角九市都在向第三產業轉型,並已經初步形成了以戰略新興產業為主導、先進製造業和現代服務業為主體的產業結構。

城市	第一產業 (%)	第二產業 (%)	第三產業 (%)	能源消費總量(萬噸標準煤)
廣州	0.98	27.27	71.75	5961.97
佛山	1.5	56.5	42.0	3036.96
肇慶	15.8	35.2	49	1122.37
深圳	0.1	41.1	58.8	4272.64
東莞	0.3	48.6	51.1	1837.33
惠州	4.3	52.7	43	2235.15
珠海	1.7	49.2	49.1	845.89
中山	1.7	49.0	49.3	1174.82
江門	7.0	48.5	44.5	1126.75

圖 1:珠三角九市產業結構與能源消費對比

(二) 香港

根據香港機電工程署網站資料,香港由於平地稀少、人口眾多且數量不斷上升,對能源的需求量逐年增長,在 2009 年至 2019 年期間,一次性能源需求及最終能源需求分別上升 8.1% 和 18.8%。[1] 但是香港本土無能源資源,完全依賴入口燃料。油產品和煤產品直接從境外進口,或者進口後在港進行二次加工用以發電或者製成煤氣。還有一小部分能源由太陽能和風能提供。在 2019 年香港進口的能源產品中,電力佔比 3.4%,煤產品佔比 20.2%,油產品佔比 76.4%。2009 年至今,上述進口

1　《香港能源統計年刊(2019)》,載香港特別行政區政府政府統計處網站。

能源佔比波動並不大。

香港電力消耗主要是商業用電，而煤氣主要是生活消耗。根據 2013 年的情況看，煤依舊是香港的主要電力來源，約佔比 57%，其中天然氣佔 21%，餘下是從內地進口的核電。香港正積極研究可再生能源的利用，重點是開發和運用太陽能和風能。早期的太陽能主要運用於製造熱水，1978 年第一個太陽能大型熱水系統在尖沙咀建成，主要為酒店提供生活熱水。其次，香港推進光伏建築一體化系統，將光伏系統與建築物外牆結構結合，類似項目包括南丫島發電廠天臺等。目前香港最大的太陽能光伏系統位於南丫島發電站，於 2017 年開始運作，預計每年可產電 620000 千瓦時。而風能的應用填補了陰雨天太陽能不足的情況，作為香港另一個亟待開發的能源。

（三）澳門

澳門資源稀缺，同香港一樣，幾乎所有的能源產品都來自外部購入。隨著城市的擴張，上世紀九十年代至今，澳門對能源的需求呈現出逐年上升的趨勢。澳門 2020 年年度消耗總電量是 1990 年年度消耗總電量的 7 倍，石油氣消耗量大約翻了 4 倍。總體而言，澳門當前對電能和石油氣的依賴程度仍然較高。但對於液體燃料的消耗，澳門需求非常不穩定。澳門液體燃料的使用量在 1990 年至 2020 年間則呈現出先增加後減少的趨勢，近三年澳門對液體燃料的需求水平甚至低於 21 世紀 90 年代的平均水平。[1] 但根據《澳門環境保護規劃（2010-2020）》可知，澳門將天然氣作為發電的能源之一，並將優化能源結構、提高清潔能源的使用比例、提高能源利用效率作為其節約資源和能源、推進節約循環社會重點行動計劃的重要內容。其對天然氣需求不穩定的主要原因可能在於供氣的基礎設施建設未能跟上，導致天然氣的供氣渠道不穩定。而澳門官方層面已經表明要將天然氣作為發電的能源之一，說明未來澳門可能

1　《能源及建材消耗統計數據》，載澳門特別行政區政府網站。

會增加天然氣等清潔能源的使用比例。

二、粵港澳大灣區產業結構升級

（一）粵港澳大灣區產業結構基本現狀

當前，珠三角九市已經初步形成以戰略性新興產業為先導、先進製造業和服務業為主體的產業結構，港澳則服務業十分發達。香港以金融業著稱、澳門則有發達的博彩業。粵港澳三地產業體系完備、集群優勢明顯，已經具備構建具有國際競爭力的現代化產業體系的基礎條件。但是，粵港澳大灣區仍然存在產能過剩和供需不平衡等矛盾。部分城市之間同質化競爭現象嚴重，嚴重阻礙了大灣區的發展。

（二）粵港澳大灣區產業結構存在的問題

首先，珠三角地區製造業產業低端。珠三角各城市的優勢主要集中在製造業上，但主要是加工貿易等勞動密集型的製造業，對低成本的人力資源依賴程度高，而技術含量較低，在國際製造業分工鏈條中處於低端環節。主要的製造企業均以貼牌生產維持經營，缺乏自身強勢品牌和核心技術，在國際貿易中競爭力和議價能力較低，因此利潤也並不可觀。

其次，除廣州、深圳、香港、澳門四大核心城市外，其他城市的製造業存在明顯的局部同質化競爭問題。當前，珠江東岸的深莞惠都市圈形成了電子信息產業聚集；珠江西岸的廣佛肇、珠中江都市圈則形成了由江門、肇慶提供上游金屬製品的汽車和機電裝備產業聚集。從"十三五""十四五"期間珠三角九市產業發展規劃可見，各城市規劃重點發展的工業部門都集中在生物醫藥、先進製造業、信息產業、新能源、新材料等高附加值產業。各地市對自身的發展定位並不清晰，且九市的產業規劃結構趨同。這不利於各城市發揚長處、因地制宜地謀求發展，也不利於粵港澳大灣區各城市之間相互合作、取長補短，制約了大灣區的發展潛力。[1]

同時，珠三角城市與港澳之間在合作初期所建立起來的"前店後廠"產業分工模式已經出現了分離。取而代之的是粵港澳的港口、機場等交通運輸網絡以及城市 CBD 的競爭。究其原因，1997 年金融危機的衝擊使港澳地區的經濟出現衰退，而珠三角地區的經濟增長水平一直維持在 12% 左右。且珠三角地區向高新技術發展、向較高競爭力的電子產品和輕工業集群發展、並且形成了巨大的原材料和日用品的消費市場。因此，珠三角地區對港澳地區的依賴逐漸減弱，粵港澳的合作關係開始從互補轉變為競爭，原來由"前店後廠"合作模式所建立起來的分工關係便出現了分離。由於外部環境的變化，城市發展競爭激烈，各城市都趨向於謀求本地城市利益最大化，使得粵港澳大灣區經濟發展具有明顯的"行政區經濟"特徵。加上政府層面缺乏有效的多層治理結構，合作效率比較低且進展緩慢。一國兩制政策下，粵港澳大灣區存在 3 個關稅區、3 個法律體系，這導致城市群第三產業的融合存在較大的障礙。儘管有 CEPA 框架不斷推進粵港澳合作和服務業整合，但粵港澳大灣區各城市之間合作的推進仍然十分困難。雖然，中央和地方政府都已經出臺了相關的政策引導粵港澳大灣區產業結構優化，但是仍存在對城市發展定位模糊、指導意見僅停留在表面、管理權責不清晰的問題，因此對粵港澳大灣區產業調整的引導效果非常有限。[2]

（三）世界三大灣區產業結構升級經驗借鑒

與世界三大灣區相比，粵港澳大灣區在土地面積和人口數量上有明顯優勢。但粵港澳大灣區經濟發展與世界三大灣區相比尚有較大距離。根據 2019 年的數據，粵港澳大灣區人均 GDP 不到舊金山灣區的 1/5、紐約灣區的 1/4、東京灣區的 1/2。粵港澳大灣區產業結構還有很大的

1　《粵港澳大灣區能源轉型中長期情景研究》項目組著.粵港澳大灣區能源轉型中長期情景研究[M].北京：科學出版社, 2020:130.

2　陳靈慧.稅收視角下粵港澳大灣區內地城市產業結構調整研究[D].華南理工大學, 2020.

優化空間，同時也蘊含著較大的經濟發展潛力。

世界三大灣區的產業升級協同發展基本都經歷了四個階段：港口貿易 —— 以製造業為主的第二產業 —— 以服務業為主的第三產業 —— 世界級產業集群和分工合理、協調發展的現代產業體系。以紐約灣區為例，19 世紀初到 30 年代，紐約灣區主要依託紐約港發展港口經濟和海洋貿易。19 世紀 40 年代到 20 世紀 20 年代，紐約灣區依據其勞動力和資本優勢，大力發展服裝、食品加工、皮革和機械等資本和勞動力密集的製造業，成為美國最大的製造業基地。20 世紀 30 年代到 70 年代，紐約灣區大力扶持以電子通信和計算機製造以及軟件等高新技術產業的發展。同時，向周邊地區轉移傳統製造業。20 世紀 70 年代至今，紐約灣區產業結構向知識密集型轉變，金融、保險和貿易等服務性產業崛起。同時，灣區內各城市逐漸形成分工合理和優勢互補的特色產業。如紐約州金融業十分發達，具有全球競爭力；康涅狄格州則是美國傳統工業中心，尤其是軍事工業發達，素有“美國兵工廠”之稱；新澤西州則尤其以製藥業突出，位列全美第一。

對比世界三大灣區的經驗，粵港澳大灣區產業發展處於以服務業為主的第三產業向世界級產業集群和分工合理、協調發展的現代產業體系過渡階段。當前，粵港澳大灣區內部的製造業正逐步由中心城市向周邊城市轉移，中心城市則逐漸向服務型產業轉型。但是，由於歷史發展問題，珠三角地區仍然留有較大比重的製造業。[1] 粵港澳大灣區的產業結構還有待優化，第三產業佔比還有待提升。

（四）促進粵港澳大灣區產業升級協調發展對策

《粵港澳大灣區發展規劃綱要》提出要以香港、澳門、廣州、深圳四座城市成為核心引擎，充分發揮四大中心城市的科研資源、高新技術產業和金融產業，帶動周邊地區發展。重點建設珠江西岸、珠江東岸先

1　蔣麗.粵港澳大灣區產業升級協調發展研究[J].廣東經濟, 2020(11):28-35.

進製造業產業群，聯合打造戰略性新興產業集群。要從加快先進製造業、培育和壯大戰略性新興產業、加快發展現代服務業著手，加快推進大灣區產業結構改革和經濟發展。

結合《粵港澳大灣區發展規劃綱要》的發展規劃和大灣區產業發展現狀，粵港澳大灣區的產業結構還需要繼續由製造業向服務業轉型，提升服務業的佔比。加快製造業由中心城市向泛珠三角區域城市轉移，重點發展灣區內戰略性新興產業，如信息技術、生物技術、高端裝備製造業等，促進現代服務業的發展。其次，要統籌規劃大灣區各城市產業之間的分工與合作，打造產業分工鏈條。各城市應當根據自身的產業基礎和資源優勢發展特色產業，避免城市間的同質化競爭。加強各城市之間的分工協作，促使產業鏈中各生產要素和資源有機融合，從而減少交易成本、加速經濟發展。曹虹劍提出，打造大灣區產業分工鏈條體現在三個層面任務的耦合：一是要構建區域產業鏈，二是要融入國內產業鏈，三是要佔領全球產業鏈高端。[1] 最後，對標世界三大灣區，結合粵港澳大灣區的產業優勢，粵港澳大灣區應當加快培育世界級電子製造業集群、世界級金融業集群、世界級汽車製造業集群、世界級智能家電製造業集群、世界級綠色石化製造業集群。[2]

三、新能源的開發利用

（一）積極發展氫能

氫能被譽為 21 世紀最理想的清潔能源，具有來源廣泛、安全可控、高效靈活、低碳環保等多種優勢，可以同時滿足資源、環境和可持續發展的要求。氫能使用對於減少溫室氣體排放意義重大，用氫成本可控，一旦實現市場化，可以實現經濟效益與社會效益、生態效益的"多贏"。當前，我國制氫年產量佔國際制氫量的三分之一，位列世

1　曹虹劍.打造粵港澳大灣區產業分工鏈條[N].中國社會科學報, 2019-09-02(008).
2　蔣麗.粵港澳大灣區產業升級協調發展研究[J].廣東經濟, 2020(11):28-35.

界第一。我國氫能的主要運用場景是氫能源汽車。但是我國在氫能液氫生產、儲運技術、氫氣壓縮機、加氫機技術等領域，技術相對還比較薄弱。

2017 年，粵港澳大灣區交通領域的能源消費和碳排量分別約佔大灣區能源消費總量和碳排總量的 28% 和 34%。交通領域的能源轉型對大灣區能源轉型和減少碳排放具有重要意義。當前，粵港澳大灣區已建成國內規模最大的汽車產業集群，新能源汽車是其重點發展方向，具有發展氫能產業的巨大潛力。新能源汽車產業已經形成以廣州、深圳、佛山三地為核心的整車製造核心聚集區，以及以東莞、中山、惠州、肇慶等地區為支撐的關鍵零部件及配套生產基地。[1] 粵港澳大灣區目前已初步具備動力電池系統、電機、電機控制器等新能源汽車零部件同步開發和整車開發能力，搭建了新能源汽車整車動力系統的拓撲結構及整車仿真平臺，實現了整車控制策略平臺設計開發，整車綜合性能逐步提高至國內領先水平。[2] 廣東省政府出臺了《廣東省氫能燃料電池汽車標準體系與規劃路線圖》和《廣東省加快氫燃料電池汽車產業發展實施方案》，對氫能產業發展給予了空前的政策支持。其次，廣東省早在 2015 年就開始佈局氫能產業，打造了中國領先的氫能產業鏈。因此，粵港澳大灣區具有氫能發展的市場基礎、思想基礎、人才基礎和改革基礎，也有發展氫能的迫切需求，未來應進一步加強氫能技術、產業、設備、應用的研發，打造大灣區氫能產業鏈。[3] 未來新能源汽車的發展必將成為汽車製造行業的新風尚和城市交通減排的重要內容。

（二）開發利用太陽能和風能

太陽能是當前最具前景並可以規模化開發利用的清潔可再生能源，應用潛力巨大。粵港澳大灣區毗鄰我國南海，冬暖夏熱，太陽能資源豐

---

1 孫曉麒,何帥.粵港澳大灣區新能源汽車產業發展情況分析[J].科技與金融,2020(Z1):14-18.
2 方浩文,牟彤華.深圳市發展電動環衛專用車的推廣策略研究[J].特區經濟,2017(08):27-34.
3 周奕豐.發展氫能源 保障能源安全[J].小康,2021(02):100-101.

富，屬太陽能資源四類地區。大灣區全年日照時數為 1400-2200 小時，每平方米一年能夠接受太陽輻射 4200-5000 兆焦耳，能量相當於 140-170 千克標準煤。雖然在大灣區不適合大規模發展地面光伏電站，但是灣區內有眾多的工商業園區和城鄉居住建築，還有大量未利用的閒散土地、幹道交通沿線區域、海岸灘塗等，可以大力推廣光伏發電；另外，光伏與農業、低效林地結合的立體開發也是一個重要應用領域。目前，太陽能發電成本已經到達或者低於常規火力發電成本，儲能技術成本也正在逐步降低。相信太陽能應用必將會越來越廣。[1]

此外，風能作為太陽能的一種轉化形式，也是可再生的清潔能源，具有儲量大、分佈廣的優點。同時也存在著能量密度低、不穩定的缺點。粵港澳大灣區具有豐富的陸上和海上風能資源，在珠三角東西部沿海的惠州、佛山和廣州均有著發展風能的良好地理條件。同時，粵港澳大灣區大陸和島嶼海岸線總長 3201 千米，冬夏季季風特徵明顯，也有發展海上風電的優越條件。

（三）大力開發地熱資源

謝和平等人的研究表明，大灣區深、大斷裂交匯發育，花崗岩廣佈，形成了有利於地熱賦存和輸送的地質環境，大地熱流值也印證了該區域存在地熱異常和良好熱源。大灣區 5km 深度範圍內，地熱資源總量為 $5.83 \times 1017kJ$，採收率取 30%，預計可獲取的地熱能折合標準煤為 $5.94 \times 109t$，同時將減少排放 $4.04 \times 109t$ 的 CO_2。地熱資源賦存相對高值區主要沿東北向深大斷裂帶分佈，集中在佛山、中山、江門、深圳和香港局部地區，單位面積上的資源賦存量為 $5.19 \times 105t/km^2$ 標準煤，建議作為地熱勘察與開採的重點區域。[2] 地熱資源是一種潔淨的能源資源，可供發電、取暖等。利用地熱進行供暖，既緩減能源壓力，同時將很大程度地減少由燃油和煤炭供暖所造成的空氣污染。德國積極利用地熱發

1　舒傑.開發利用太陽能 構建粵港澳大灣區綠色清潔能源體系[J].大社會, 2020(06):48-49.

2　謝和平,楊仲康,鄧建輝.粵港澳大灣區地熱資源潛力評估[J].工程科學與技術, 2019,51(01):1-8.

電，發電的總潛力相當於其國內年需電量的 600 倍，另外德國的地熱資源還有相當於其國內需求量 1.5 倍的供暖潛能。德國通過開發地熱能獲得了較好的經濟收益。粵港澳大灣區有良好的地熱資源，未來應當大力開發使用，以緩解大灣區經濟發展與居民生活能源壓力。

（四）安全高效發展核電

粵港澳大灣區的核電分佈在深圳、惠州和江門。當前核電裝機總容量為 1962 萬千瓦。除粵港澳大灣區外，粵東和粵西地區也有規劃或者運行的核電站。陽江核電站在 2019 年已經全部投產發電，汕尾的陸豐核電站預計 2035 年可以實現全部機組投產運行。到 2035 年，粵港澳大灣區外的廣東核電容量可達 1398 千瓦，每年發電 1000 多億千瓦，為城市提供穩定的電源。

（五）充分開發生物質能

粵港澳大灣區城市化程度高、人口密集、生活垃圾產生量大。2017 年生活垃圾產生量為 26.4 Tg，平均每年增長 0.8Tg。衛生填埋是大灣區城市的主要垃圾處置方式，大約有 59% 的城市生活垃圾被衛生填埋，給大灣區各城市帶來較大的垃圾存量。隨著垃圾分類在全國的推行，可以進一步推行資源的回收利用。對於食物垃圾、農業垃圾，可以漚化生產沼氣，用來發電和供熱。對於塑料、紙片、布片等垃圾，可以進行焚燒發電，在做好氣體無害化處理的前提下，是一筆巨大的生物質能。[1] 珠三角地區正重點建設垃圾發電項目，到 2020 年垃圾焚燒發電總裝機容量約為 115 萬千瓦；並建設生物燃料乙醇試點項目，推廣使用生物燃料乙醇。

（六）開發利用海洋可再生能源

海洋可再生能源一般指依附於海水水體的可再生能源，主要包括

1　馬仕君,周傳斌,楊光,趙志嵐,劉懿頡.城市生活垃圾填埋場的物質存量特徵及其環境影響:以粵港澳大灣區為例[J].環境科學, 2019,40(12):5593-5603.

波浪能、潮流能、潮汐能、溫差能、鹽差能等。[1] 開發利用海洋可再生能源，一般而言指的是將上述能源轉化為電能的形式。廣東省潮流能、波浪能、鹽差能資源十分豐富，粵港澳大灣區海洋可再生能源資源開發潛力巨大。[2] 隨著技術的不斷發展，海洋可再生資源開發利用為實現碳達峰、碳中和目標，實現能源電力綠色轉型具有重大意義。

四、粵港澳大灣區能源供應安全及規劃

（一）粵港澳大灣區能源供應安全

粵港澳大灣區位於我國能源供應的末端，所需煤炭、常規油氣等能源依賴省外調入和進口，不確定性極大。同時，面臨著較大的國際能源市場風險，容易受到國外資源短缺、運力緊張、價格波動和極端天氣帶來的影響。能源的獲得受外部因素影響較大，儲備應急能力弱。作為我國經濟體量最大、發展最為迅速的一個區域，能源安全對經濟發展的重要性不言而喻。粵港澳大灣區要想持續穩定發展，必須以穩定、安全的能源保障體系為後盾。

就目前粵港澳大灣區的能源供應情況而言，煤炭資源主要從山西、內蒙古西部、陝西煤炭基地調運，約佔煤炭消耗總量的 75%。其餘主要從澳大利亞、印度尼西亞和越南等國進口，區域內不具備煤炭自產能力。煤炭在灣區內佔比呈下降趨勢，澳門已於 2017 年實現無煤化。粵港澳大灣區的原油資源主要來源於南海油田、進口和外省調入。其中，港澳不具備原油生產和加工能力，直接從內地調運和進口國外石油產品。就天然氣資源而言，粵港澳大灣區主要依賴進口和跨地區、海上輸入，現已形成了"多源互補、就近供應"的局面。《廣東省能源發展"十三五"規劃》提出，"十三五"期間全面推進天然氣在城鎮燃氣、工業燃料、燃氣發電、交通燃料等領域的高效科學利用，大力發展城鎮

1　夏登文等.海洋能開發利用詞典[M].北京:海洋出版社, 2014.

2　王項南,麻常雷."雙碳"目標下海洋可再生能源資源開發利用[J].華電技術, 2021,43(11):91-96.

燃氣，加快推進工業燃料和交通燃油替代，鼓勵建設分布式能源系統，根據電力調峰和供熱需求進一步擴大天然氣發電規模。香港特區政府2017 年發佈的《香港氣候行動藍圖 2030+》，提出到 2030 年香港碳強度較 2005 年下降 65%-70%，將逐步用天然氣取代煤炭進行發電，提高天然氣發電所佔比例，2020 年提高至 50%，2030 年提高至 60%。由此可見，大灣區未來對天然氣的需求量還將大幅上升。未來大灣區還應當致力於開發海上天然氣，減少對進口氣源的依賴，加強供氣管道的互聯互通，建立氣價與電價的疏導機制。由於當前氣電價格不穩定，因此大灣區發展氣電應當穩步推進，不可過於激進。[1]

（二）粵港澳大灣區能源發展策略

當前粵港澳大灣區能源資源匱乏，能源自給率低，屬典型的能源輸入型地區。區域內各城市的一次能源消費中清潔能源的比重不斷增高。大灣區終端能源消費中電力佔主導地位，其中廣州和香港電力佔終端能源消費比重均超過 50%，深圳市的電力等二次能源消費佔比超過 90%。雖然大灣區產業結構整體向第三產業轉型，能源結構正逐步向清潔能源轉型，但是傳統能源仍然有很大佔比。

結合當前的現實情況，粵港澳大灣區首先應當著眼於擴大和穩定能源的供應渠道，一方面要減少對進口能源的依賴，另一方面要在灣區內自主開發、大力開發清潔能源，減少對灣區外部的能源依賴。其次，研發高效節能技術和先進能源技術，提升能源的利用效率。推廣智慧能源技術，促進能源互聯網與分布式能源技術、智能電網技術、儲能技術的深度融合，並加強對核能等清潔能源利用前沿技術的研發和示範，利用灣區人才優勢，打造灣區的能源競爭優勢。再次，要加強對能源運輸管道等的建設和維護，保證灣區能源運輸通道的順暢無阻。最後，粵港澳大灣區應當加快推進綠色電源建設，積極佈局資源循環利用等環保產

1　劉偉,歐陽波,汪棟欽,陳鵬宇.粵港澳大灣區天然氣產業發展前景及政策建議[J].國際石油經濟,2019,27(06):27-32、55.

業，重點發展智慧能源技術，構建安全、穩定、可控的能源體系。[1]

（三）粵港澳大灣區能源規劃一體化

當前世界三大灣區都加強統一的能源發展的區域規劃，部分已經形成了互聯互通的能源基礎設施和完善的電力能源市場，能源發展體制也更加完備。紐約灣區建立了紐約市能源規劃局，與州政府和其他機構集中規劃城市能源的供給和需求。此外，還建立了紐約市的能源效率機構，提高城市的能源利用效率。東京灣區重點主要集中在智慧能源建設和擴大可再生能源利用方面，減少傳統能源的消耗，擴大清潔能源的使用。舊金山灣區的特點在於清潔技術的創新，灣區內的勞倫斯實驗室是全球的清潔能源研究中心，有 225 家以上的清潔技術企業總部設在舊金山，為舊金山灣區低碳發展提供了很好的技術支持。[2]

粵港澳大灣區能源規劃正逐步向一體化進程邁進。2019 年 2 月 6 日中國能源建設集團規劃設計有限公司在廣州成立粵港澳大灣區能源規劃與科技創新中心。該中心推動了粵港澳高校、科研院所和企業的合作，充分發揮核心智庫作用，促進粵港澳大灣區能源基礎設施互聯互通、能源行業一體化發展。[3]為粵港澳大灣區能源發展與科技創新，廣東省構建能源全產業鏈大數據，粵港澳大灣區"清潔低碳、安全高效"的智慧型能源解決方案助力。2019 年 11 月 3 日粵港澳大灣區國際能源交易中心落地，該中心依託國家對能源產業及粵港澳大灣區的政策機遇，將成為亞洲首個創新型國際能源交易中心。其設立力求打造一個規範、透明、獨立、高效、市場化的國際能源交易平臺，將逐步發展成為具有全球影響力的國際綜合性交易所，進一步加快我國在國際能源交易上從參與者到引領者的角色轉變。[4]2020 年 10 月中共中央辦公廳、國務院辦

1　　余馮堅,王美.粵港澳大灣區能源科技發展方向與技術策略[J].廣東科技, 2018,27(07):78-82.

2　　同上。

3　　《規劃設計集團粵港澳大灣區能源規劃與科技創新中心在廣東院揭牌》，載中國能源建設集團廣東省電力設計研究院有限公司網站。

4　　參見新華網。

公廳印發了《深圳建設中國特色社會主義先行示範區綜合改革試點實施方案（2020-2025 年）》，內容包括支持深圳建設粵港澳大灣區大數據中心。深圳市先後建立起新能源汽車大數據平臺和粵港澳大灣區（深圳）智慧能效服務平臺。新能源大數據平臺通過建設新能源汽車數據彙聚系統、政府監管系統和公共服務系統，在深圳先行試點推進大灣區大數據＋新能源汽車示範應用範例。該平臺預計成立 5 年內形成可滿足超過120 萬輛新能源汽車、100 萬個充電樁以及與車輛數量相對應動力電池系統的數據溯源能力，為主管部門提供車輛安全監測、充電設施安全監管、電池溯源、項目管理等多種服務；為車、樁、電池企業提供各類信息服務，為全產業鏈企業提供切實有效的決策建議和支撐；為消費者提供基礎便民惠民服務，從數據端助力新能源汽車推廣應用。粵港澳大灣區（深圳）智慧能效服務平臺能夠為相關主管部門制定節能工作方案，為重點用能單位、數據中心、大型公建、公共機構和排交所納管企業能耗和碳排放數據統籌管理提供數據支撐及科學決策建議，切實提高深圳市能耗管理效率。[1]

以上近年來大灣區發生的系列事件表明，在粵港澳大灣區能源規劃一體化進程中，廣州市在促進粵港澳大灣區能源基礎設施互聯互通、能源行業一體化發展中起著核心的主導作用，深圳市在推進“大數據＋能源發展”進程中起著先驅和示範作用。借鑒世界三大灣區的先進經驗可知，未來粵港澳大灣區能源轉型的核心關鍵在於產業結構優化升級、交通領域能源結構轉型和清潔能源的推廣使用。未來粵港澳大灣區一體化低碳能源體系的建立首先要以政府為主導，在政策上推動灣區能源基礎設施的互聯互通和互相合作；其次，要依賴每個企業和個人的共同努力，提高第三產業在灣區的產業結構比例，減少生產生活中的碳排放；再次，要充分發揮和調動大灣區高校、各科研機構的積極性，推動新能

1　參見深圳國家高技術產業創新中心官網。

源的研發和利用，減輕粵港澳大灣區對傳統能源的依賴性，增強能源體系的安全性。大灣區能源轉型過程中，交通領域是重中之重，也是改革中的排頭兵。要利用珠三角汽車產業集群優勢，大力發展新能源汽車及配套設施建設，減少城市交通的碳排壓力。最後，要充分利用我國互聯網發展的優勢，推動建立能源體系與大數據結合的平臺，為政府科學決策、企業合理減排、個人綠色生活提供事實依據和方向指引，爭取在粵港澳大灣區率先實現碳達峰和碳中和的目標！

專題研究

專題一：珠江口生態環境執法機制協同研究 —— 以大灣區廣東省為重點

一、珠江口海洋生態環境執法現狀

（一）海洋生態環境執法相關概念

"執法"指的是政府機關及其執法人員基於行政管理目的，依照法定職權和法定程序，通過檢查、巡查、查驗、勘驗等手段，對特定行政相對人給予行政處罰或採取行政強制措施的活動。[1] 作為一種直接監管方式，執法可以有效遏制違法活動，是目前實現監管目的的主要手段和重要保障。依據學界的通說，海洋生態環境執法是指海洋生態環境管理機關為保護國家海洋生態環境與資源，依據海洋生態環境與資源保護的相關法規來行使國家賦予其海洋生態環境管理職權的一種專門的行政管理活動。

根據上述定義，可以將海洋生態環境執法體制理解為以海洋生態環境保護為目的，為保障海洋生態環境執法活動的順利實施而圍繞海洋生

1　孫潔.我國海上執法監督探析[J].行政與法, 2019(12):92-98.

態環境執法職權分配、海洋生態環境執法機構設置以及海洋生態環境執法監督體系設計所形成的有關海洋生態環境執法機構的組織制度體系。[1]

(二) 國家海洋生態環境執法機制

作為海洋環境管理活動之一，海洋生態環境執法既是海洋生態環境管理機關執行海洋生態環境法規的活動，更是海洋生態環境管理機關行使海洋生態環境管理權的直接體現。因而，一國海洋生態環境管理權限的分配模式也會直接影響該國海洋生態環境執法體制的建立。據此，要分析一國的海洋生態環境執法體制，首先應瞭解該國的海洋生態環境管理模式。依據《中華人民共和國海洋環境保護法》第五條[2]的規定，中國採取的是分散型海洋管理模式。[3]依據此種模式，中國把海洋生態環境管理權按行業、分層級地分配給多個部門行使。中國現行的這種海洋生態環境管理模式是中國分部門管理模式由陸地向海域自然延伸的結果，但由於此種管理模式只注重行政區劃和各自部門的需要，卻忽略了海水的流動性以及海洋環境的整體性，致使這種在陸地上運作良好的環境管理模式無法適應中國的海洋環境生態管理要求。[4]而我國海洋生態環境執法職能的劃分與海洋生態執法機構的設置都受這種分散型海洋生態環境管理模式的影響。

1　王超鋒.中國海洋環境執法體制的弊端與重構[J].中國石油大學學報(社會科學版), 2013,29(01): 54-58.

2　《海洋環境保護法》第五條：國務院環境保護行政主管部門作為對全國環境保護工作統一監督管理的部門，對全國海洋環境保護工作實施指導、協調和監督，並負責全國防治陸源污染物和海岸工程建設項目對海洋污染損害的環境保護工作。國家海洋行政主管部門負責海洋環境的監督管理，組織海洋環境的調查、監測、監視、評價和科學研究，負責全國防治海洋工程建設項目和海洋傾倒廢棄物對海洋污染損害的環境保護工作。國家海事行政主管部門負責所轄港區水域內非軍事船舶和港區水域外非漁業、非軍事船舶污染海洋環境的監督管理，並負責污染事故的調查處理；對在中華人民共和國管轄海域航行、停泊和作業的外國籍船舶造成的污染事故登輪檢查處理。船舶污染事故給漁業造成損害的，應當吸收漁業行政主管部門參與調查處理。國家漁業行政主管部門負責漁港水域內非軍事船舶和漁港水域外漁業船舶污染海洋環境的監督管理，負責保護漁業水域生態環境工作，並調查處理前款規定的污染事故以外的漁業污染事故。軍隊環境保護部門負責軍事船舶污染海洋環境的監督管理及污染事故的調查處理。沿海縣級以上地方人民政府行使海洋環境監督管理權的部門的職責，由省、自治區、直轄市人民政府根據本法及國務院有關規定確定。

3　中國社會科學院語言研究所詞典編輯室.現代漢語詞典[M].北京:商務印書館, 2012:1281.

4　呂建華.論我國海洋區域執法的協調機制建構[J].中國海洋大學學報(社會科學版), 2011(05): 42-46.

從 1998 年開始，我國海洋生態環境執法機制經歷了三次重大調整。

第一次是 1998 年的政府機構改革，形成了我國海上執法的五支隊伍。在中央層面，有中國海監（隸屬於國家海洋局）、邊防海警（隸屬於公安部）、中國漁政（隸屬於農業部）、海上緝私警察（隸屬于中國海關）、中國海事局（隸屬於交通部）。這五支隊伍根據自己的專業分工，共同履行海上執法責任。這種執法體制自形成以來就存在權責不清的弊端。[1]

為了解決上述弊端，2013 年的國家機構改革"將國家海洋局及其中國海監、公安部邊防海警、農業部中國漁政、海關總署海上緝私警察的隊伍和職責整合，重新組建國家海洋局，由國土資源部管理。"新組建的國家海洋局以中國海警局名義開展海上執法，並接受公安部業務指導。由此，在中央層面形成了中國海警局和中國海事局兩支執法隊伍。但地方上的執法隊伍並沒有進行調整，依然是海監、漁政和海事三支隊伍。在海洋生態環境執法權限層面，主要由國家海洋局、國家海事局以及國家漁業局三個部門享有。為行使海洋生態環境執法權，上述部門又分別組建了中國海監、中國海事以及中國漁政三支執法隊伍負責具體的海洋生態環境執法任務。此外，中國地方政府也相應成立了各自的海洋環境執法機構。可見，當時中國海洋生態環境執法主體眾多、力量分散。除此問題外，中國海洋生態環境執法體制在執法職能分配、執法機構設置以及執法監督體系建設方面還存在其他弊端。

2018 年的新一輪國家機構改革把原中國海警局的海警隊伍全部轉隸武警總部，履行海洋生態環境保護執法任務，把原國家海洋局海洋管理的職能劃歸自然資源部，國家海洋管理的職能劃歸各專業的部委，分別歸於自然資源部、農業農村部、海關總署等，海警部隊海洋執法的職能則集中于武警總部，原來國家海洋局的海洋管理與執法不分的問題

1　孫潔.我國海上執法監督探析[J].行政與法, 2019,000(012):92-98.

得以解決。2018年改革之後，中央層面依然有中國海警和中國海事兩支執法隊伍。國家機構改革的指導原則是地方上也要實行綜合執法，因此，從2018年開始，地方上的海上執法隊伍開始整合，但進程相對緩慢。目前，我國的海上執法隊伍主要有中國海警、中國海事、地方海洋綜合執法隊伍。

（三）大灣區廣東省海洋生態環境執法現狀

1. 廣東省海洋生態環境執法現狀

廣東省的海洋管理機構有廣東省海洋與漁業廳、廣東省漁政總隊。由於海洋管理工作涉及沿海的各個鄉鎮、村落和沿海漁民，涉及沿海的每個企業、每一片海域，工作範圍廣、任務重。沿海地級以上市、沿海各縣（區）設立與省保持一致的專門海洋機構，加強海域海島基層執法力量，海洋開發重點鄉（鎮）設立海洋管理所作為縣（區）派出機構，建立海洋協管員制度，確保海洋政策貫徹落實和海洋管理政令暢通。

海洋執法是現代海洋管理的重要手段和工具，是維護海洋權益和實施海洋綜合管理的重要保障，也是海洋綜合管理能力的重要體現。近年來，廣東加強了海洋與漁業綜合執法體制改革，初步形成了"海漁合一"的海洋漁業綜合執法體系，有效保障了海洋經濟健康發展。早在2001年，廣東率先在全國實行海洋與漁業隊伍統一綜合執法改革，將原廣東省海監漁政檢查總隊、廣東省漁船漁港監督管理總隊和中華人民共和國廣東漁業船舶檢驗局三支執法隊伍合併組建為"廣東省漁政總隊"。

根據《廣東省人民政府關於開展海洋綜合執法工作的公告》，整合涉海地區海洋監察、海島管理、漁政管理、漁港監督、漁船監督檢驗、海洋環境保護等執法職能，由縣級以上海洋綜合執法機構依法在其管轄海域集中行使行政處罰權以及與行政處罰相關的行政檢查權、行政強制權。上述行政執法權由海洋綜合執法機構集中行使後，各級農業農村、生態環境、自然資源等部門不得再行使；仍然行使的，作出的行政執法決定一律無效。

省級的海洋綜合執法機構為隸屬於農業農村廳的海監總隊。由於是三套牌子一隊人馬，海監總隊同時還是漁政總隊和船檢總隊。海洋綜合執法機構實行垂直管理，海監總隊負責監督、指揮各市的海監支隊；海監支隊負責監督、指揮各區、縣的海監大隊。目前，生態環境廳和自然資源廳有陸上的綜合執法隊伍，但沒有海上執法隊伍。海上執法事務必須與海監總隊進行協調、溝通。具體違法行為由海監隊伍負責認定和處罰，生態環境廳和自然資源廳僅負責提供執法線索、建議以及監督執法。

廣東省涉海機構設置和職權分配見表 1（頁 266-268）。

在實地調研的基礎上，本報告重點選取大灣區廣東省中的廣州、深圳以及惠州三個城市介紹其海洋生態執法現狀。

2. 廣州市海洋生態環境執法現狀

廣州市涉海機構改革與省級機構改革基本一致。南沙區是廣州市唯一的靠海區域。在廣東省實施海洋綜合執法之前，根據《廣東省人民政府關於在廣州市南沙區等地開展綜合行政執法工作的公告》，海洋管理領域法律、法規、規章規定的行政處罰權由南沙綜合行政執法局統一行使。海洋綜合執法實施後，南沙綜合行政執法局不再行使涉海職權。

具體機構設置和職權分配見表 2（頁 269-270）。

從廣州市涉海機構改革情況來看，存在以下具體問題。

第一，缺乏專門性海洋治理統帥機構，海洋管理職權分散，海洋相關治理能力遭到削弱，尤其在海洋監測方面。原廣州市海洋與漁業局下屬海洋與漁業監測中心可以統一監測海洋環境。機構改革後，監測中心的牌子不再保留，中心的人員和儀器被拆分到生態環境局和自然資源局，整體海洋監測能力被削弱。尤其是生態環境局原本不具備海洋環境監測能力，分配到的人員和設備不足以承接海洋環境監測工作。

第二，在海洋管理機構的協調上，生態環境局和自然資源局重分工輕協調，存在管理真空地帶。在海洋環境保護職責劃分方面，生態環境局負責海域和陸地水域的水環境治理，自然資源局負責海岸線、海島的生態修復以及紅樹林、海岸帶的保護。自然資源局的生態修復不直接針對海洋，海洋生態修復由中央自然資源部的海洋生態修復司統一規劃、實施。因此，自然資源局的生態修復主要在海岸帶和海島，生態環境局的治理對象主要為近岸海域和流域污染，兩部門認為尚未出現需要部門協調的事項。然而，在海漂垃圾的清理上卻存在職責劃分不清的情況。儘管廣州市南沙區的城管執法大隊會負責近岸的海漂垃圾清理，但管轄範圍有限。由於原海洋與漁業局不負有處理海漂垃圾的職責，現生態環境局沒有海洋執法隊伍，不具備處理海漂垃圾的能力，而海洋綜合執法機構負責實施行政處罰，對海漂垃圾清理不直接負責，部分區域的海漂垃圾長期無人管理。

第三，執法權劃歸綜合執法機構加大涉海部門海洋環境保護和海洋資源監管工作的難度。由於海監執法隊伍隸屬於農業農村部，和生態環境局、自然資源局沒有隸屬關係，生態環境局、自然資源局無法介入執法，從而喪失了對涉海案件的處理能力。此外，對於生態環境局、自然資源局如何監督海監執法，尚缺乏明確規定，使得涉海部門無法確保海洋環境保護和資源管理成效。但在績效考核方面，海洋執法仍是涉海部門考核的重要指標，考核標準與執法現狀脫節，使涉海部門無所適從。廣州市尚未建立生態環境局、自然資源局和海監執法隊伍的協調配合機制，涉海部門開展海洋環境保護和資源管理工作困難重重。

第四，在陸海統籌事務上，近海水質標準設置不合理。近岸海域水質標準過嚴致使近岸海域水質無法達標，近岸海水治理任務過重。依據國家設置的近岸海水水質標準，近岸海水必須達到地表二類水標準。但事實上，二類水屬集中式生活飲用水，對水中含氮量有嚴格限制，而海水不可能達到可飲用水的要求。導致沿海城市近岸海水治理無法達標，近岸海域治理動力不足。建議修改近岸海域水質國家標準，並且注重地表水水質標準和近岸海域水質標準的合理銜接。

3. 深圳市海洋生態環境執法現狀

深圳市涉海機構改革有以下要點：

第一，涉海機構職責"兩分"。機構改革後，大鵬區的主要涉海機構為市規劃和自然資源局大鵬管理局（以下簡稱"大鵬自然資源管理分局"）以及市生態環境局大鵬管理局（以下簡稱"大鵬生態環境管理分局"）。根據《深圳市機構改革方案》，深圳市組建市規劃和自然資源局，加掛市海洋漁業局、市林業局牌子。規劃和自然資源局吸收了原市海洋局在海洋資源管理、海洋生態修復、水產養殖許可和監管等方面的職能。大鵬自然資源管理分局屬市規劃和自然資源局的派出機構，市局對大鵬自然資源管理分局實行垂直管理；深圳市組建的生態環境局則整合了原市海洋局在海洋環境保護方面的職能，負責海洋污染防治，海岸、海洋建設項目環評，入海排污口設置等工作。市生態環境局對大鵬生態環境分局同樣實行垂直管理。

深圳市和大鵬區涉海機構職權配置見表3（頁271-276）。

第二，大鵬區的海洋綜合執法機構歸口到深圳市規劃和自然資源局。由於深圳市沒有設立農業農村局，漁業管理和海監執法統一由市規劃和自然資源局負責。大鵬區的海洋綜合執法由市規劃與自然資源局下的深圳海洋綜合執法支隊實施。區生態環境管理分局、區規劃和自然資源管理分局與海洋綜合執法支隊平級，兩分局不直接涉及海上執法事項。具體違法行為由海監隊伍負責認定和處罰，區生態環境管理局和區自然資源管理局僅負責提供執法線索。

第三，生態資源環境綜合執法局執法力量削弱，入海排污口監管執法能力不足。機構改革前，深圳大鵬區設有生態資源環境綜合執法局，統一執行生態環保、規劃土地、水務、林業、海洋漁業等領域行政執法方面的法律法規和方針政策。機構改革後，綜合執法局的漁政（海監）執法隊伍被劃歸到市自然資源局，部分執法人員又被調配到城管和水務局，資源環境綜合執法局執法人數減少，執法能力遭到削弱。這使得綜合執法局尚不具備監管入海排污口的能力。但與此同時，與會的生態環境管理分局執法監督科科員認為，從長遠來看，大鵬區資源生態環境綜合執法範圍縮減，有利於提高生態環境和自然資源執法的專業化程度。

4. 惠州市海洋生態環境執法現狀

除大亞灣區外，惠州市涉海機構改革工作基本完成。惠州市大亞灣區屬國家級開發區，需要省和市對該區的機構改革進行特殊安排。目前國家級開發區的機構改革方案尚未出臺，惠州市大亞灣區的機構改革工作未正式開展。

惠州市一級的涉海機構職能三分，改革情況與廣州市類似。由於涉海區域較大，惠州市的生態環境局設立了海洋生態環境科，以專門管理海洋環境。

惠州市涉海機構設置和職權分配見表 4（頁 277-280）。

在海洋綜合執法方面，大亞灣機構改革尚未開展，海監執法隊伍仍隸屬於大亞灣海洋與漁業局。

惠州市在海洋生態環境執法中遇到的問題如下。

第一，港區船舶垃圾排海的執法監管難以進行。在港灣城市，港區海域是污染最嚴重的區域。船舶載有石化類、原油類化學物質，洩露風險高，對海洋環境和海水生物危害性大。尤其是對船舶壓艙水的收集缺乏立法規制，壓艙水造成海水污染的情況比較嚴重。但是，船舶偷排壓艙，海洋局和海事局都難以執法，原因有二。一是海洋局沒有船舶偷排的發現手段。除非偷排物質造成重大影響，否則執法人員無法察覺。二是海事局缺乏相關技術手段。依據《海洋傾廢管理條例》海事局擁有執法權限。與海洋局相比，海事執行港口船舶偷排壓艙水的執法任務更具可行性。但是，由於海事局不具備相應的檢測鑒定手段，在證據不足的情況下難以立案處罰。迄今為止，大亞灣發現的船舶垃圾排海案件只有一宗。

第二，基層海洋執法能力不足，執法壓力大，任務重。海上執法對技術和專業性要求非常高，但是國家沿海執法力量不足以支撐，因此主要的海洋執法任務還是由地方海監承擔。然而在人員編製設置、資金劃撥、執法裝備配備上，又出現倒金字塔的狀態。執法下沉到基層，基層執法的人力、財力、技術卻沒有跟上。大亞灣的海監執法隊員中，在崗共 47 個。其中購買服務的有 20 多個，有編製的 25 個，而有證的海監只有 17 個。相對的是，海監管轄海域有 1300 平方公里，而惠州海域總共就 4000 多平方公里。

第三，海洋環境立法滯後，省和市立法又對海洋環境保護法細化不足，規定過於原則，落實到基層難執行。海洋局的綜合執法主要適用《海洋環境保護法》《漁業法》《海島法》等國家立法，極少適用地方立法。這是因為涉及海洋資源和海洋環境的罰款金額較大，適用法律層級較低的立法容易增加問責風險。再者，廣東省的環保條例規定過於嚴苛，要求在自然保護區，核心區禁止一切開發利用活動。但是，核心區的劃定不夠科學，有歷史遺留問題。比如，核心區劃在有居民的島嶼。保護區劃定一刀切，海洋，森林，草原都按照陸地保護區的劃分標準來劃定，沒有針對不同環境要素來分類。

第四，海警執法的權責不對等。這將在下文詳述。

二、珠江口生態環境執法協同困境

（一）海警機構調整帶來的執法權行使問題

根據 2018 年《全國人民代表大會常務委員會關於中國海警局行使海上維權執法職權的決定》（以下稱《決定》），中國海警行使海上維權執法職責，包括海洋生態環境保護執法任務。然而，目前除這一概括性授權外，海警行使海洋環境保護執法並無其他依據，具體執法活動面臨諸多問題。[1]

---

1   王傑,連勇超,張咪妮.我國海上執法機構歸屬問題研究[J].中國軟科學,2015(09):8-14.

第一，根據學者統計，規定行政主體涉海執法權限的法律共計 24 部，每一部法律的制定和修改都需由全國人大常委會按照立法、修法程序進行。相較而言，決定的出臺則依照不同程序。因此，通過《決定》對上述法律執法主體直接進行變更的做法，值得商榷。比較國外立法，設立集中式綜合執法隊伍的國家也多通過法律針對具體監管事項明確進行授權。[1]

第二，這種概括性的授權帶來了對其一系列執法活動合法性、公正性的質疑。行政執法活動需有明確的權限，包括執法依據、執法程序、行政強制手段的使用及限度、陳述申辯權利的行使、自由裁量權的使用等。[2]特別是在當前推行行政執法公示制度、執法全過程記錄制度、重大執法決定法制審核制度改革的情形下，更加需要保證執法環節的合法性和公正性。但目前《決定》僅概括性地規定海警行使行政機關執法職權，很難在機制上保證對執法權力的監督。特別是海警機關同時可以行使公安機關相關查封、扣押和限制人身自由的權限，如何保證海警在執行其他執法事項時不超過授權直接運用其警察權力，也是一個問題。[3]另一方面，行政機關對於其不履職的行為，在事實上很難進行監督。

第三，海警行使行政機關執法權限有一定的現實困難，需要在規則上進一步明確。例如，其行使執法權是授權執法還是委託執法？海警作為重要執法機構，國務院、部委制定涉及海上執法的行政法規、規章時，是否需要吸納海警參與制定過程，是否需要採納或在何種情況下不採納其意見？對於一些主要由地方行政機關決定的執法事宜，如對罰沒物的處置，海警依何規定執行？行政覆議、行政訴訟的對象和管轄如何確定？對於應當吊銷相關證照的執法活動，海警機構是否及如何提請相關行政機關吊銷證照，部門之間如何銜接？以上問題均未得到解答。

1　韓依潼,賈世娜.半集中式海洋執法模式在我國海洋執法領域的適用性[J].水運管理, 2017,39(07): 23-26.

2　胡錦光.行政法與行政訴訟法(第四版) [M].北京:中國人民大學出版社, 2018.

3　胡建淼.行政強制法論：基於《中華人民共和國行政強制法》[M].北京:法律出版社, 2014.

第四，儘管海警劃入武警部隊，但從《決定》的授權範圍看，其與武警部隊在執行任務上差別較大，海警權力行使不僅限於安全保衛、秩序維護、搶險救災等，而且是深度參與行政監管。因此，如《海警法》參照《人民武裝警察法》制定，恐怕其從事執法活動的法律供給會嚴重不足。另外，《海警法》的制定同時，其他相關涉海法律必然要對其執法職權也相應進行修改、明確，保證相關內容之間不存在衝突和相互抵觸。

第五，海警執法的權責不對等。國家海警轉隸後從行政執法機構轉變成軍隊，實行軍事化的垂直管理。這對行政執法來說劣勢明顯，因為海警執法只能依靠軍隊內部監督，缺乏其他力量制衡。在早期，地方上還有邊防，公安部的監察部門可以制約海警，對海警執法的標準和要求與普通警察一樣。但是轉隸到軍委以後，對被處罰相對人的救濟，對海警的監督方式都有重大改變。由於海警的軍隊身份，媒體不再會通報相關執法信息，輿論監督也不再有效。海警權責不對等，擁有執法權力但無需承擔相應的責任。地方海監和海警的執法分工不明，地方海監有代替海警承擔責任的風險。儘管海警通常是在海監執法力量難以達到的海域執法，如領海基線，專屬經濟區等。但海警仍然有介入沿海執法的權力，如果海警介入沿海執法出現問題，地方海監卻難辭其咎。

（二）地方執法隊伍整合後海洋生態環境執法職能的不確定

隨著《近岸海域污染防治方案》《廣東省人民政府關於開展海洋綜合執法工作的公告》等重要文件的出臺，以及中央生態環境保護督察的持續推進，地方政府作為實現環境保護責任目標的責任主體，在入海河流治理、重點區域或海域環境治理、沿海灘塗或岸線管控、入海排污口監管、涉海工程監管等方面的監管任務不斷加重。這些任務的實現不可能僅僅依靠陸域執法。可以預見，地方海洋執法隊伍在近岸海域執法中將扮演更加重要的角色。

然而，隨著海洋資源管理、漁船漁港管理和海洋環境保護在行政管理職能上的分離,執法隊伍產生巨大變化,海洋環境保護執法職能存在不確定性和不穩定性。雖然廣東省已經成立了海上綜合執法隊伍,即廣東省海洋綜合執法總隊,廣東省政府授權其進行海洋環境保護、漁船漁港和海洋監察集中執法。[1]但廣東省內部地市級機構改革尚未完成,已經可以看到存在多種不同整合形式:如廣州市、深圳市與廣東省涉海機構改革步調基本保持一致,均成立了地方海洋綜合執法隊伍,但是惠州市大亞灣機構改革尚未開展,海監執法隊伍仍隸屬於大亞灣海洋與漁業局,即由大亞灣海洋與漁業局下設執法隊承擔綜合執法任務。

從整體上看,儘管各有不同,但未來海洋環境保護執法很可能呈現出海上綜合執法和委託執法兩種主要的執法方式。而從現實情況看,目前廣東省生態環境部門尚未明確進行委託執法,委託權限、委託事項範圍和內容等都不確定,造成地方海上環境執法存在一定真空,部分違法活動海監查處執法權限不足,一些專項執法行動未能很好地開展。如惠州市船舶垃圾排海的執法監管難以進行,原因一是海洋局沒有船舶偷排的發現手段,二是海事局缺乏相關技術手段。

(三)陸域與海域執法不銜接

海洋生態環境執法包括陸域執法和海域執法。目前執法的一個關鍵問題涉及陸上與海上執法力量的銜接。由於海上執法的特殊性,對裝備和人員的要求極高。從陸上來說,目前生態環境綜合執法改革正在進行中。根據《關於深化生態環境保護綜合行政執法改革的指導意見》,生態環境執法形成省、市、縣三級執法層級,省級主要負責監督指導、重大案件查處和跨區域執法的組織協調工作,原則上不設執法隊伍。市縣具體承擔執法事項,縣級執法隊伍在整合相關部門人員後,隨同級生態環境部門上收到設區的市,由設區的市生態環境局統一管理、統一指揮。縣級生態環境分局一般實行"局隊合一"體制。

---

[1] 見《廣東省機構改革方案》《廣東省關於市縣機構改革的總體意見》《廣東省人民政府關於開展海洋綜合執法工作的公告》。

從海上來說，中國海警與中國海事是中央層面我國海上執法的兩支主要力量。而在廣東省層面，雖然已經目前廣東省已經成立一支海上綜合執法隊伍，即廣東省海洋綜合執法總隊，廣東省政府授權其進行海洋環境保護、漁船漁港和海洋監察集中執法。[1] 然而，執法隊伍與行政主管部門之間的關係未理順，執法內容仍以行業管理權限為界，涉海執法權高度分散在各個行業執法機構之間。[2] 相對來說，生態環境部門在傳統上並無專門海上執法隊伍，當前執法力量顯得極為單薄。因此，通過加強海陸執法隊伍之間的協調銜接，建構完整有效的海洋執法隊伍仍是主要趨勢。

珠江口是江河入海的河口，所以內河入海口及其周圍地區是從陸地到海洋、從淡水到咸水的過度地帶。[3] 現今較統一的觀點是，內河入海口是河流的組成部分但又具有區別於河流的特點。首先，內河入海口是河流通向大海的必經之路，對河道通航的功能發揮著重要的作用；其次，內河入海口的水質較為特殊，是許多海洋生物的棲息地。

而當前陸域、流域、海域統籌的空間格局要求生態環境執法必須超越區域、層級的限制，將執法權運行從 "點" 向 "線" "面" 拓展。隨著海洋經濟的快速發展，漁業養殖、港口作業、涉海工程、船舶排污、大規模海岸開發、沿海產業佈局重型化等因素使海洋環境污染和生態破壞呈現出擴大化、多元化的趨勢，陸源和流域污染成為海洋生態環境損害加劇和風險陡增的主因。如果無法在法律機制上將這種空間關係予以吸納調整，以生態環境整體性作為前提來構建彰顯 "陸海統籌、以海定陸" 理念的海洋綜合管理體制機制，就無法從根本上解決海洋生態環境損害問題。這一治理目標要求準確把握陸域、海域、流域生態環境治理的整體性、系統性、聯動性和協同性特徵，建立陸海執法的統一協調體

---

1 見《廣東省機構改革方案》《廣東省關於市縣機構改革的總體意見》《廣東省人民政府關於開展海洋綜合執法工作的公告》。

2 董加偉.中國海洋執法體制重構路徑探析[J].公安海警學院學報, 2018,17(01):8-16.

3 李勇勝.江河入海口界定探討[J].水利科技, 2007(04):19-21.

系，完善海域與陸域、流域的執法協調聯動機制，實現執法目標、執法組織、執法行動全鏈條的有效銜接。

然而，目前生態環境綜合執法與海上執法之間的銜接協調機制仍顯不足，相互之間銜接並不順暢。部分陸域違法活動會延伸到海上，而大多數海上違法活動會落腳於陸地，有效的執法行動不應局限於海上或陸地。這種執法銜接不足將造成在具體執法工作中各自為政、分割執行，不利於執法目的的實現。這方面的一個典型例子是違法采海砂活動。在地方上，以海事、海警和地方海上執法部門為主的海上聯合執法，在執法效果上往往不如住房和城鄉建設、市場監督管理、生態環境、海事、海警和地方海上執法多部門參與的全鏈條聯合執法。[1] 後者可以深入海砂運輸、市場銷售和建築使用環節，進行前後端的聯動追蹤。

以惠州市陸源污染控制實施情況為例，一方面，入海排污口監管缺乏長效機制。海洋環保督察之後，惠州市由市牽頭，對整個岸線的排海口進行了 4 次摸排，形成了詳細的排海口清單。此外，確立了定期巡查機制，巡查調整清單後，開展部分排海口的季度性監測，每年保證至少一次全部排口的監測。如果發現排海口超標，就會以月報的形式報給管委會的要領導。並且同時通報到各部門，借助海洋督查的契機，運用強制性的 "督辦督察 + 管委會領導開會" 的做法，將整治排污口的任務派發到相應部門。例如，安排工業由環保局管，城鎮污水由住建和公用部門管，而不屬市政污水口的小管道靠街道辦整治。但是街道辦缺乏有效的整治辦法。大灣區海洋局會做好每個季度的監測，然後定期反饋，如果發現違法情況，就聯合相關部門一同到現場商討整治辦法。此外，排污口的備案問題上，目前全省少有城市能夠真正實行備案。並且，根據現有制度，沒有入海排污口的審批要求。所以，對工業企業排污監管，或是要求排污口備案，或者將排海口設置放到排污許可證的列表裡。

---

1 參見江蘇省《關於建立治理違規海砂聯動工作機制的實施意見》。

另一方面，在排污超標的認定標準上，海洋局內部有爭議，廣東省也缺乏明確規定。因此海洋局只能採取一刀切的做法。相關標準有三個：一是是海水質量標準，二是地表水環境質量標準，三是廣東省的污水綜合排放標準。污水綜合排放標準顯然不適用，它只適用於合法審批的排污口。而對於其他未經審批的排污口，最多只能當排澇洩洪口看待。對待排澇洩洪口，海洋局採用地表水標準。目前暫時使用地表水五類的標準來管理這些沒有正常手續的排污口。

（四）海洋生態環境執法權存在職責交叉問題

當前海洋生態環境執法權主要存在以下職責交叉問題：

一方面，生態環境保護綜合執法隊伍與中國海警局在近海領域的執法權配置有待進一步梳理。根據《關於深化生態環境保護綜合行政執法改革的指導意見》規定，大力推進生態環境保護綜合執法隊伍建設以整合生態環境、農業農村、自然資源、水利、海洋等部門的執法職責，是當前落實地方主體責任、推進生態環境保護執法改革的關鍵步驟。同時，2019 年 6 月全國人大常委會授權中國海警局履行海洋生態環境保護和海洋漁業管理的執法任務，行使法律規定的有關行政機關相應執法職權，並要求中國海警局與有關行政機關建立執法協作機制。由此來看，地方生態環境綜合執法隊伍與中國海警局在近海區域生態環境執法中發生了職責交叉。

另一方面，地方海洋執法部門的整合工作還沒有完成，執法機構配置過多、權責不清、協調統籌困難等問題依然懸而未解。比如，現行法律法規僅對漁業船舶污染海洋環境進行監督管理，對漁業養殖導致的海洋生態環境破壞的監管職責未規定，責任主體不明導致監管缺位或交叉。又如，由於《水法》《水污染防治法》缺少入海排污口監管的職責規定，《海洋環境保護法》對入海排污口備案也沒有設定排放濃度、總量的監管要求，加上生態環境部門掌握信息不足，導致對工業直排、城鎮污水處理直排、工業集聚區污水集中處理直排等陸源污染的監管處於交叉且無力的狀態。如廣州市就存在生態環境局和自然資源局二者重分工輕協調導致海飄垃圾的清理存在管理真空地帶。這表明，現存的地方海洋監察機構急需生態環境部門等相關部門授權或委託，才能避免既成執法格局與改革後監管執法體制出現目標錯位的風險。

由此可見，涉海執法力量的職責交叉仍然是困擾海洋生態環境執法體系的關鍵問題。在執法事項的交叉領域、執法管轄的邊界區域、執法對象的盲區難免會形成爭利推責的鎖定效應。這不僅會造成執法衝突，更會損害法治的權威和政府的公信力。再者，隨著區域治理一體化的深入，陸域、海域和流域的生態環境問題呈現出更強的整體性和關聯性，如果缺少體系化的執法權配置方案，就會大大降低生態環境治理的整體水平，形成執法認知、執法能力、執法體系與治理目標的失衡。[1]

三、域外經驗

（一）世界主要航運大國海洋執法模式特點

目前，全球共有 153 個沿海國家，這些沿海國家的海洋執法模式都不盡相同。根據海上執法力量是否集中以及集中的程度，可將這 153 個沿海國家的海洋執法模式粗略分為三種：

第一種是集中式海上執法，即由單獨的海洋執法隊伍實施集中統一的海上執法。該模式又可分為行政部門專門執法和軍隊執法兩種類型。

第二種是半集中式海上執法，即未建立統一的海洋職能管理部門，一般有兩支主要的海洋執法隊伍。

第三種是分散式海上執法，即海洋管理執法權分散在政府各行業管理部門中，未有統一的規劃和政策。

從全球範圍來看，集中式執法模式已經成為海洋執法的主流模式，但這並不意味著每一個國家都適用這種執法模式。梳理和分析世界主要

---

1   杜輝,何珠琪.陸海統籌空間格局下海洋生態環境執法的優化[J].環境與可持續發展, 2020, 45(04):106-110.

航運大國的海洋執法模式，其特徵總結如下。

其一，並非所有的航運大國都採用集中式執法模式。英國作為傳統的航運大國，採用的便是半集中式執法模式。簡單的機構整合並不是解決問題的關鍵，如何根據實際情況設計管理體制和制定管理機制才是海洋執法活動順暢進行的關鍵所在。

其二，海上行政執法力量的行政歸屬是採取集中式海上執法模式的國家應重點考慮的問題，其原因在於採用半集中式或分散式海上執法模式的國家可以通過調整相關執法資源而實現不同的執法側重點。[1]

（二）發達國家海洋執法模式

1. 美國

美國是實行海上事務綜合管理模式的典型國家之一，其海洋綜合執法機構是美國海岸警衛隊。美國海岸警衛隊的發展經歷了三個階段。

組建階段（1789-1915 年）。1789 年 8 月 7 日，美國燈塔局的建立，是美國海岸警衛隊歷史的開端。從此時一直到 1915 年 1 月 28 日救生局、緝私巡邏局合併組成海岸警衛隊，這一時期是海岸警衛隊各分支機構分別組建和初步發展階段。

發展階段（1915-1946 年）。從 1915 年海岸警衛隊組建到 1946 年海岸警衛隊從海軍部劃歸到財政部領導是其發展壯大階段。這一階段，經過兩次世界大戰，燈塔局、航海和輪船檢 局相繼劃歸海岸警衛隊，海岸警衛隊的組織機構、部隊規模、權利、任務和職責進一步擴大、增加。

調整階段（1946 年至今）。這一階段，海岸警衛隊的隸屬關係經歷了從海軍部到財政部，從財政部到運輸部，從運輸部到國土安全部（2003 年強化國土守備）的幾次大的變動。這一時期，其組織機構、任務和職責不斷完善，對美國社會的發展與穩定發揮了重要作用。克伸

1　韓依潼,賈世娜.半集中式海洋執法模式在我國海洋執法領域的適用性[J].水運管理, 2017,39(07): 23-26.

美國海岸警衛隊職能十分廣泛，具體包括海上交通安全維護、國土防禦、海上治安維護、海上搜救與安全、海洋自然資源和環境的保護等方面。在保障海事安全方面，主要職責是保證海上運輸的安全，確保船舶處於技術良好狀態，為船舶和船員提供相應服務，開展海上搜救、海事調；在維持海上治安方面，主要職責是進行海上綜合執法，包括打擊走私和偷渡，必要時實施拘留權和逮捕權；在海上經濟管理方面，主要職責是海洋資源保護和漁業執法，管理涉海經濟活動等。

美國海岸警衛隊廣闊的海域管轄範圍與先進的海事管理能力離不開其充分的履職保障。

1. 法律保障。美國海岸警衛隊執法的主要依據是《海岸警衛隊法》，其中對美國海岸警衛隊的架構、指揮領導權、職責、任務、軍銜制等方面做出了詳細規－定。此外，《海岸警衛隊法》通過法律授權的方式賦予海岸警衛隊行政強制權，海岸警衛隊有權在海上對可以的船隻和人員實施登臨檢查，並實施抓捕，甚至可以對美國海軍的艦艇進行檢查，其執法權具有相當大的獨立性。

2. 人員保障。根據《海岸警衛隊法》，美國海岸警衛隊人員由現役軍人、文職人員、後備役人員和志願輔助人員組成。

3. 裝備保障。美國海岸警衛隊裝備不僅在世界類似海岸警衛或海事機構中是最強大的，其規模甚至超過了大多數國家的正規海軍。

4. 機制保障。美國海岸警衛隊與其他涉海部門的職能分工比較明確、較少交叉，且有良好的協作機制。美國運輸部是海岸警衛隊原上屬機構，運輸部下設的海事管理局的主要任務是負責促進美國海運產業的發展，目前海岸警衛隊與運輸部在業務、組織機構、人員等方面保持著長期合作機制。美國農業部及內政部下設的海洋能源管理局主要負責美國海洋資源及漁業資源的開發與管理，與海岸警衛隊保持密切合作，並由海岸警衛隊為其提供相關執法管理等支撐工作。美國海岸警衛隊與美國海軍在保衛美國海上安全方面具有廣泛的兼容性和整體的互動性，海岸警衛隊主要負責海上低危險環境，應對淺水緊急事件和小規模突發事件任務。美國海軍負責管理所有與美國海上軍事行動有關的事務。海岸警衛隊在和平時期受國土安全部管轄，戰時則根據需要可由美國總統或國會下令移交海軍部指揮。

2. 日本

日本海上執法機構為日本海上保安廳。日本海上保安廳成立於二戰後的 20 世紀 40 年代末，其成立的初衷是為了遏制日本國內日益猖獗的走私、偷渡等涉海違法行為。隨著日本經濟的崛起和時代的發展，日本海上保安廳逐漸將其職責涵蓋了海上治安、海事管理、海上搜救、漁業管理和防止污染等方面。

從職責上來看，日本海上保安廳的職責主要有：

海上治安管理。負責維護海上主權和海岸警備，打擊海上走私、偷渡等犯罪行為；

海上交通安全管理。負責海上事故調查，海上搜尋救助，船舶航行監管，涉海工程監管，提供海洋測繪和氣象服務等；

海洋環境保護。負責保護海洋生態環境，並對海洋污染進行監視。

3. 韓國

韓國早前也採用集中式海洋執法模式，其海洋執法工作主要由大韓民國海洋警察廳負責，與公共安全警察和消防警察共同構成韓國三大警察力量。海上安全、海域和島礁爭議、漁業紛爭等為海洋警察廳重點關注方向。2014 年 11 月 19 日，韓國海洋警察廳正式解散，其海洋執法職能移交至韓國警察廳及國家安全處，這標誌著韓國海洋執法模式由集中式執法模式變為半集中式執法模式。韓國海洋執法模式的轉變說明，各海洋執法模式之間並不存在本質的優劣之分，建立運行順暢、管理高效的海洋管理體制才是提高海洋管理執法水平的關鍵所在，簡單的機構整合或機構解散並不是解決問題的核心所在。[1]

4. 英國

英國最早採用的是分散式海洋執法模式，在 2010 年以前，英國海上執法體制類似於我國的"五龍治海"，涉及部門多、職責交叉分散，單一的執法部門不具備全面的海上執法權，導致海上執法效率低下。但隨著涉海產業的持續發展，這種模式已無法適應形勢發展的需要。因此，英國政府開始研究海洋管理體制改革問題，並於 2007 年 3 月發佈了《英國海洋法案白皮書》，籌建統管英國海洋事務的機構 —— 英國海洋管理組織，擬將分散式海洋管理執法模式轉變為半集中式海洋管理執法模式。2010 年 4 月 1 日，英國海洋管理組織正式成立。英國的海上執法主要由英國海事與海岸警衛局和海洋管理組織 2 個機構承擔。

水上防禦警衛隊于 1809 年成立，主要職責是打擊海上走私和進行海上搜救，隨後其更名為海岸警衛隊，職責相對保持不變。1998 年，英國海事與海岸警衛局成立，其是由原英國海事安全局和海岸警衛隊合併組建而成。英國海事與海岸警衛局的職責包括：對到港的船舶和懸掛英國旗的船舶進行港口國監督和船旗國監督管理；對英國籍船舶進行船舶登記管理；對船員進行服務和管理；負責海上搜救；防止海洋污染。英國海事與海岸警衛局也是在國際海事組織框架下履行各國際公約的機構。隸屬于海事與海岸警衛局的英國皇家海岸警衛隊的任務是負責海上搜索和救助。

英國海洋管理組織和英國海事與海岸警衛局在職責上有所分工，其主要負責漁業管理和海洋保護管理領域的執法，主要執法範圍包括：針對許可證審批與發放的執法、漁業執法以及自然保護執法。

英國海事與海岸警衛局和英國海洋管理組織同英國皇家海軍保持著密切的配合與聯繫。英國皇家海軍的主要職責是維護英國本土和海外領

1　韓依潼,賈世娜.半集中式海洋執法模式在我國海洋執法領域的適用性[J].水運管理, 2017,39(07): 23-26.

地的海上國防安全，同時為政府有關部門提供執法支撐，如代表英國海洋管理組織保護英國漁業活動和促進依法用海，代表英國海事與海岸警衛局等有關各部門管理英國海洋信息中心，為海上執法提供所需信息，為英國海洋執法與搜救活動提供人員支撐和所需裝備等。

英國海洋管理組織負責漁業執法、主要海洋管理領域的執法及自然保護執法。英國海事與海岸警衛局隸屬于英國運輸部，主要負責海上搜救、海上交通安全和海洋環境污染等領域中的執法工作。在半集中式海洋執法模式下，二者既分工明確又配合協調。就目前執行情況來看，該海洋執法模式推動了英國海洋執法管理事業的發展，進而對英國海洋產業的發展起到了積極作用。[1]

5. 澳大利亞

與英國情況類似，澳大利亞於 2005 年籌建了邊境指揮部，由分散式海洋執法模式轉變為半集中式海洋執法模式，由邊境指揮部與澳大利亞海事安全局共同維護澳大利亞海洋安全。[2]

三、珠江口海洋生態環境執法協同對策

（一）加強海警立法

針對中國海警局執法權範圍和內容不夠明確的問題，立法機關應當及時提出制定、修改相關法律的議案，對中國海警海上行政執法權的行使範圍進一步明確規定，明確中國海警局在海上行政執法中的定位。將中國海警局與海事局、漁業漁政管理局的職權進行劃分，尤其是在各個機關職權存在交叉範圍內，進一步細化各行政單位的職責，避免在執法時出現混亂，不斷完善高效有序的海上執法。有學者指出，至少應當在四個方面對海警局和海事局的職能作出區分：一是執法職責的法理基

---

1 韓依潼,賈世娜.半集中式海洋執法模式在我國海洋執法領域的適用性[J].水運管理, 2017,39(07): 23-26.
2 韓依潼,賈世娜.半集中式海洋執法模式在我國海洋執法領域的適用性[J].水運管理, 2017,39(07): 23-26.

礎，二是內河入海口，三是國際公約履行角度分析，四是國際合作角度。中國海事局不享有刑事管轄權，主要負責海上交通與環境等事宜，專業性較強，執法對象主要是危害我國海上交通安全和污染海洋環境的外國船舶，而海警局的權力相比海事局則更為廣泛，可以針對侵犯我國主權和海洋資源的軍艦及船舶進行執法，打擊海上犯罪，解決有關海洋權益的國際爭端。此外，中國海警局與漁業漁政管理局之間的執法界限也應當劃分清楚，漁政漁業管理局主要承擔維護海洋漁業權益、監督管理遠洋漁業和漁政漁港的任務，相比中國海警局的職權更加有針對性。改革後的中國海警局將實行綜合統一執法，更需要合理劃分各個主管部門的職責權限，完善權力清單，明確界定各個部門的責任範圍，建立部門之間的無縫銜接。同時，對公海領域發生的各種事件，如在索馬裡外海發生大量對船舶存在海盜行為和持械搶劫行為，是國際社會嚴重關切的問題，[1] 這些事件均有可能侵害中國船舶合法權益，這就需要通過立法明確中國海警執法權範圍，以及是否可以對侵害人實施登臨、緊追權力，以有效保障中國海洋的合法權益。[2]

　　與此同時，修改《海洋環境保護法》等海洋環境保護相關法律，針對具體海洋環境保護的執法內容，明確海警機構的執法管轄範圍、執法內容邊界等，並就具體制度規定其與行政主管部門之間的銜接配合機制。[3]

（二）委託執法及橫向與縱向協作機制的構建

　　與海上設立綜合執法隊伍不同，委託執法存在很大的不確定性，容易出現主管部門與執法機構之間互相推諉的情形。對此，地方生態環境主管部門應當進一步明確委託執法的內容。比如可以通過發佈執法委託

1　UN General Assembly.Report of the secretary-general on oceans and the law of the Sea[R]. New York, 2008.
2　段窮,曲亞囡.中國海警海上行政執法權問題研究[J].瀋陽農業大學學報(社會科學版), 2019,21(06): 669-674.
3　張燕雪丹,崔金星.海洋生態環境保護監管新格局下執法困境與破解路徑[J].環境與可持續發展, 2020,45(04):115-119.

書的形式，對委託事項的範圍進行明確，並要求對於情節嚴重，涉及較大數額罰款、停產停業、吊銷許可證或執照等違法行為的處罰，須報告生態環境局研究決定，明確生態環境局作為聽證、覆議及訴訟主體。明確委託事項更有利於開展工作，且採取公開委託書這一形式，對行政相對人的預期也有很好的保障。

另一方面，地方執法也應當因地制宜，探索聯合執法之外的長效機制，如在縣級層面建立 "綜合指揮平臺 + 海陸聯合執法" 的機制；效仿機動車尾氣排放污染生態環境部門與交通執法之間的聯動方式，設立固定聯絡人，針對船舶開展常規執法；設立聯席會議，加強執法情況的通報和信息共享等。

更加重視監測、監視手段的應用。鑒於海洋生態環境問題的複雜性、違法活動的多樣性，在加強執法隊伍能力建設之外，生態環境部門還應增加對監測監控技術手段的應用，通過運用人力需求少、覆蓋面積大、監控效果好的設施設備，加強對海洋環境的監控。

（三）推進陸海統籌空間格局下海洋生態環境執法優化

1. 在組織法和行為法維度，充分發揮海洋生態環境保護綜合執法改革在回應基層執法需求方面的法治時效

"對部門協同事務或區際事務原則上應基於橫向關係協商解決"，而要實現執法機關間直接的橫向溝通則需要通過共同執法、相對集中執法權、執法協議等行為法機制來實現。[1] 推進海洋生態環境保護綜合行政執法改革就是要借助於組織法機制和行為法機制的調整來整合執法主體、集中執法權，以統籌配置執法職權和資源，解決長期困擾基層執法力量的權責交叉、多頭執法引發的效率難題。這種制度改革是統籌陸海執法機制的制度基礎，可以最大限度地降低執法主體的管轄權爭議。要將這一改革過程與陸海統籌的空間治理有機結合，需要從幾個方面

1　葉必豐.行政組織法功能的行為法機制[J].中國社會科學, 2017(07):109-130、206-207.

著手。

一是從宏觀上進一步深化體制機構改革，通過修訂《海洋環境保護法》將機構改革中生態環境、自然資源、海事、農業農村以及其他涉海職能部門職責調整法定化，釐清中央（海警局）和地方（生態環境保護綜合執法隊伍）的責任範圍，塑造綜合執法與專業執法相結合的執法風格和組織文化，從執法理念、執法基礎設施、監督執法、執法風格等方面建立陸域—流域—海域相協調的空間治理格局。

二是通過建立入海河流沿岸地方政府環境保護目標責任制、強化陸源污染物治理的地方政府責任來推動陸上力量下海、增強陸源防控和陸海聯動，最後形成跨空間的目標責任體系，為陸海統籌執法配以約束機制。陸海統籌的空間格局在某種意義上需要放鬆傳統監管模式中關於執法管轄權的限定，創造出更多共同執法空間，推進執法協作。

三是要配合清權、減權、制權、曬權的改革要求建立執法考核的績效評定機制，將壓力導向的執法行為轉變為績效導向的執法行為，從而在透明、規範、合法、公正的目標約束下提升執法實效。

四是要把依靠環保督察提升執法效能的治理路徑轉化為常規化的綜合執法，以突破職責交叉、權責碎片化、權責脫節等體制性難題，以承接陸海統籌下的執法事項增容帶來的執法壓力。

五是要通過組織法層面的制度創新推進執法資源的空間配置和再分工，尤其是要明確海水養殖污染防治、防止采砂破壞生態、自然岸線保護等跨部門協作領域的職責，以利於從職責源頭提升執法合作能力，明晰執法銜接的責任和程序，最終增強執法資源配置能力。

2. 在程序法維度，建立健全執法協調程序機制，有效增強陸海統籌空間格局下的執法協同能力

近年來，我國的行政體制改革尤其注重發揮程序機制的協調功能。陸海統籌的關鍵在於做好海域、陸域和流域環境執法的協調，在明確內陸、沿海和海洋的執法責任歸屬的基礎上提升執法協同能力。從制度功能出發，陸海統籌的執法改革尤應借助於聯席會議、案件移送、信息資源共享、徵求意見、執法反饋、巡查保護聯動的程序功能來加強中國海警局、地方生態環境執法力量以及其他相關部門的協作。因此，有必要在程序法維度建立執法協助和協調機制，為解決執法權的衝突、分散與缺失提供程序基礎。

具體來講，一是基於"治海先治陸"的理念，建立執法部門與住房和城鄉建設部門、工信部門、農業農村部門和水利部門的協作程序，加強對岸灘垃圾、直排海排污口、農業面源污染、入河排污口等陸域和流域生態環境問題的監管和執法；二是要建立海警局與地方生態環境執法隊伍聯合執法的程序機制，合理解決涉海的生態環境執法中的疑難性、敏感性和複雜性問題，清除陸域、流域和海域三維空間中的執法盲點，建立全空間、全方位、多層次的執法合作；三是要健全執法主體之間的協助程序，加強取證、處理、執行等環節的配合，減少執法障礙，增強執法效果；四是完善執法信息通報程序，將陸域、海域、流域的生態環境管理信息和執法信息匯集成共享的信息池，以增強執法的輻射度，減少執法空隙，提升跨空間執法合作的整體能力；五是優化執法爭議協調程序，調處執法活動出現的與執法依據、執法職責、執法標準、聯合執法、執法協助、案件移送相關的具體爭議，營造良好的執法合作氛圍；六是強化執法聯合評議程序，針對三維空間下的執法活動的合法性、銜接度、預期目標、成本、實效進行整體分析和評判，在監督執法過程的同時形成有效的執法經驗。

3. 在制度效能維度，聚焦多層次的執法精細化機制，大幅提升執法水平

執法的精細化水平是衡量海洋生態環境治理效能的重要標誌。面對高度複雜的陸海生態空間治理，執法工作不僅要目標定位精準，還要求過程高效可控以及執法手段的規範化、標準化和智慧化。

從執法目標來看，將陸海統籌的理念貫徹到海洋生態環境執法體系之中就是要解決海洋環境保護法律法規實施機制不暢的體制問題，打通執法機制補償的關鍵環節，深刻把握陸海統籌理念下的執法需求，創新執法工具和監管抓手，從而提升陸域、流域、海域三維空間的生態環境治理效能。由此，可以考慮在法律法規的監管目標範圍內結合具體區域的治理需求和違法情況，設定執法目標清單與動態調整機制，為執法主體在獨立執法或協同執法中提供操作指南。

從執法過程來看，陸海統籌的空間格局催生了多元化的執法形式，也更直接地凸顯了執法主體間紛繁複雜的利益格局和權力關係。為了達到過程高效可控的精細化要求，可以考慮建立立體式、全覆蓋的體系化監管網絡，實行陸海連線、岸線分段、海域劃片、定期和不定期巡查、執法協管、"灣長制＋網格化"管理等多維空間一體化的執法模式，創建執法獎懲、執法信用等激勵機制和規範化的考核評價規範。

從執法手段來看，陸海統籌的空間格局進一步擴大了執法範圍，治理事項和執法主體的關聯性進一步增強。因此，可以考慮通過技術賦能來消解執法壓力，形成部門協同、高效執行、力量下沉的"大環保"格局。比如，可以利用大數據、雲計算、人工智能等智慧技術進行海洋生態環境信息的監測、處理和分析，開展常規性監測性執法；也可以通過信息互聯互通技術加強執法協同，塑造大數據執法監管機制。再如，可以充分發揮智慧治理的思維全面再造執法組織、執法流程和協商參與機制，推進執法組織功能的整合和體制機制創新。在這個環節中，"互聯網＋綜合執法"的執法體系能對執法主體、執法保障、執法信息、執法依據、執法效果等實現過程性監管，推進執法管理和信息化建設進一步融合；也有利於執法權的集中和下沉，保障執法過程的跨部門性、跨空間性、跨領域性，從而在功能上重構執法的平臺、力量和模式。

綜上可見，陸海統籌理念之下執法空間機制的變遷，要求執法力量的高度統合，並在職權配置、執法資源供給、生態環境整體利益維護、執法效能提升等幾個方面完成進一步規範化的任務。因此，在修改完善

《海洋環境保護法》、推進海洋生態環境保護綜合執法改革等任務中，必須妥善處理這一系列核心問題。[1]

（四）理順海洋生態環境執法職責

一方面，要理順海警局與地方綜合執法隊伍之間的關係。中國海警局整合之前，國家海洋權益維護主要由國家海洋局所屬中國海監總隊及各海區總隊承擔，各沿海省海監總隊協助，國家漁業權益維護主要由農業部所屬中國漁政指揮中心及海區漁政局承擔，各省漁政處（總隊）協助，對內海洋與漁業行政執法工作由國家隊和地方隊按權限分別實施。就中國海洋執法力量的整體佈局而言，在國家、省、市、縣四級隊伍中，無論是從規模、裝備還是承擔的具體工作量看，省級海洋與漁業執法力量應該佔據主要地位。但中國海警局組建開始後，因法律授權不明確，管理體制也未理順，海警局與地方海洋與漁業執法隊伍之間並無領導甚至業務指導關係，海警局的工作因為缺少地方執法隊伍的支撐和配合難以真正落地，深入不下去，地方執法隊伍則因突然失去了國家層面的業務指導而一時難以找到明確的方向，許多工作因缺少上級指示和推動陷入停滯狀態，這是海警局組建遲緩導致的一個重要"後遺症"。因此，在加快中國海警局組建進程的同時，當務之急應當立即著手理順各級涉海執法隊伍之間的業務指導關係。鑒於海洋基本法和海洋綜合管理法的制定尚在醞釀，《海域使用管理法》《漁業法》《海關法》等相關法律因修改程序煩瑣等原因需耗費較長時間的實際，可借鑒美國海岸警備隊通過特別法案成立的做法，由全國人大常委會通過單獨法案，或由國務院制定暫行條例，明確授予中國海警局統一行使國家層面海洋綜合執法權的職責，明確其法律地位、執法權限、執法程序和對地方涉海執法隊伍的業務領導地位。同時，應借鑒我國質量監督部門和檢驗檢疫機構組合改革的成熟經驗，建立和完善國家與地方涉海執法隊伍的管理機

1　杜輝,何珠琪.陸海統籌空間格局下海洋生態環境執法的優化[J].環境與可持續發展, 2020,45(04):106-110.

制，地方涉海執法隊伍按照統一綜合執法的要求，可按照海洋、漁業、海事、水利漸進整合的原則，結合地方行政機構改革部署因地制宜，穩步推進，但其在業務上須接受中國海警局的統一領導，在對外維權、應急處置、綜合執法等大型海上執法行動中需接受中國海警局的統一調度指揮，建立起中國海警局直接領導直屬隊伍、業務指導地方隊伍，直屬隊伍與地方隊伍合理分工、密切配合的工作機制，使國家隊與地方隊形成執法合力，全面提升我國海洋管控能力，為海洋強國戰略實施提供堅實保障。[1]

另一方面，要理順地方海洋執法機構的海洋生態環境執法權交叉關係，強化執法部門之間的溝通協作，消除部門之間的內耗和功能上的抵消效應，推動執法資源的有機整合以及在複雜執法事項中的深度分工。[2]

1　董加偉.中國海洋執法體制重構路徑探析[J].公安海警學院學報, 2018,17(01):8-16.

2　高秦偉.機構改革中的協同原則及其實現[J].福建行政學院學報, 2018(04):17-28.

表 1 廣東省涉海海構設置和職權分配

生態環境廳	自然資源廳	農業農村廳
海洋生態環境處 ①負責全省海洋生態環境監管工作。 ②負責海洋生態環境調查評價。 ③監督陸源污染物排海（排污許可證），負責防治海岸和海洋工程建設項目、海洋油氣勘探開發和廢棄物海洋傾倒對海洋污染損害的生態環境保護工作。 ④按權限審批海岸和海洋工程建設項目環境影響評價文件。 ⑤指導入海排污口設置。	國土空間用途管制處 ①海洋年度利用計劃組織實施。 ②組織擬訂耕地、林地、草地、濕地、海域、海島等國土空間用途轉用政策，對建設項目用地進行審核和預審。	海監總隊 （漁政總隊/船檢總隊） ①監督檢查海域使用、海島開採、海砂開採、海洋石油採開發、海洋傾廢、海底電纜管理鋪設等海上活動。 ②開展海洋與漁業自然保護區和海洋特別保護區、海島生態保護、陸源污染物排海的執法檢查等。 ③代表國家開展海洋維權執法巡航。 ④漁業執法、漁業監督、漁港監督、漁船登記、漁船檢驗、水產品質量安全執法、水生野生動植物保護執法、船員培訓、漁業防颱和海難救助、涉外巡航等。

續表

生態環境廳	自然資源廳	農業農村廳
水生態環境處 ①負責全省地表水生態環境監管工作。 ②擬訂和監督實施省重點流域、飲用水水源地生態環境規劃和水功能區劃，負責流域水環境保護工作，監督管理飲用水水源地生態環境保護工作，建立和組織實施跨市水體斷面水質考核制度。 ③指導入河排污口設置。 ④承擔珠三角區域水污染防治協作小組日常工作。	國土空間生態修復處 ①擬訂國土空間生態修復規劃。 ②海洋生態、海域海岸帶和海島修復等工作（如何與海洋生態環境處對接）。 ③承擔生態保護補償相關工作。 ④指導市縣國土空間生態修復工作。	—
環境影響評價與排放管理處 ①指導、監督全省環境影響評價管理工作。 ②承擔權限內的規劃、改策和項目環境影響評價工作。 ③組織開展區域空間生態環境影響評價。 ④負責排污許可綜合協調和管理工作（重點海域排污總量控制）。 ⑤擬訂生態環境准入清單並組織實施。	地質與海洋勘查防災處 ①組織開展海洋科學調查與勘測。 ②承擔海洋觀測預報管理工作。 ③開展海洋生態預警監測，承擔海洋災害預防和治理工作，發布警報和公報。 ④參與地質和海洋災害應急處置。 ⑤監督管理地下水過量開採及引發的地面沉降等地質問題。	—
—	海洋規劃與經濟處 ①擬訂海洋經濟發展、海岸帶綜合保護利用、海域海島保護利用、海洋軍民融合發展等規劃並監督實施。 ②承擔相關海洋事務的綜合協調工作。	—

生態環境廳	自然資源廳	農業農村廳
—	海域海島管理處 ①制定使用、保護政策規範，監督管理海域海島開發利用活動。 ②組織海域界線、大陸及海島海岸線勘定和管理。 ③承擔報省政府審批的用海、用島的審核、報批工作。 ④組織開展海域海島監測和評估，負責無居民海島、海域、海底地形地名管理工作，監督管理海底電纜、管道鋪設及海上人工構築物設置。	—
—	執法監督處 ①擬訂自然資源違法案件查處的規定並指導實施。 ②查處重大國土空間規劃和自然資源違法案件。 ③指導監督全省違法案件調查處理工作，協調解決跨區域違法案件查處。 ④負責自然資源信訪工作。 ⑤配合國家自然資源領域督察相關工作。 ⑥指導市縣自然資源執法機構和隊伍建設。	—

表 2 廣州市涉海海構設置和職權分配

生態環境局	規劃與自然資源局	農業農村局
水與海洋生態環境科 ①負責全市地表水和海洋生態環境監管工作。 ②擬訂和監督實施相關污染防治規劃和水環境功能區劃，水功能區劃，負責流域水環境保護工作，監督管理飲用水水源地生態環境保護工作。 ③指導、協調和監督全市海洋生態環境保護工作。負責陸源污染物排海、海岸和海洋工程污染物排放、海洋油氣勘探開發和廢棄物海洋傾倒對海洋污染損害的污染防治工作。 ④負責入河、入海排污口設置管理。	總體規劃科 擬訂海洋經濟發展、海岸帶綜合保護利用等規劃並監督實施。 用途管制科 ①編製海洋年度利用計劃。 ②組織擬訂耕地、林地、濕地、海域、海島等國土空間用途轉用政策，對建設項目用地進行審核和預審。	廣州漁監支隊 （漁政支隊/船檢支隊） ①監督檢查海域使用、海洋工程、海砂開採、無居民海島使用、海洋傾廢、海底電纜管理鋪設等開發、海洋石油勘探開發等海上活動。 ②開展海洋與漁業自然保護區和海洋特別保護區、海島生態保護、陸源污染物排海的執法檢查等。 ③代表國家開展海洋維權執法巡航。 ④漁業執法、漁港監督、漁船登記、漁船檢驗、水產品質量安全執法、水生野生動植物保護執法、船員培訓、漁業防颱和海難救助、涉外巡航等。
		—

續表

生態環境局	規劃與自然資源局	農業農村局
環境影響評價與排放管理科	海洋資源管理科	—
①統籌全市環境影響評價管理工作。	①承擔推動海洋新興產業發展工作。	
②組織局行政審批制度改革工作。	②開展海洋經濟運行綜合監測、統計核算、調查評估、信息發佈工作。	
③承擔權限內的規劃、政策和項目環境影響評價管理工作。	③擬訂海域使用和海島保護利用政策與技術規範，監督管理海域海島開發利用活動。	
④組織開展區域空間生態環境評價。	④組織審核大陸及海島海岸線勘定和管理。承擔市政府審批的用海、用島的審核、報批工作。負責海域使用金的徵收、使用管理工作。	
⑤負責排污許可綜合協調和管理工作。	⑤組織開展海域海島監視監測和評估，負責無居民海島、海域、海底地形地名管理，監督管理海底電纜、管道鋪設及海上人工構築物設置。	
⑥擬訂生態環境准入清單並組織實施。	⑥組織開展海洋科學調查與勘測，承擔海洋觀測預報管理工作，開展海洋生態預警監測，承擔海洋災害預防、風險評估和隱患排查治理工作。	
	⑦指導海洋經濟運行監測和評估、海域海島動態監視監測以及海洋觀測預報隊伍業務能力建設。	
	⑧承擔海洋生態、海岸帶和海島修復等工作。	

表 3 深圳市涉海機構設置和職權分配

深圳市	
生態環境局	規劃和自然資源局
自然生態和海洋生態環境處 （土壤生態環境處） ①擬訂自然生態相關法規、規章草案和政策、規劃、計劃、標準，並監督實施。指導協調和監督生態保護修復工作。 ②組織起草本市生態保護規劃，開展生態狀況評估，指導生態示範創建。承擔自然保護地、生態保護紅線相關監管工作。 ③組織開展生物多樣性保護工作。 ④組織擬訂海洋生態環境保護政策、規劃。 ⑤負責本市海洋生態環境監管工作，監督陸源污染物排海，負責防治海岸和海洋工程建設項目和廢棄物海洋傾倒對海洋污染損害的生態環境保護工作。 ⑥指導入海排污口設置。承擔本地土壤等污染防治和生態保護的監督管理。 ⑦監督指導農業面源污染治理工作。	國土空間用途管制和耕地保護處 ①組織編製土地等自然資源年度利用計劃並監督實施，開展計劃執行情況評估考核。 ②組織擬訂耕地、林地、濕地、海域、海島等國土空間用途轉用政策。

續表

<table>
<tr><th colspan="2">深圳市</th></tr>
<tr><th>生態環境局</th><th>規劃和自然資源局</th></tr>
<tr>
<td>

環境影響評價和排放管理處
（審批綜合處）

①承擔權限內規劃環境影響評價、政策環境影響評價、項目環境影響評價工作。按權限審批海岸和海洋工程建設項目環境影響評價文件，承擔輻射安全許可行政審批工作。

②承擔排污許可綜合協調和管理工作。擬訂生態環境准入清單並組織實施。承擔政務服務改革和行政審批服務事項標準化工作。

</td>
<td>

生態修復和地質環境處
（市地面坍塌防治領導小組辦公室）

①承擔國土空間生態修復政策研究工作，擬訂國土空間生態修復規劃。

②承擔國土空間綜合整治、土地整理複墾、礦山地質環境恢復治理、林業資源、海洋生態、海域海岸帶和海島修復等工作。

海洋規劃和資源管控處

①擬訂海岸帶綜合保護利用規劃、海域海島保護利用規劃及相關專項規劃並監督實施。監督管理全市海域、無居民海島和海岸帶的使用，負責海域、無居民海島使用項目的受理、審查和審核工作，組織開展市級權限海域和無居民海島使用權出讓工作並監督管理。

②組織開展海洋資源調查、海籍調查、海域界線的勘定及海域使用權論證、評估工作。承擔海上構築物、海底電纜、管道鋪設及涉海工程項目的受理、審查和審核工作。負責海域使用金的徵收、使用管理工作。

③負責海域使用動態監管。

</td>
</tr>
</table>

生態環境局	深圳市	
	規劃和自然資源局	
	海洋發展處	漁業管理處
	①組織開展海洋發展戰略、政策研究，負責海洋經濟工作的綜合協調，統籌推進全球海洋中心城市建設。 ②組織實施海洋技術標準、計量、規範和辦法。組織開展海洋技術研究應用，推動海洋新興產業發展，促進海洋經濟結構優化、產業佈局調整。 ③組織實施海洋經濟運行綜合監測、統計核算，調查評估工作，並負責信息發佈工作。 ④組織開展海洋災害預警報工作，組織編製海洋災害應急預案，參與重大海洋災害應急處置。負責組織開展海洋領域對外交流合作和海洋宣傳工作。	①擬訂漁業發展戰略、政策、規劃、計劃並組織實施。組織實施漁業資源保護和利用規劃。 ②編製漁業基本建設、漁業財政等專項規劃。承擔促進休閒漁業發展、水產科技發展的相關工作。 ③承擔漁業捕撈管理工作。監督管理遠洋漁業和漁船、漁港，組織漁船裝備更新改造工作。負責漁業資源、水產種質資源、水生野生動植物等資源管理和開發利用。負責水產養殖的許可和監管。 ④參與重要涉漁工程環境影響評價和生態補償。負責漁業安全生產管理工作。

深圳市	
生態環境局	規劃和自然資源局
	深圳市海洋綜合執法支隊
	①貫徹執行國家、省、市有關海洋、漁業有關法律、法規和政策，對違法達規行為進行監督檢查。
	②負責對圍填海、改變海域用途、鋪設海底電纜管道等海域使用行為進行監督檢查，並對違法達規行為進行查處。
	③負責對海洋工程建設、海洋傾廢、海砂開採等影響海洋環境和資源的行為進行監督檢查，並對違法達規行為進行查處。
	④負責對海島保護利用行為進行監督檢查，並對違法達規行為進行查處。
	⑤在上級主管部門統一領導和組織下，承擔維護國家漁業權益以及海洋自然保護區的監督檢查，並對違法達規行為進行查處。
	⑥負責海洋漁業資源、水生野生動植物資源保護以及海洋權益巡益執法任務。
	⑦負責漁港內各項工程建設監管和漁港維護的監管，船舶進出港及靠泊碼頭簽證、漁港、漁船內船舶排污監管工作，並對違法達規行為進行查處。
	⑧負責漁港水域內交通安全監管、漁業船舶及漁業水域內交通事故調查處理、漁業船舶航標管理以及漁業無線電臺使用監管，並對違法達規行為進行查處。
	⑨承擔漁業船舶檢驗工作；負責對漁業船舶製造、改裝設計圖紙、技術文件進行審查批准；承擔漁業船舶登記管理及漁業船員考試、發證、審證、換證及培訓工作。
	⑩配合有關部門開展查緝漁船走私、漁業船舶走私、漁業船舶民船動員、海難救助、漁業互保等工作；受市財政委託代管深圳市公物海上倉庫，監管步緝走私船舶。
	⑪指導各區（新區）海洋和漁業執法工作。
	⑫協助漁業主管部門開展伏季休漁、漁業柴油補貼發放、漁業安全生產監督管理、漁業污染事故調查等漁業相關工作。
	⑬承辦上級交辦的其他工作。

大鵬區	
市生態環境局大鵬管理局	市規劃和自然資源局大鵬管理局
環境管理科 承擔轄區範圍內生態環境行政許可工作；負責轄區大氣、水、海洋、土壤、噪聲、光、惡臭、固體廢物、化學品、機動車等污染防治工作。	生態地環科 ①負責轄區國土空間綜合整治、土地整理複墾、礦山地質環境恢復治理、海洋生態、海域海岸帶和海島修復等工作。 ②承擔生態保護修復補償工作。 ③負責指導監督地質災害防治、礦產資源勘查、開採，以及地質環境監測和地質遺跡保護等工作。 ④監督管理古生物化石。 ⑤參與礦產資源保護與利用，地質災害防治與地質遺跡保護的規劃、計劃，以及地質災害年度防治方案等編製工作。 ⑥組織開展管理局安全生產工作。
執法科 ①負責轄區生態環境日常監管工作。 ②落實項目環境保護設施同時設計、同時施工、同時使用制度。 ③負責生態環境信訪維穩。 ④負責轄區生態環境執法工作，依法查處生態環境違法行為，依法開展權限範圍內污染防治、生態保護、核與輻射安全等方面的日常監督檢查。	林業科（海洋漁業科） ①參與海洋法規、規章和規範性文件的擬定工作，提出相應立法建議；組織參與轄區海洋各個層次規劃的編製與實施工作；參與轄區海洋經濟發展工作；協助開展海洋經濟統計調查；承擔轄區用海、用島項目的規劃選址、受理審查工作。 ②承擔市政府審批項目論證及評價管理工作；承擔轄區臨時用海項目審批工作；負責轄區工程項目竣工驗收；承擔轄區海域使用金收支計劃、年度項目經費預算編製工作，經批准後實施。 ③協助開展轄區海域執法檢查、海洋環境和海域使用動態監測、監視工作。 ④負責轄區漁港漁業資源、水產種質資源及水生野生動植物的保護管理工作，承擔轄區漁業增殖工作、承擔轄區漁港建設管理工作，落實惠漁政策；承擔轄區漁業行政許可事項和水產養殖監管工作。

表 4 惠州市涉海海機構設置和職權分配

生態環境局	自然資源局（掛惠州市海洋局牌子）	惠州漁監支隊
海洋生態環境科 ①負責海洋生態環境監管工作。 ②負責海洋生態環境調查評價。 ③監督陸源污染物排海，負責防治海岸和海洋工程建設項目、海洋油氣勘探開發和廢棄物海洋傾倒對海洋污染損害的生態環境保護工作。 ④按權限審批海岸和海洋工程建設項目環境影響評價文件。 ⑤負責入海排污口設置的監督管理工作。	國土空間用途管制科。 ①擬訂國土空間用途管制制度規範和技術標準並監督實施。 ②提出土地、海洋年度利用計畫並組織實施。 ③組織擬訂耕地、林地、濕地、草地、海域、海島等國土空間用途轉用規範性文件。 ④對建設項目用地進行審核和預審。 ⑤負責各類土地用途轉用的審查、報批工作。 ⑥負責土地徵收徵用管理工作。 ⑦擬訂開展城鄉規劃管理等用途管制相關規範性文件並監督實施。	（漁政支隊／船檢支隊） 廣州漁監支隊 ①監督檢查海域使用、海砂開採、無居民海島使用、海洋工程、海洋石油勘採開發、海洋傾廢、海底電纜管理鋪設等海上活動。 ②開展海洋與漁業自然保護區和海洋特別保護區、海島生態保護、陸源污染物排海的執法檢查等。 ③代表國家開展海洋維權執法巡航、 ④漁業執法、漁港監督、漁船登記、漁船檢驗、水產品質量安全執法、水生野生動植物保護執法、船員培訓、漁業防颱風救助、涉外巡航等。

生態環境局	自然資源局（掛惠州市海洋局牌子）	惠州漁監支隊
水生態環境科 ①負責地表水生態環境監管工作。 ②擬訂和監督實施市重點流域、飲用水水源地生態環境規劃和水功能區劃。 ③負責流域水環境保護工作，監督管理飲用水水源地生態環境保護工作。 ④組織實施全市水環境質量改善目標落實情況考核制度。 ⑤負責入河排污口設置的監督管理工作。 環境影響評價與排放管理科 ①指導、監督全市環境影響評價管理工作。 ②負責權限內的規劃、政策和項目環境影響評價文件的審批或審查工作。 ③組織開展區域空間生態環境影響評價。 ④負責排污許可綜合協調和管理工作。 ⑤擬訂生態環境准入清單並組織實施。 ⑥負責工業污染源排污許可證的登記核發工作。	生態修復和礦產管理科。 ①擬訂生態修復規劃。負責國土空間綜合整治、土地整理複墾、礦山地質環境恢復治理、海洋生態、海域海岸帶和海島修復工作。 ②負責生態環境保護補償相關工作。 ③編製實施礦產資源規劃，監督管理礦產資源利用和保護。 ④負責採礦權、探礦權審批登記，負責重要礦區和特定礦種開採管理工作。 ⑤負責礦產資源諸量評審登記相關工作。 ⑥監督地質資料匯交、保管和利用。 ⑦調處重大礦業權屬糾紛。 ⑧負責古生物化石的監督管理。 地質與海洋勘查防災科。 ①管理地質勘查行業和地質工作，負責市級地質勘查項目，組織實施重大地質礦產勘查工作，組織開展海洋科學調查與勘測，負責海洋觀測預報管理工作。 ②開展地質、海洋生態預警監測、負責地質、海洋災害預防和治理工作，發佈相關警報和公報。 ③參與地質、海洋災害工程治理工作，負責應急救援技術支撐。 ④監督管理地下水過量開採及引發的地面沉降等地質問題。 ⑤管理地質勘查行業和全市地質工作。	

生態環境局	自然資源局 （掛惠州市海洋局牌子）	惠州漁監支隊
惠州市海洋與漁業環境監測站（生態環境局的直屬事業單位） ①承擔全市海洋與漁業水域環境質量監督管理工作，編製年度海洋與漁業水域環境質量監測工作方案。 ②編製海洋環境狀況公報；負責本市海域使用動態監管工作，編製年度海域使用動態監視監測工作方案。 ③承擔水產品質量安全監督管理工作。 ④組織實施水產品產地認定和產品溯源制度；組織開展水生動物疫病防控工作，發放防疫檢疫證。 ⑤組織實施或承擔國家、省、市下達的其他任務。	海域海島管理科 ①擬訂海域使用管理和海島保護利用相關規範性文件與技術規範。 ②監督管理海域海島開發利用活動。 ③組織勘界、大陸及海島岸線勘定和管理。 ④負責報市政府審批的用海、用島的審核、報批工作。 ⑤組織開展海域海島監視監測和評估，負責無居民海島、海域、海底地形地名管理工作，監督管理海底電纜、管道鋪設及海上人工構築物設置。 海洋規劃與經濟科 ①擬訂海洋經濟發展、海岸帶綜合保護利用、海域海島保護利用、海洋軍民融合發展等規劃並監督實施。 ②負責推動海洋新興產業發展工作。 ③開展海洋經濟運行綜合監測、統計核算、調查評估、信息發佈工作。 ④負責相關海洋事務的綜合協調工作。	

專題二：珠江口海岸帶水體生態修復機制協同研究

一、區域水環境保護現狀

廣東省是海洋大省，海域面積 41.9 萬 km²，大陸岸線 4114km[1]。粵港澳大灣區陸域涉及廣州、深圳、珠海、佛山、惠州、東莞、中山、江門和肇慶九市，珠江口及其兩翼海域，包括廣東省汕頭市、潮州市、揭陽市、汕尾市、廣州市、深圳市、珠海市、惠州市、東莞市、中山市、江門市、陽江市、茂名市、湛江市（滘尾角以東）毗鄰海域，海域面積 20100 萬 km²，規劃範圍內海島 850 個，大陸海岸線長 1479.9km。

當前，廣東省水環境質量實現重大改善，近岸海域海水水質保持平穩向好，2020 年全省國考斷面水質優良比例達 87.3%，多市國考斷面水環境質量狀況排名全國前列，近岸海域水質優良比例達到 89.5%。但是，生態環境保護的結構性、根源性、趨勢性壓力尚未得到根本緩解，污染源數量多、分佈廣累積性問題仍然存在，環境污染問題突出，入海

1　《2017年廣東省海洋環境狀況公報》。

河流污染物排放總量大，近岸海域水質惡化趨勢沒有得到遏制，局部海域污染嚴重，主要分佈在珠江口及部分大中城市近岸海域，珠江口等近岸海域污染較為嚴重，主要超標指標為無機氮、活性磷酸鹽和化學需氧量。

2020 年，廣東省國考斷面優良比例、劣 V 類比例兩項指標順利完成相關目標，但根據污染防治攻堅戰成效考核預評估結果，近岸海域水質仍有待改善，重點流域水生態系統功能尚未恢復，已達標斷面控制單元內重污染支流仍然較多，海洋生態環境保護基礎薄弱，珠江口、汕頭港、湛江港等河口海灣水質亟待改善。

近年來，陸源和海上污染物排海總量快速增長，近岸海域污染加重，珠江口等海域污染問題十分突出；海岸自然岸線保有率偏低，沙質海岸侵蝕嚴重，濱海濕地不斷減少，海洋生態服務功能退化，赤潮、綠潮等海洋生態災害頻發，重大海洋污染事故時有發生，近海和海灣沿岸設施破壞、岸灘崩塌、港灣淤積、海堤毀損，對沿岸經濟活動和生態環境保護造成顯著的不良影響。

粵港澳大灣區因環境污染、生態破壞，面臨著珠江入海口、海岸帶生態系統主要服務功能嚴重退化或喪失的情況，對相關重點區域水體生態修復具有現實必要性。

二、珠江口海岸帶生境保護的戰略意義

目前，廣東省生態環境質量全面改善的基礎仍不牢固，重點流域水質仍不穩定，海洋生態環境保護基礎和能力薄弱。基於世界級大灣區的定位，將粵港澳大灣區打造成為生態安全、環境優美、文化繁榮、宜居宜業的美麗灣區，是粵港澳大灣區建設的重大戰略定位之一，生態環境保護是其中最基礎、最重要的工作。

海洋和陸地是一個生命共同體，海洋是陸地生態系統維持平衡和穩定的生態屏障，陸地是海洋開發和保護的重要依託。而海岸帶是當今全

球經濟增長和人類社會生活最寶貴的空間資源，是我國向海發展、依海開放的關鍵區域，在新時代實現高質量發展中發揮著特殊而重要的作用。

　　隨著經濟社會快速發展和人民生活水平提高，一方面，直接排放和通過河流攜帶、大氣沉降等途徑排入近岸海域的污染物總量居高不下。海洋在海陸水循環中的作用，使其成為眾多污染物的最終歸宿。據統計測算，陸源排放對近岸海域的污染貢獻佔 70% 以上，陸源污染排放是導致近岸海域水質污染的主要原因。[1]另一方面，海岸帶長時間、高強度開發帶來的空間佈局矛盾、資源環境超載、生態破壞加劇等問題也日益突出，局部海域典型海洋生態系統顯著退化，部分近岸海域生態功能受損，生物多樣性降低，生態系統脆弱，海洋災害多發頻發。珠江口及鄰近海域重點海洋生態區的相關區域是我國經濟最發達、對外開放程度最高、人口最密集的區域，是實施海洋強國戰略的主要區域，也是保護沿海地區生態安全的重要屏障。海岸帶生態環境承載能力面臨著巨大壓力和挑戰，切實加強海岸帶保護與可持續利用已成為共識，近岸海域的環境污染、生態破壞問題不容忽視，基於維護國家生態安全的角度，海岸帶生態環境修復應成為海岸帶綜合管理工作的重點。

三、創新舉措及相關經驗做法

（一）廣東省在水污染防治工作領域的創新舉措

　　廣東省水污染防治工作聚焦於國考斷面水質消劣和優良率目標，持續完善跨市協調治水機制，建立"流域 + 區域"跨市治理合作和省、市、區（鎮）三級協調機制，每日通報斷面水質自動監測結果，及時協調解決流域城市間突出問題，組織召開水環境綜合整治聯席會議，跨界流域污染整治協調會，全力推動左右岸、上下游、幹支流全流域治理。

1　姚瑞華,王金南,王東.國家海洋生態環境保護"十四五"戰略路線圖分析[J].中國環境管理, 2020, 12(03):15-20.

全力推進重點流域精準化治理。

深化督導幫扶，組織技術團隊駐點核查，邀請專家一線磋商研討，定期會商研判達標形勢，滾動更新重點斷面攻堅問題清單及建議，積極防範初雨污染，指導地市科學、精準、精細治污。協調推進治水設施工程建設，深化重點斷面重點工程任務"一圖一表"掛圖作戰，持續開展污水處理設施及配套管網進出水水質監測工作，倒逼推動污水處理設施實現超速建設和提標改造，持續推動茅洲河、練江等重點流域全流域治理，協調督促省屬國企優先推進重點工程建設。協調推動水資源水環境聯動治理，與廣東省住建廳、水利廳、氣象局等部門定期協調會商，共享信息資源，逐步完成河段入河排污口排查和整治。

全要素生態環境質量監測網絡基本建成，監測能力建設成效顯著。建成涵蓋水、土壤、海洋、生態、污染源等要素的生態環境監測基礎網絡，推動監測數據向真實、全面、準確發展。實現國考省考斷面水質自動站全覆蓋，在東江、韓江流域建成"生態視窗"。

（二）河流入海口、海岸帶生態修復的域外經驗

國際上，已有較為豐富的河流入海口、海岸帶立法與管理實踐。美國於 1972 年 10 月頒佈了世界上第一部綜合性海岸帶管理立法——《海岸帶管理法》，該法自實施以後在海岸帶資源和環境的保護等方面取得了明顯成效。1986 年，法國制定了《海岸帶整治、保護及開發法》，由海洋國務秘書統一管理、協調海洋工作的職能部門。1986 年，加拿大《海洋法》明確，根據可持續發展原則、綜合管理原則和預防原則，對依據《聯合國海洋法公約》享有主權的海岸帶和海洋生態系統實施戰略管理。韓國則於 1999 年頒佈了《海岸帶管理法》，建立了以參與和協調為主的綜合管理體制，統籌管理沿岸陸域及海域。2008 年 6 月，歐盟《海洋戰略框架指令》為歐盟各國的海洋管理提供了具有法律約束力的統一框架，成為了成員國開展海洋綜合管理的法律依據和主要工具。此外，丹麥、英國、日本、挪威、新西蘭、澳大利亞、西班牙、印尼等

國制定了海岸帶管理的專項立法或者以法律形式對海岸帶管理機制加以明確。

從保護海洋生態系統的角度看，海洋生態環境受到的威脅主要包括：海岸帶開發、沿海森林砍伐、採礦、疏浚航道、土木工程造成的生境喪失或改變；陸源污染引起的富營養化、傾廢、水運污染、全球變暖和海平面上升帶來的沿海生境破壞和生態系統失衡，潛在的洪水對城市也存在著威脅。[1] 關於海岸帶的保護現狀，美國墨西哥灣原油洩漏事件後，墨西哥灣附近海岸、濕地遭到侵蝕，生態受到破壞。[2] 海岸帶的嚴重污染及其生境退化，使得美國三分之一以上的受威脅的和瀕危物種繼續處於危險之中。有學者認為，南卡羅來納州的《海濱管理法案》明確通過積極的撤退政策以保護該州海灘的經濟和生態價值，事實上，撤退政策的長期效益遠遠超過短期內需付出的成本。[3]

域外立法重點在於海岸帶的綜合性管理，海岸帶綜合管理被認為是最重要的一種綜合空間、行政、環境和社會關係，實現海岸帶地區各種活動協調發展的實踐方，[4] 它通過具預見性的資源分析，採用可持續概念檢驗、管理規劃和項目實施的各個階段，從而避免人類活動對海岸帶資源的破壞。[5] 有學者總結，通過設立海岸帶管理法，規定海岸帶管理的基本要求和活動程序，可以實現對海岸帶生態環境的保護，從明晰海岸帶的定義、規定海岸帶管理的基本原則、整合部門法、環境影響評價、諮詢要求、公眾參與、任命海岸帶諮詢委員會和協同監督執法部門 7 方面

1　Agardy T., "An environmentalist's perspective on responsible fisheries: the need for holistic approaches", Conference on Responsible Fisheries in the Marine Ecosystem, 2003.

2　Daniel A. Farber, "The BP Blowout and the Social and Environmental Erosion of the Louisiana Coast", 13 *MINN. J. L. Sci. & TECH.*, 2012, 13(01): 37.

3　Martin M. Randall, "Coastal Development Run Amuck: A Policy of Retreat May Be the Only Hope", *J. ENVTL. L. & LITIG.*, 2003, 18(1): 145.

4　Jens Sorensen, "The international proliferation of integrated coastal zone management efforts", *Ocean & Coastal Management*, 1993, 21(1-3): 45-80.

5　約翰 R.克拉克, 吳克勤, 楊德全等.海岸帶管理手冊[M].北京:海洋出版社, 2000.

進行。[1]

在監管理念上，有學者認為，在法國，海洋和海岸形成了一個貫穿全州的生態單元，因此監管應該將沿海地區視為整體對待。[2] 另外，有學者分析，澳大利亞的經驗為海岸帶綜合管理中的合作治理提供了重要的經驗，它強調政府間相互作用的重要性，強調責任目標分解，即使在聯邦管轄的地區亦是如此。同時，澳大利亞的經驗表明，需要制定具有廣泛性的、基於共同利益的目標，以作為州與州的協作的政策指導。[3]

在管理體制機制方面，有學者對加拿大的具體情況進行分析，指出陸源污染佔海洋污染的 70%，為保護加國的海洋資源和修復沿海和海洋環境，建議聯邦政府應該開發一個國家海岸帶綜合管理政策，建立總體原則，明確國家任務和目標。此外，還必須為制定關於海岸帶綜合管理的 "聯邦—省級" 協議提供聯邦層面的指導方針，並通過該協議來執行政策。[4] 關於海岸帶綜合管理下中央和地方的關係，美國《海岸帶管理法》下的 "聯邦一致性" 條款要求聯邦在沿海地區的行動（如聯邦層面的環境許可等行動）與州的海岸管理計劃一致，明確沿岸州在海岸帶管理上能夠按照本州的意願進行利用和支配。雖然這一條款能較為有效地促使沿岸州和聯邦政府的協調和協作，但因州的權力過大和環境質量標準差異，在實現生態環境的有效保護上，仍存在著一定爭議，雖然在制定《海岸帶管理法》時，國會打算調整 "聯邦—州" 的決策，要求聯邦活動適應州的利益，但是這種妥協、遷就並不能使海岸規劃成為各州用來免除或削弱聯邦許可要求的手段。[5] 有學者認為，部分州的計劃比

1   H. T. Anker, V. Nellemann, S. Sverdrup-Jensen, "Coastal zone management in Denmark: ways and means for further integration", *Ocean & Coastal Management*, 2004, 47(9-10): 495-513.

2   Prieur, M. M., "Step towards comprehensive programmes for coastal areas in France", *Int'l J. Estuarine & Coastal L.*, 1988, 3(2): 158.

3   Jan Glazewski, Marcus Haward, "Towards Integrated Coastal Area Management: A Case Study in Co-operative Governance in South Africa and Australia", *INT'l J. MARINE & Coastal L.*, 2005, 20(01): 65,.

4   Peter J. Ricketts, "Integrated Coastal Zone Management in Atlantic Canada: Looking toward the Third Millennium", *Ocean Y. B.*, 2000, 14(01): 291.

5   Blumm, M. C., "Wetlands protection and coastal planning: Avoiding the perils of positive consistency", *Colum. J. Envtl. L.*, 1978, 5(1): 69.

《清潔能源法》所預設的國家計劃更為嚴格，而另一些州只在最低程度上堅持國家目標。[1] 至於環保部門管理事項與海岸帶綜合管理事項之間關係的協調，地方在海岸帶規劃管理上擁有自主權並不意味需要聯邦賦予州一級機構對環保部門頒發的許可證的決定權，海岸帶管理事項仍要遵循聯邦層面的環境標準。[2]

　　海岸帶生態環境修復的域外模式寓於立法之中，以具體的制度、機制作為載體運行。其中，美國實行項目制管理模式，其海岸帶管理制度通過海岸帶管理項目的制定與實施得以開展落實，項目分為兩個層級 —— 國家海岸帶管理項目和州海岸帶管理項目，旨在應對和解決海岸發展、生境保護、能源設施選址、海洋治理和規劃、海岸災難和氣候變化等現實問題。[3] 海岸帶改善項目是美國國家海岸帶管理項目的重要組成部分，其依據《海岸帶管理法》於 1990 年設立。沿岸州制定本州的海岸帶改善項目，並提交美國商務部審核，經批准後可獲得聯邦的資金支持以實施項目。針對海岸帶濕地，美國正在執行的五年戰略明確，保護、修復或改善現有的海岸濕地。[4] 在海岸帶改善項目以外，海岸非點源污染控制項目、海岸與河口土地保護項目在保護海岸帶環境與資源中也至關重要，但其主要面向為污染控制以及生境保護。美國墨西哥灣原油洩漏事件之後，沿海濕地修復不僅將在密西西比河三角洲的總體規劃中佔據重要地位，在墨西哥灣沿岸未來的生態系統恢復和經濟恢復計劃中也不可或缺，這反映了這些地區的海岸帶管理政策發生了深刻變化。原油洩漏後，對遭受破壞的濕地進行補償性修復基於生態等效原則開展，這一原則指恢復、重建或增強濕地因石油洩漏等污染事件而喪失的生態

1　John Charles Kunich, "Losing Nemo: The Mass Extinction Now Threatening the World's Ocean Hotspots", *Colum. J. Envtl. L.*, 2005, 30: 1.

2　David R. Andrews, "EPA Authority and Responsibility under the Coastal Zone Management Act of 1972", *NAT. Resources LAW.*, 1977, 10(02): 249.

3　管松,劉大海.美國海岸帶管理項目制度及對我國的啟示[J].環境保護, 2019,47(13):64-67.

4　Couture S., Manager C. P., *Coastal Zone Management Act Section 309 Enhancement Grants Program Assessment and Strategy*, July 2016 - June 2021.

功能和價值。有生態學研究質疑，在許多的濕地補償性修復項目中是否真正實現了生態等效。因此，有學者認為，需要更關注周圍景觀、植物群落的自然格局演替，以及濕地的水文條件，同時，建立一種評估自然資源損害後果（如原油洩漏對沿海濕地的影響）的方法有利於加快修復資金機制的設立。[1]

（三）河流入海口、海岸帶生態修復的域外經驗

我國對於河流入海口、海岸帶生態環境問題的解決並未能實現有效的制度化和法律化，相關的機制研究聚焦於綜合管理型立法上，海岸帶生態環境修復的運行機制較為零散，不同地域的實踐情況相差較大。綜合管理對於海岸帶生態環境保護意義重大，但近年來，隨著海洋經濟的發展，我國海洋環境急劇惡化、海洋資源加速耗竭、海洋生態瀕臨崩潰邊緣，雖經多方努力但遲遲未見好轉，有學者認為很大程度上是我國現有法律體系落後、難以實現綜合管理的結果。[2]

實施海岸帶綜合管理，系統解決陸海統籌相關問題，需從法律層面推動海岸帶立法，統籌協調海岸帶地區管理問題。在海岸帶管理立法層面上，《海洋環境保護法》《漁業法》等法律法規皆有涉及海岸帶生態環境保護。但是，隨著生態文明體制改革持續推進，現有立法已不能滿足新時期海洋生態環境保護需要。根據海洋生態環境保護的形勢和問題，推進《海洋環境保護法》及其配套法律法規制度的修訂和完善，在流域和海域聯動治理、污染防治和保護修復統籌監管等領域進行修訂和完善，築牢依法治海的法律基礎十分重要。為實現"十四五"國家海洋生態環境保護目標，還需要加快研究制定陸海統籌的標準體系、建立海洋生態環境保護責任體系。[3]

1　Barbier E. B., "Coastal wetland restoration and the deepwater horizon oil spill", *Vand. L. Rev.*, 2011: 64(06): 1819.

2　鞏固.歐美海洋綜合管理立法經驗及其啟示[J].鄭州大學學報(哲學社會科學版), 2015,48(03): 40-46.

3　姚瑞華,王金南,王東.國家海洋生態環境保護"十四五"戰略路線圖分析[J].中國環境管理, 2020, 12(03):15-20.

對於海岸帶生態環境保護的專門立法，我國曾於 1983 年起草《海岸帶管理法》，前後經數次修稿，歷時近十年，最終以失敗告終；上世紀 90 年代我國再次起草《海岸帶灘塗資源管理條例》，亦僅僅停留在兩次修改稿的出臺。[1] 有學者認為我國的《海岸帶管理法》需要關注完善立法體系、樹立綜合管理理念、科學劃定海岸帶實行陸海統籌、整合各管理部門加強綜合管理、完善協調機制等問題。[2] 有學者總結，雖然國外一些國家並沒有明確提出 "陸海統籌" 的理論，但是從其海岸帶管理的實踐來看，統籌陸地和海洋，兼顧經濟與環境已經成為海岸帶管理的核心內容。[3] 我國海南省、臺灣地區已成功建構涉島海岸管理法制，有學者提出，通過對涉島海岸法制的梳理與分析，將有助於實現我國海岸管理立法的科學、合理、快速的推進，實現我國海岸資源的永續利用。[4] 我國沿海省市積極探索海岸帶綜合管理立法。1991 年，江蘇頒佈了第一部地方海岸帶立法《江蘇省海岸帶管理條例》（現已廢止）。2013 年《海南經濟特區海岸帶保護與開發管理規定》（2016 年修訂）和 2017 年《福建省海岸帶保護與利用管理條例》都規定了海岸帶綜合管理機制的內容。此外，山東省沿海地級市也頒佈了海岸帶保護利用的地方性法規。目前，自然資源部已啟動海岸帶管理立法前期研究工作、圍繞主要沿海國家海岸帶立法經驗、海岸帶管理國際先進理念與方法、海岸帶地理空間及管理範圍等方面開展專題研究，按照《中共中央國務院關於建立國土空間規劃體系並監督實施的若干意見》有關要求，在國土空間規劃總體格局下開展了全國海岸帶綜合保護與利用規劃編製工作，繼續深入開展海岸帶管理立法的法理基礎、管理制度、與相關法律關係等研究，深

1　鹿守本.海岸帶管理模式研究[J].海洋開發與管理, 2001(01):30-37.

2　王小軍.制定我國海岸帶管理法的思考[J].中國海洋大學學報(社會科學版), 2017(01):49-54.

3　董躍,薑茂增.國外海岸帶綜合管理經驗對我國實施 "陸海統籌" 戰略的啟示[J].中國海洋大學學報(社會科學版), 2012(04):15-20.

4　李文君,鄧雲成,吳繼陸.論涉島海岸管理的法制建構——以我國臺灣地區海岸管理制度為例[J].南海學刊, 2017,3(02):8-17.

入調研論證、積極推動立法相關工作。[1]

關於海岸帶的修復的頂層設計，國家海洋局于 2010 年印發的《關於開展海域海岸帶整治修復保護工作的若干意見》明確，通過整治修復工程的開展，改善海岸與近岸海域景觀生態，促進海岸與近岸海域健康可持續發展。2017 年，國家海洋局出臺《海岸線保護與利用管理辦法》等重要文件，提出了"保護海岸線，實施整治修復，抑制海洋環境惡化、保護海洋生態環境、拓展藍色經濟空間，推動海洋生態文明"的戰略。[2]

海岸帶生態整治修復可以定義為：針對受損、退化、服務下降的海岸帶區域，採取適當的人工干預措施保護岸線免受侵蝕並維持空間形態穩定，在此基礎上利用生態工程技術手段修復濱海生態系統景觀，保護生態系統結構與功能的完整性並促進自然演替，進而發揮生態系統的服務功能。[3] 海洋生態保護修復重點對象應該是海岸帶和海島的重要生物棲息地（生境），海岸帶生態修復需要向陸延伸一定距離。[4]

在海岸帶生態環境修復的具體實施方面，有學者以山東省海洋功能區劃為例，系統分析了山東海洋功能區劃的生態環境目標集、目標完成情況以及山東省海洋生態環境變化，建議加快海洋生態環境修復程度和力度，從海岸線修復、海域修復等方面積極開展生態整治修復項目，提升海域、海島和海岸帶的環境和生態價值，持續改善已經受損的海洋生態環境。[5] 而針對天津濱海濕地面積萎縮、功能退化、鹽污雙重威脅的問題，有學者建議科學劃定海岸帶基準邊界，依託天津濱海地區豐富的濕地資源，充分開發利用本地耐鹽植物資源，實施林地、綠地、濕地水綠

1　自然資協提覆字〔2020〕9號。

2　唐迎迎,高瑜,毌瑾超,任海波,金信飛.海岸帶生境破壞影響因素及整治修復策略研究[J].海洋開發與管理, 2018,35(09):57-61.

3　陳雪初,戴禹杭,孫彥偉,何小燕,李蕙.大都市海岸帶生態整治修復技術研究進展與展望[J].海洋環境科學,2021,40(03):477-484.

4　豐愛平,劉建輝.海洋生態保護修復的若干思考[J].中國土地,2019(02):30-32.

5　張盼盼,董月娥,林怡辰.海洋功能區劃生態環境目標實施效果評估研究——以山東省為例[J].海洋開發與管理,2017,34(09):11-17.

一體化修復。[1] 針對類似渤海地區的具有代表性的區域，以"授權法"為主的傳統執行權模式難以起到良好督促效果，導致渤海治理相關立法執行不力，有學者認為應制定"渤海特別法"[2]"渤海管理法"[3]，通過完善執法權，設計執行體制，建立"權力責任法"模式，在管理體制和具體制度上作出相應安排，實現綜合管理。鑒於部分省市海岸帶面臨典型濱海濕地生境被破壞、部分岸線和景觀受損嚴重等問題，有學者建議亟須重點從濱海濕地保護修復工程、海洋環境綜合整治工程、岸線和景觀保護修復工程以及海岸帶監測預警工程四個方面開展海岸帶生態保護修復工作，並從明確責任主體和加強組織領導、拓寬資金投入渠道、加強科技支撐、實行目標責任制以及健全監督管理機制等方面保障海岸帶生態保護修復重點工程的順利實施。[4]

四、實施協同的總體要求

廣東省各地、各部門要加強陸海統籌和海岸帶綜合管理，重視以海定陸、區域聯動，構建陸海一體、功能清晰的海岸帶空間治理格局和海洋生態環境保護修復機制，加強近岸海域、重要海灣和脆弱岸線綜合治理。優化開發區域，對珠江口及其兩翼附近海域進行空間佈局優化，合理調整海域開發規模和時序，嚴格實施圍填海總量，控制開發強度；統籌山水林田湖草系統治理，統籌海洋空間格局與陸域發展佈局，統籌沿海地區經濟社會發展與海洋空間開發利用，統籌陸源污染防治與海洋生態環境保護和修復；堅持節約優先、保護優先、自然恢復為主的方針，堅持生態優先，嚴守生態紅線，保護自然岸線，積極推進海岸帶地區海洋生態整治修復，實施重要生態系統保護和修復重大工程，強化區域生

1　何萍,徐傑,王德旺,任穎,侯利萍.關於天津濱海濕地生態保護與修復的建議[N].中國環境報, 2021-03-25(003).
2　肇固.渤海特別法執行權模式探析[J].法學論壇, 2011,26(03):46-50.
3　徐祥民.渤海管理法的體制問題研究[M].人民出版社, 2011.
4　吳侃侃,陳克亮.福建省連江縣海岸帶生態保護修復的現狀、問題和對策[J].海洋開發與管理, 2021, 38(06):46-50.

態環境聯防共治，推進重點海域污染物排海總量控制試點，建立陸海聯動污染防控的新機制，實施流域環境和近岸海域綜合治理，確保近岸海域水質優良比例的環境質量底線，對水生態、水資源、水環境進行有效協同。

持續改善河口和近岸海域生態環境質量，在珠江口海岸帶區域實施重要生態系統保護和修復重大工程，科學推進河口、海灣、濱海濕地、典型海洋生態系統保護修復，加強海岸帶修復治理，推進珠江口海岸帶功能退化地區綜合整治，推進近岸海域生態恢復，重點對自然景觀受損嚴重、生態功能退化、防災能力減弱、利用效率低下的海域海岸帶進行修復整治，恢復海灣、河口海域生態環境，開展海岸生態修復和防護林體系建設，強化近岸海域污染防治、生態系統保護與修復，推進"藍色海灣整治行動"。組織開展入海河流水質和近岸海域水質改善協同性、珠江口海域生態系統水質目標管控和污染整治等研究。加強入海排污口監管，在已出臺入海排污口備案辦法的沿海城市中，繼續完善廣東省重點入海排污口監管系統，清理整治非法或設置不合理入海排污口。加強養殖污染整治，組織開展海水養殖情況摸查及主要污染源調查、監測工作。加大近岸海域污染治理力度，入海河流基本消除劣 V 類水體。強化對直排海污染源和沿海工業園區的監管，規範入海排污口設置，全面清理非法或設置不合理的入海排污口。實施綜合治理，重點整治珠江口等河口海灣污染。加強海岸帶生態保護與修復，實施濕地修復工程，嚴格控制生態敏感地區圍填海活動。提高自然岸線保有率，整治修復海岸線，有效保護自然岸線和典型海洋生態系統，提高海洋生態服務功能。

加大海洋環境保護力度，堅持河海兼顧，以陸源防治為重點，嚴控陸源污染物排放，削減入海河流污染負荷，加強重點河口、海灣綜合整治，實施沿海城市和入海河流總氮污染防治，強化入海排污口監管；積極治理船舶污染，增強港口碼頭污染防治能力；推進水產養殖污染防控，嚴格執行養殖廢水排放標準，控制養殖尾水排放，提高污水、垃圾收集處理率；加強生態保護修復，提高近岸海域環境監管、環境風險防範和應急處置能力，建立海陸統籌、區域聯動的海洋生態環境保護修復機制，改善近海海域環境質量。

注重精準治污、科學治污、依法治污，保持方向力度不變、延伸攻堅深度、拓展攻堅廣度，繼續開展污染防治行動，深入打好污染防治攻堅戰，實現減污降碳協同效應，推動全省生態環境質量走在全國前列。遵循客觀規律，抓住主要矛盾和矛盾的主要方面，因地制宜、科學施策，落實最嚴格制度，加強全過程監管，提高污染治理的針對性、科學性、有效性。

強化系統觀念，協同增效，從生態系統整體性和流域系統性出發，追根溯源、系統施策、靶向治療，協同推進環境治理、生態修復，推動改善水環境質量從末端治理、過程治理向源頭預防和治理有效傳導，推進山水林田湖草沙一體化保護和修復，強化多污染物協同控制和區域協同治理，注重綜合治理、系統治理、源頭治理，保障國家重大戰略實施。

加強粵港澳生態環境保護合作，共同改善海洋生態環境。廣東省需與香港、澳門的海岸帶生態保護修復科學技術方法有效對接。針對大灣區河口海灣相間分佈、海岸帶生態系統多樣、生態壓力大等特點，需在入海口、海岸帶水體修復等方面進行深度研究與合作，探究適宜於粵港澳三地的能實現灣區海岸帶一體生態保護修復的工程實施技術指導文件，協調生態保護修復的標準，有效銜接海洋生態環境監測方法，建立健全海岸線動態監測機制，指導大灣區海岸帶生態環境改善。提升城市災害防禦能力，加強粵港澳大灣區應急管理合作。粵港澳三地加強在城市規劃、產業佈局、生態環境等方面的統籌規劃，協同發展，建設生態環境優美的粵港澳大灣區。

堅持改革引領、創新驅動。深入推進生態文明體制改革，完善生態環境保護領導體制和工作機制，加大技術、政策、管理創新力度，加快構建現代環境治理體系。完善生態文明領域統籌協調機制，健全激勵約束機制，加快建立綠色低碳循環發展的經濟體系，構建以市場為導向的綠色技術創新體系。形成導向清晰、決策科學、執行有力、激勵有效，多元參與、良性互動的生態環境保護格局，推動生態環境治理體系現代化建設。

打造以嶺南山地、藍色海岸帶為屏障，以珠三角國家森林城市群為內核連接珠江生態綠色水網的生態格局，守住自然生態安全邊界。強化陸海統籌、城鄉統籌、區域統籌，全領域、全方位推進海洋生態環境保護工作，提升海洋可持續發展能力，提升海洋災害預警預報和防災減災能力，增強應對氣候變化能力。

五、實現協同的具體措施

針對粵港澳大灣區近岸海域水質污染集中於伶仃洋及以西的珠江口八大口門海域，實施珠江口水質全面治理。珠江口東四門周邊圍繞廣州、東莞、深圳、中山等珠三角較發達城市，陸域污染排放較為嚴重。在大灣區內按照流域單元，實行"流域—控制區—控制單元"三級分區體系，推行珠江流域水環境精細化治理。控制單元內，嚴格控制陸域工業企業污染物、城鎮生活污染物、農業面源污染物的排放。強化污水處理系統運營與監督，加強港口及船舶污染源管理，規範入海排污口，有效控制入海污染物排放總量，控制和減少重金屬、氮、磷、有機物等物質排海。

珠江口西四門位於珠海、江門沿海，海水水質除了本身污染點狀排放外，主要受珠江口潮水震盪影響，水質治理需側重於城鎮污染源、農業污染源控制特別是養殖污染以及用海工程特別是港口碼頭的污染物排放，如沿岸高位養殖池、珠海高欄港、澳門的污染控制。受香港地形地貌阻隔，珠江口伶仃洋污染水體難以向東擴散，香港中東部海域、大鵬灣、大亞灣海域水質整體良好，對其他區水質實施重點區域的治理，如惠州石化區、港口碼頭等。

　　陸海統籌推進近岸海域污染防治，突出污染治理、環境整治，兼顧生態修復。嚴格實施國家層面的相關污染防治行動規劃，加強近岸海域環境保護，制定實施近岸海域污染防治方案，建立水污染防治聯動協作機制，探索建立陸海統籌的海岸帶生態環境保護修復機制。研究下達近岸海域污染防治考核目標任務，各沿海市加快改善以珠江口為突破口的重點河口海灣水質，個別地市探索開展總氮削減試點，減少污染物入海量。加強入海排污口監管，會同有關部門制定入海排污口分類管控辦法，出臺海水養殖污染生態環境監管實施意見，推進生活污水、海水養殖尾水等直排海污染源治理。各沿海市要按照檢查、監測、溯源、治理等方面的工作要求，逐步完善入海排污口管理措施。

　　實施流域環境和近岸海域綜合治理，建立健全近岸海域水質目標考核制度和重點海域污染物總量控制制度，建立實施"灣長制"，並與"河長制"統籌銜接，建立"流域—河口—海灣"污染防治的聯動機制，在堅守近岸海域水質優良比例的環境質量底線的基礎上，努力提升近岸海域環境質量。實施環境准入制度，入海污染物要優先採用集中排海和生態排海方式，鼓勵有條件的沿海地方率先開展塑料污染減量入海排放和海洋微塑料監測、評估與防治技術研究與示範。

　　針對珠江流域及近岸海域水環境突出問題，明確優先控制單元，推進流域水環境保護與綜合治理，統籌點源、面源污染防治和河湖生態修復，分類施策，實施流域水環境綜合治理工程，加大整治力度，切實改善重點流域海域水環境質量。實施重點湖庫水污染綜合治理，開展珠三角河湖內源治理。強化陸域海域污染協同治理。持續開展入河入海排污口的巡查、監測、溯源、治理活動，完成重要支流排污口整治。完善水污染防治流域協同機制，深化珠江流域綜合治理，推進重要湖泊污染防治和生態修復。沿海城市加強固定污染源總氮排放控制和面源污染治理，實施入海河流總氮削減工程，加強海洋垃圾污染防治監管。

持續實施水污染防治行動。消除劣 V 類國考斷面，加強優良水體保護，統籌抓好水生態管理。啟動重點流域水生態環境狀況調查評估，探索在練江、石馬河、潼湖、淡水河等重點流域實施一批水生態修復重點示範工程。抓實入河排污口排查整治，完成河湖岸線排污口的檢查、監測、溯源工作，完善入河排污口管理清單，超標違規排污口要制定針對性整改方案，加快控源截污、岸上水裡一體整治，嚴格控制陸源污染物排放入海。逐步完成水功能區與水環境功能區劃的優化整合，加快構建統一的水生態環境空間管控體系。

打好城市黑臭水體治理攻堅戰。統籌好上下游、左右岸、幹支流、城市和鄉村，系統推進城市黑臭水體治理。加強農業農村和工業企業污染防治，有效控制入河污染物排放。強化溯源整治，杜絕污水直接排入雨水管網。推進城鎮污水管網全覆蓋，對進水情況出現明顯異常的污水處理廠，開展片區管網系統化整治。因地制宜開展水體內源污染治理和生態修復，增強河湖自淨功能。充分發揮“河長制”“湖長制”作用，鞏固城市黑臭水體治理成效，建立水環境質量持續優化的長效機制。

推進農村生活污水治理，完善生活污水處理設施。加強摸查調研、提出建設方案、制定指導意見。各相關市要積極配合，對已有設施全面摸底，建立數據台賬，有序推進治理。各相關市要按照地市統籌、縣為主體、鄉鎮實施、村級推進的原則，細化分解任務，建立健全工作機制，共同做好總體設計、台賬和資金管理及項目驗收等工作。協調財政、農業農村部門，認真謀劃資金需求，做好項目儲備庫建設，積極爭取財政資金保障。各縣制定處理設施運維管理制度，合理確定運維模式。加強技術指導與環境監管，聯合有關部門組建專家團隊，分片區組織技術指導和培訓，開展重點處理設施出水水質監測。

繼續實施海洋污染綜合治理行動。推動重點流域、湖泊生態保護修復，加強生態流量管理，大力推進美麗河湖、美麗海灣保護與建設。組織開展集中式飲用水水源保護區劃定，推進城市黑臭水體治理和城鎮污水管網全覆蓋，加強城鎮（園區）污水處理環境管理，推動區域再生水循環利用試點。完成入海排污口監測與溯源工作，推進入河排污口排查。推動珠江口及鄰近海域等實施綜合治理。

加強近岸海域環境保護，實施近岸海域污染防治方案，整治珠江口及相關河口海灣污染。沿海市實施總氮排放總量控制，研究建立重點海域排污總量控制制度，規範入海排污口設置，全面清理非法或設置不合理的入海排污口，基本消除省控及以上河流入海斷面劣於 V 類的水體。

實施珠江口鄰近海域污染防治行動，一灣一策，實施重點海灣綜合治理。深入推進入海河流斷面水質改善、沿岸直排海污染源整治、海水養殖環境治理，加強船舶港口、海洋垃圾等污染防治。推進重點海域生態系統保護修復，推進海洋環境風險排查整治和應急能力建設。重點海域水質優良比例提升，濱海濕地和岸線得到有效保護。

保護水和濕地生態系統，加強河湖水生態保護，科學劃定生態保護紅線。禁止侵佔自然濕地等水源涵養空間，已侵佔的要限期予以恢復。強化水源涵養林建設與保護，開展濕地保護與修復，加大退耕還林、還草、還濕力度。

提高涉海項目准入門檻，嚴格限制高污染項目建設，依法淘汰落後產能，嚴格控制造紙、印染、制革、農藥、氮肥等行業新建單純擴大產能項目，強化重點河湖污染治理，加強入海河流小流域綜合整治和近岸海域污染防治，減少珠江口陸源污染物排放。加大土壤重金屬污染治理力度，推動有色金屬冶煉、皮革、電鍍、鉛酸蓄電池等行業技術更新改造，減少污染排放，加強地下水污染防治。

加強海洋垃圾污染防治監管工作。生態環境部門聯合海洋綜合執法、海事、海警等部門開展近岸海域污染防治行動，嚴厲打擊海洋污染、生態破壞等違法行為，三地建立健全海洋生態環境監管協作機制。建立完善監管污染物排放的環境保護管理制度，建立陸海統籌的生態系統修復和污染防治區域聯動機制，完善排污許可制度。

強化生態環境科技支撐。深入研究大灣區海域生態系統的結構和功能，在嚴格測算區域環境容量的前提下擬定修復計劃，實施生態修復。加強海洋生態環境保護基礎研究，強化對地表水溶解氧、海洋環境等問題以及新污染物的科學研究，持續強化監測、調查、應急能力建設。聯合科研院所，組織開展感潮河網區溶解氧調控關鍵技術研究。大力發展環保產業，規範環保產業市場，健全環保工程設計、建設、運營等領域招投標管理辦法和技術標準。推進先進適用的節水、治污、修復技術和裝備產業化發展。

　　建立多元化的資金投入機制。積極爭取國家重大專項資金扶持，加大對示範區內基礎設施、生態修復和科技創新的資金投入。在海岸線生態修復和重點海灣整治專項資金中每年安排資金用於示範區建設。加大金融投入和服務創新。中央財政加大對屬中央事權的水環境保護項目支持力度，合理承擔部分屬中央和地方共同事權的水環境保護項目，向重點地區傾斜；研究採取專項轉移支付等方式。基於中央與地方事權和支出責任劃分的要求，加快建立與環保支出責任相適應的財政管理制度，各級財政應保障同級生態環保重點支出。優化創新環保專項資金使用方式，加大對環境污染第三方治理、政府和社會資本合作模式的支持力度。按照山水林田湖系統治理的要求，整合生態保護修復相關資金。沿海市人民政府重點支持污水處理、污泥處理處置、河道整治、飲用水水源保護、畜禽養殖污染防治、水生態修復、應急清污等項目和工作，對環境監管能力建設及運行費用分級予以必要保障。

　　完善海域金徵收管理制度，加大海域、海岸帶整治修復投入。拓寬資金籌措渠道。完善使用者付費制度，支持經營類環境保護項目。積極推行政府和社會資本合作，探索以資源開發項目、資源綜合利用等收益彌補污染防治項目投入和社會資本回報，吸引社會資本參與准公益性和公益性環境保護項目。鼓勵社會資本以市場化方式設立環境保護基金。鼓勵創業投資企業、股權投資企業和社會捐贈資金增加生態環保投入。

六、組織引領

　　廣東省政府和香港、澳門特別行政區政府要在相互尊重的基礎上，積極協調配合，持續加強生態保護修復，共同編製並推動落實生態環境保護等領域的專項規劃或實施方案。海岸帶水體生態修復應建立科學的協同管理體系作為保障。粵港澳三地可在海岸帶水體生態修復方面開展合作，以期廣東省生態環境部門、香港特別行政區環境保護署和澳門特別行政區環保部門為三地水體修復協同管理機制建設提供良好基礎。提升三地合作水平。建立完善政府間、研究機構及民間團體之間的交流合作機制，搭建對話交流平臺，促進生態環保理念、管理制度政策、環保產業技術等方面的交流合作。組織開展生態修復領域的合作項目。

　　建立粵港澳大灣區水體污染治理體系，推進跨行政區域的水環境責任制度建設。成立大灣區珠江入海口、海岸帶水體污染統籌治理工作委員會，統籌大灣區跨區域海水污染治理，編製相關制度與實施辦法，按照灣區內各市（區）陸域污染對海水水質污染的貢獻，特別是珠江口東四門所在各市負有大灣區近岸海域水環境治理的主要責任，在資金、技術研發、生態補償方面予以重點投入。

　　提升監管水平，完善流域協作機制。健全跨部門、區域、流域、海域水環境保護議事協調機制，發揮生態環境部門和流域水資源保護機構的作用，探索建立陸海統籌的生態系統保護修復機制，流域上下游各級政府、各部門之間要加強協調配合、定期會商，實施聯合監測、聯合執法、應急聯動、信息共享。三地要建立水污染防治聯動協作機制，建立嚴格監管所有污染物排放的水環境保護管理制度，推進海上突發環境事件應急體系建設，健全海洋環境污染事故應急響應機制。

　　加強生態環境交流合作。在粵港環保及應對氣候變化合作小組會議、粵澳環保專責小組會議、泛珠三角環保聯絡員會議和泛珠三角區域合作行政首長聯席會議的基礎上，協調落實粵桂九洲江、粵閩韓江 - 汀江、粵贛東江流域上下游橫向生態補償。

探索形成適宜三地的粵港澳大灣區海岸帶生態保護修復協同管理機制，在目標、規劃、政策、標準上做到協同共治，持續完善生態環境法規和標準。開展粵港澳三地海岸帶生態環境聯合執法、監測和海洋生態災害聯合應急防禦，共同打造大灣區海岸帶生態保護修復安全格局。廣東省生態環境廳、廣東省海洋綜合執法總隊、廣東海事局、廣東海警局聯合開展近岸海域污染防治行動，檢查海洋（海岸）工程、船舶、入海排污口，查處違法案件，遏制海洋生態環境違法行為。

創新海洋綜合管理機制和模式，研究部署重大事項。有關地級以上市、縣（市、區）政府是本地區珠江入海口、海岸帶水體修復治理的責任主體。建立健全協調機制，加強組織領導，充實工作力量，海洋、漁業部門要切實履行海洋綜合管理的統籌協調職責，會同有關部門制定實施方案，開展跟蹤分析和監督評估，總結試點經驗。

專題三：大灣區碳排放交易制度協同研究

"30 · 60" 遠景目標

2020 年 9 月，習近平主席在第七十五屆聯合國大會首次提出我國 "2030 碳達峰 · 2060 碳中和" 的遠景目標（ "30 · 60" 遠景目標），並在隨後的 "領導人氣候峰會" "G20 領導人利雅得峰會" "達沃斯論壇" 和 "十三屆全國人大四次會議" 等國內外重要講話中多次提及 "30 · 60 目標"，展現出中國對應對及緩釋氣候變化莊重的承諾和堅定的決心，彰顯了我國堅持綠色低碳發展的戰略定力和積極應對氣候變化、推動構建人類命運共同體的大國擔當。

2021 年 3 月 15 日，習近平總書記主持召開中央財經委員會第九次會議，研究促進平臺經濟健康發展問題和實現碳達峰、碳中和的基本思路和主要舉措。習近平在會上發表重要講話強調，實現碳達峰、碳中和是一場廣泛而深刻的經濟社會系統性變革，要把碳達峰、碳中和納入生態文明建設整體佈局。會議強調，我國要以經濟社會發展全面綠色轉型為引領，以能源綠色低碳發展為關鍵，加快形成節約資源和保護環境的產業結構、生產方式、生活方式、空間格局，堅定不移走生態優先、綠色低碳的高質量發展道路。要堅持政府和市場兩手發力，強化科技和制度創新，深化能源和相關領域改革，形成有效的激勵約束機制。[1]

"十四五"是碳達峰的關鍵期、窗口期，要重點構建清潔低碳安全高效的能源體系，控制化石能源總量；深化電力體制改革，構建以新能源為主體的新型電力系統；實施重點行業領域減污降碳行動，推進綠色製造，提升節能標準；推動綠色低碳技術實現重大突破，建立完善綠色低碳技術評估、交易體系和科技創新服務平臺；完善綠色低碳政策和市場體系，加快推進碳排放權交易，積極發展綠色金融；加強應對氣候變化國際合作，推進國際規則標準制定。

"30·60"遠景目標的提出，是基於"五位一體"生態環境建設上的大步邁進，是從污染治理的攻堅任務轉向更全面均衡經濟、社會、環境共發展的重心轉移，是一場廣泛而深刻的經濟社會系統性變革。在此背景下，全國碳排放權交易市場應運而生。建設全國碳排放權交易市場，是利用市場機制控制和減少溫室氣體排放，推動綠色低碳發展的一項重大制度創新，是實現碳達峰、碳中和與國家自主貢獻目標的重要政策工具。全國碳排放交易市場將在全社會範圍內形成碳排放定價的信號，為整個社會的低碳轉型奠定堅實基礎。[2]

碳排放權交易機制（以下簡稱"碳交易"）有效推動實現"碳達峰"通過採用兼具價值發現功能和碳融資功能的市場化方式，將減少溫室氣體排放的外生壓力內生化，引導投資流向綠色低碳產業，激勵企業主動開展多方式的節能減排，並與政府行政管理手段相協同從而達到低成本、高效率的減排效果。

2021年4月25日，《廣東省國民經濟和社會發展第十四個五年規

1　習近平主持召開中央財經委員會第九次會議，中國政府網。
2　金子曦，施懿宸，《碳中和背景下電網企業參與碳市場的業務發展淺析》，中央財經大學綠色金融國際研究院微信公眾號。

劃和 2035 年遠景目標綱要》（以下簡稱 "廣東規劃綱要"）正式發佈。
相比 2020 年 12 月廣東發佈的 "十四五" 規劃綱要建議，此次正式發佈
的《廣東規劃綱要》新增了 "積極應對氣候變化" 方面的內容。其中，
《廣東規劃綱要》提出，抓緊制定廣東省碳排放達峰行動方案，推進有
條件的地區或行業碳排放率先達峰。建立碳排放總量和強度控制制度，
推進溫室氣體和大氣污染物協同減排，實現減污降碳協同。加大工業、
能源、交通等領域的二氧化碳排放控制力度，提高低碳能源消費比重。
此外，《廣東規劃綱要》提出，深化碳交易試點，積極推動形成粵港澳
大灣區碳市場。

　　粵港澳大灣區的建設過程中，將各地碳排放權交易制度進行協同，
可促進灣區內部生態效益和環境效益的共同提升。本章從理論、現狀出
發，以推動粵港澳大灣區率先實現碳中和為研究目標，結合域外區域碳
市場發展的經驗與問題，探索粵港澳大灣區碳市場之協同。

一、粵港澳碳排放權交易的發展歷程

（一）廣東省

　　2012 年 9 月印發《廣東省碳排放權交易試點工作實施方案》，將碳
交易試點分三期安排，第一期（2012-2015 年）為試點試驗期，第二期
（2016-2020 年）為試驗完善期，第三期（2020 年後）為成熟運行期。
報告企業範圍為廣東省行政區域內 2011-2014 年任一年排放 1 萬噸二氧
化碳（或綜合能源消費量為 5000 噸標準煤）及以上的工業企業，具體
名單由省發展和改革委員會（省發改委）和省有關部門研究確定，並根
據工作進展情況和所屬行業特點，分期、分步組織上述企業報告碳排放
信息。研究將交通運輸、建築行業的重點企業納入碳排放信息報告範
圍。控排企業範圍是廣東省行政區域內電力、水泥、鋼鐵、陶瓷、石
化、紡織、有色、塑料、造紙等工業行業中 2011-2014 年任一年排放 2
萬噸二氧化碳（或綜合能源消費量為 1 萬噸標準煤）及以上的企業，具

體名單由省發改委和省有關部門研究確定，並根據工作進展情況和所屬行業特點，分期、分步組織上述企業實施碳排放總量控制，開展配額交易。後將交通運輸、建築行業的相關企業納入碳排放總量控制和配額交易範圍。

廣東省試點明確提出將建立碳補償機制，將森林碳匯納入碳排放權交易體系。在開展配額交易的同時，廣東省試點還將開展 CCER 交易。

自正式啟動交易以來，納入管控的六大行業碳強度均實現了下降，控排企業 2019 年排放量與納入碳市場當年相比，整體實現絕對量減排。二級市場交易量從 2013 履約年度的 119 萬噸到 2019 履約年度的 3784 萬噸，增長近 31 倍；市場流動性從開始之初最長連續 52 個交易日無交易，到 2019 履約年度日均交易量超過 10 萬噸。市場參與者從最初僅有的 200 多家碳排放管控企業，發展到現在各類市場參與主體超過 1200 戶，滿足包括投資和公益在內的各類業務需求；現貨交易量更是在 2019 履約年度超過同期歐洲能源交易所（EEX）配額現貨交易量，位居世界前列。

截至 2021 年 3 月 21 日，廣東省碳排放配額累計成交量 1.75 億噸，佔全國碳交易試點 37.91%，穩居全國首位；累計成交金額 36.36 億元，佔全國碳交易試點 34%，成為國內首個配額現貨交易額突破 35 億元大關的試點碳市場。[1]

廣東省碳普惠制從 2016 年開始運行，通過對小微企業、社區家庭和個人的節能減碳行為進行具體的量化和賦予一定的價值，並建立起以商業激勵、政策激勵和核證減排量交易相結合的首創正向引導機制，旨在普及低碳知識，推行低碳生活和低碳消費，推廣使用低碳產品和技術。具體運行機制為，公眾和小微企業通過低碳活動，獲得碳幣，[2] 碳幣可以用來購買優惠、獲取政策激勵優惠，進入碳市場。碳普惠交易精

1　同上。
2　碳幣是一種由減碳量產生的虛擬兌換券，用戶的減碳量將被換算為相應量的碳幣。

準扶貧，效果顯著。2019 履約年度，共簽發省級碳普惠制核證減排量 78.43 萬噸，成交金額 4952 萬元。由於廣東省履約抵消政策調整，貧困村碳普惠減排量更受市場青睞，競價項目成交價普遍高於當日配額收盤價，凸顯生態扶貧價值。

深圳市碳排放交易市場於 2013 年 6 月 18 日啟動。該試點設計了"四種類型、三個板塊"的碳交易體系，即管控工業直接排放、工業間接排放、建築碳排放和交通碳排放四種排放類型，形成工業、建築和交通三個板塊。根據"分步實施"的原則，率先納入工業板塊。

深圳市首輪碳交易納入範圍涵蓋本市行政區域內年排放量超出 3000 噸二氧化碳的企業，共計 635 家工業企業。深圳市碳市場將本市的重點排放單位都納入了交易覆蓋範圍。例如，納入了鋼鐵、水泥、化工、電力、油氣開採等重點排放行業企業，其排放總量達到了試點地區排放總量 60% 左右；此外還納入了服務業、製造業等當地排放較大的行業，談事產能個總能量佔試點地區排放總量的 40% 左右。深圳市的配額總量由免費發放給現有控排企業的配額、拍賣配額、新進入者儲備配額、市場調節儲備配額幾個部分構成。免費發放給現有控排企業的配額由預分配配額和調整配額兩部分構成。主管部門將當年度配額總量 93% 列為免費發放給現有控排單位的配額。其中，預分配配額佔年度總量 83%，調整配額佔年度總量 10%。當年度配額總量的 3% 為拍賣配額，當年度配額總量 2% 為新進入者儲備配額。新進入者儲備配額的來源包括主管部門預先劃撥的配額、配額分配調整扣減的配額和控排單位運行終止後由主管部門收回的配額。市場調節儲備配額的來源包括主管部門按照年度配額總量的 2% 劃撥的配額、政府配額拍賣中流拍的配額和配額價格保護機制回購的配額。

深圳市不斷開發碳市場的主體範圍，是國內首個向個人投資者開放、向機構投資者開放、唯一一個向境外投資者開放的試點。

(二) 香港

香港目前的碳交易實踐僅限於自願減排額度（VER），而非強制性配額，企業和個人都可以參與。香港排放權交易所成立於 2012 年 5 月，經營綜合性環境資源產品及衍生性金融產品交易，主要交易產品為：在交易所掛牌的核證減排量（CERs）、中國核證減排量（CCER）、國際核證（自願）減排量（VER）、香港自願減排量（HVER）、臺灣自願減排量（TVER）。香港排放權交易所又與中國各碳交易試點市場為建立戰略合作關係，積極為推進中國碳交易市場的國際化作出貢獻，為全球投資者提供涉足未來全球第一大碳交易市場的機會。[1]

相對於境內碳市場管理，香港市場交易制度不夠完善，但具有更強包容性和靈活性。香港市場交易方式單一，只接受限價委託申報，但交易時間更長，且對價格波幅無限制。結算方面：香港和深圳碳市場結算幣種多樣，香港接受港元、人民幣、美元等幣種，深圳針對境外投資者不限交易幣種，廣東碳市場結算幣種目前限於人民幣；香港實行更具靈活性的 T+0 交收制度，而內地碳市場實行 T+1 交收制度。

由於香港採取的碳交易體系存在固有障礙，即自願減排制度下控排企業和投資者的積極性均不高，其突出的包容性和靈活性不能很好地得到發揮。而內地市場在較完善的交易體系和監管機制下，流動性較好，但在對外開放方面仍存在障礙。兩地碳交易市場體現出互補可能性，若兩地碳交易市場能得到鏈接，將能發揮較好的互補效應。[2] 環球能源資源行政總裁、香港排放權交易所首席執行官陳國榮也稱，希望以香港作為一個出發點，帶動及融合大中華區的碳排放權交易，並進一步聯合美國及歐洲交易。[3]

2020 年 12 月 8 日，香港一國兩制研究中心研究總監方舟通過視頻

1　見香港排放權交易所網站。

2　《碳金融市場融合是大灣區踐行綠色發展、深化金融開放的重要嘗試》，網頁文章。

3　《香港排放權交易所平臺（香港碳市場）》，網頁文章。

連線在粵港澳大灣區綠色發展高峰論壇上提出倡議：“香港與內地共同搭建大灣區碳市場工作機制，共同推動大灣區碳市場方案設計。”[1]

澳門地區暫無碳交易實踐。澳門綠色金融仍處於起步階段，目前主要以國際金融標準開展綠色金融活動，正著手從基礎設施建設、政策配套優化等方面搭建綠色金融平臺。[2]

（三）全國碳交易市場的建設

在中央政策指導下，內地的碳排放權交易實踐，經歷了由試點走向全國的發展歷程。2011 年，按照“十二五”規劃綱要關於“逐步建立碳排放交易市場”的要求，在北京、天津、上海、重慶、湖北、廣東及深圳 7 個省市啟動了碳排放權交易試點工作。2013 年起，7 個地方試點碳市場陸續開始上線交易。試點市場覆蓋了電力、鋼鐵、水泥 20 多個行業近 3000 家重點排放單位，到 2021 年 6 月，試點省市碳市場累計配額成交量 4.8 億噸二氧化碳當量，成交額約 114 億元。試點市場重點排放單位履約率保持較高水平，市場覆蓋範圍內碳排放總量和強度保持雙降，有效促進了試點省市企業溫室氣體減排，也為全國碳市場建設摸索了制度，鍛煉了人才，積累了經驗，奠定了基礎。碳排放權交易市場的制度基礎是強制性的減排履約責任。同時，碳排放權交易市場運行具有操作環節多、規範性要求強、專業要求高的特點，因此必須要在法治軌道上進行。經過多年的建設運行，以生態環境部為主要力量的立法、行政機關制定發佈了一系列碳市場相關制度，初步構建了全國碳市場制度體系，具體如下：

1　《方舟：共同搭建大灣區碳市場工作機制》，網頁文章。
2　陳怡西.粵港澳大灣區綠色金融標準的協同發展研究[J].環境法評論, 2020(01):129-142.

政策法規名稱	發佈時間	發佈主體	效力位階
《全國碳排放權交易市場建設方案（發電行業）》（發改氣候規〔2017〕2191 號）	2017 年 12 月 18 日	國家發展改革委	部門規範性文件
《碳排放權交易管理暫行條例（徵求意見稿）》	2019 年 3 月 29 日	生態環境部法規與標準司	立法草案
《碳排放權交易有關會計處理暫行規定》（財會〔2019〕22 號）	2019 年 12 月 16 日發佈，2020 年 1 月 1 日施行	財政部	部門規範性文件
《2019-2020 年全國碳排放權交易配額總量設定與分配實施方案（發電行業）》（國環規氣候〔2020〕3 號）	2020 年 12 月 29 日	生態環境部	部門規範性文件
《納入 2019-2020 年全國碳排放權交易配額管理的重點排放單位名單》（國環規氣候〔2020〕3 號）	2020 年 12 月 29 日	生態環境部	部門規範性文件
《碳排放權交易管理辦法（試行）》（生態環境部令第 19 號）	2020 年 12 月 25 日發佈，自 2021 年 2 月 1 日起施行	生態環境部	部門規章
《碳排放權交易管理暫行條例（草案修改稿）》	2021 年 3 月 30 日	生態環境部辦公廳	立法草案
《碳排放權登記管理規則（試行）》;《碳排放權交易管理規則（試行）》;《碳排放權結算管理規則（試行）》（生態環境部公告 2021 年第 21 號）	2021 年 5 月 14 日	生態環境部	部門規範性文件

　　2020 年 12 月 29 日，生態環境部印發了《2019-2020 年全國碳排放權交易配額總量設定與分配實施方案（發電行業）》，啟動了全國碳市

場第一個履約週期。2021 年以來，又陸續發佈企業溫室氣體排放核算方法與報告指南、核查指南以及碳排放權登記、交易、結算管理規則等一系列文件。2021 年 2 月 1 日起施行的《碳排放權交易管理辦法（試行）》，對碳市場交易主體的條件、交易產品、交易方式、各參與方權利和義務等作出了規定。這些制度文件的發佈都是為了規範市場運行管理的各個環節。碳排放權登記、交易、結算三個管理規則，針對登記、交易、結算活動各環節明確了監管主體和責任，細化了監管內容，實現了整個碳市場流程各個環節的全覆蓋，形成閉環，實現了精細化監管，從而有效地防止虛假登記和交易，保護各方交易主體的合法權益，維護整個市場秩序和公平。

2021 年 3 月 30 日，生態環境部辦公廳起草《碳排放權交易管理暫行條例（草案修改稿）》，並公開徵集意見。相較於 2019 年 3 月 29 日生態環境部法規與標準司發佈的《碳排放權交易管理暫行條例（徵求意見稿）》，草案修改稿在交易產品、配額總量與分配方法確定、自願減排核證、碳排放政府基金等方面進行了條文新增或完善。在交易產品方面，草案修改稿提出，全國碳排放權交易市場的交易產品主要是碳排放配額，經國務院批准可以適時增加其他交易產品。在配額總量與分配方法方面，草案修改稿規定，碳排放配額分配包括免費分配和有償分配兩種方式，初期以免費分配為主，根據國家要求適時引入有償分配，並逐步擴大有償分配比例。在自願減排方面，草案修改稿明確提出鼓勵實施自願減排項目，可以確定未來自願減排項目仍適用於全國碳市場，但使用比例暫未明確。在碳排放政府基金方面，草案修改稿提出，國家建立碳排放交易基金。向重點排放單位有償分配碳排放權產生的收入，納入國家碳排放交易基金管理，用於支持全國碳排放權交易市場建設和溫室氣體削減重點項目。

此外，行業呼聲較大的建立分工明確、協同推進的碳市場建設工作機制取得新進展。草案修改稿中明確，國務院生態環境主管部門會同國務院市場監督管理部門、中國人民銀行和國務院證券監督管理機構、國務院銀行業監督管理機構，對全國碳排放權註冊登記機構和全國碳排放權交易機構進行監督管理。

在責任承擔方面，草案修改稿明確重點排放單位義務，每年 3 月 31 日前需報送溫室氣體排放報告，且數據和原始紀錄至少保存 5 年，其立法目的在於加強數據可追溯性，保證碳市場基礎數據的真實、可靠。與此同時，草案修改稿明確，違反規定，通過欺詐、惡意串通、散佈虛假信息等方式操縱碳排放權交易市場的，由國務院生態環境主管部門責令改正，沒收違法所得，並處一百萬元以上一千萬元以下的罰款。單位操縱碳排放權交易市場的，還應當對其直接負責的主管人員和其他直接責任人員處五十萬元以上五百萬元以下的罰款。

生態環境部將從以下幾個方面繼續推動相關工作制度的落實。一是指導監督，對市場各參與主體嚴格按照相關制度規定開展業務進行指導監督。二是能力建設，加強對市場參與主體以及生態環境系統的碳市場相關能力建設，推動各個單位相關方懂制度、守制度、用制度。三是聯合監管，協調相關部門，依據有關法律法規，組織開展對碳市場運行各個環節的聯合監管。四是立法保障，推動《碳排放權交易管理暫行條例》盡快出臺，以更高層次的立法保障碳市場各項制度有效實施。[1]

二、碳排放權交易的比較研究

（一）歐盟歐盟碳排放交易體系

1. 歐盟碳排放交易體系概況

歐盟碳排放交易體系（European Union Emission Trading System, 以下簡稱 EU ETS）是世界上規模最大，並且唯一一個運行中的國家間、多行業的排放交易體系。2003 年 10 月 25 日，2003/87/EC 排放交易指

---

[1] 國新辦舉行啟動全國碳排放權交易市場上線交易國務院政策例行吹風會（全文實錄）中華人民共和國生態環境部網，2020年12月10日訪問。

令生效，宣佈歐盟碳排放交易體系於 2005 年起正式運行，目前共規劃了三個實施階段。

第一階段為 2005 年到 2007 年，試驗性階段（Learning by Doing），主要是為接下來的階段進行必要的準備並積累經驗。在這個階段，國家分配方案是成員國國內法層面上歐盟碳排放交易體系的前提。由各成員國自己決定排放總量以及分配給國內各管制對象的 EUA 總量，然後提交國家分配方案給歐盟委員會，委員會再對法案進行評估，決定是否符合 EU ETS 法令標準。

第二階段是從 2008 年到 2012 年，是實現各成員國在《京都議定書》中減排承諾的關鍵時期。該時期的碳排放交易體系除歐盟成員國外，還包括歐洲經濟區中的冰島、挪威和列支敦士登。2008 年 7 月 9 日，歐洲議會通過了關於將航空業納入 EU ETS 的提議草案（Directive 2008/101/EC），決定自 2012 年起，進出歐盟以及在歐盟內部航線飛行的飛機排放的溫室氣體均須納入 EU ETS。[1] 不過因為國際法上的爭議，該法令遭到了各國抵制，只有歐洲國家遵守了規定。[2]

第三階段是從 2013 年到 2020 年，是歐盟碳排放交易的改革期，改革主要是為了解決前兩個階段體制缺陷帶來的一些問題。碳排放配額總量逐年下降 1.74%，從 2013 年配額總量的 19.74 億噸，到 2020 年下降至 17.2 億噸。涵蓋行業增加，包括了化工業、制氨行業等新的工業領域。除了二氧化碳、氧化亞氮外，電解鋁行業產生的全氟化碳等也被納入交易機制。另一個重要變化是在配額分配的方式和方法，從之前的分權模式變為集權模式，國家分配計劃被取消，由歐盟委員會基於充分協調原則分配配額至各國。免費發放的配額比例逐年降低，計劃到 2027 年實現全部初始配額通過拍賣方式分配。[3]

1　Nantke H. J., "Emissions trading in aviation", *Carbon Management*, 2011, 2(2): 127-134.

2　郝海青.歐美碳排放權交易法律制度研究[D].青島:中國海洋大學, 2012.

3　趙霞,朱林,工璧.歐盟溫室氣體排放交易實踐對我國的借鑒[J].環境保護科學, 2010(1)58.

2017 年 11 月，歐洲議會和歐盟成員國達成了改革 2021-2030 年歐盟碳排放交易體系的最終協議。[1]協議著重以下幾個方面的改革：① 為確保面臨碳洩漏風險的工業設施有足夠的免費碳排放配額，從 2021 年起，拍賣份額比例可能從 57% 減少至 54%，同時針對此類設施，將使用基於工業部門交易和排放強度（Emission Intensity）的更為嚴格的標準，並從 2026 年開始逐步取消對不存在碳洩漏風險的工業設施部門的免費分配的配額。② 對於現代化基金，其項目僅允許針對可再生能源、能源效率和電力設施方面，保加利亞和羅馬尼亞供熱項目除外。③ MSR 的吸收率在 2019-2024 年期間將翻倍，2024 年起，將取消其中一部分市場配額。④ 歐盟委員會可以遵從五年一次的審查週期，就改革 EU ETS 指令（Directive）呈交立法建議，重點關注 EU ETS 所有要素，包括線性減排係數。⑤ 如果國際海事組織（International Maritime Organization）內部的國際協議談判禁止緩慢，歐盟可能採取措施將海運排放納入進 EU ETS。

2.EU ETS 近期發展特點

在第三、四階段中，EU ETS 機制的發展有以下幾點：① 覆蓋範圍擴張，涉及更多行業，納入了其他種類的溫室氣體。具體包括由石油化工、制氨和制鋁行業產生的二氧化碳排放；由制硝酸、己二酸和羥基乙酸行業產生的一氧化碳排放；由制鋁行業產生的全氟化碳排放以及由捕獲、運輸和地質封存的二氧化碳排放。② 初始分配額的免費分配配額逐步下降，從 2013 年的 80%，到 2020 年減少到 30%，計劃到 2027 年降至零。③ 對國際碳信用補償機制進行逐步限制。作為對配額補充的國際碳信用使用量在第三階段大量減少。2012 年 12 月 31 日後註冊項目中，僅有在最不發達國家（LDC）或與歐盟已經簽訂了雙邊協議的

---

1   Directive 2018/410/EU of 14 March 2018 to enhance cost-effective emission reductions and low-carbon investments and amending Directive 2003/87/EC, and Decision (EU) 2015/1814 [2018] OJ L76/3 (EU ETS Directive).

國家註冊項目產生的碳信用，自 2012 年後才有資格兌換為歐盟排放配額。④ 交易平臺登記框架改進。在 2009 年和 2010 年分別經歷了增值稅（VAT）欺詐和 CER 回收後，EU ETS 在 2011 年初遭遇了一波針對其登記冊的基礎設施的網絡攻擊。在歐盟登記系統內準確核算和保證交易完整性依賴 2 個法規。⑤ 2010 年註冊登記法規和 2011 年註冊登記法規，新交易平臺增加了一系列安全保障措施。通過歐盟獨立交易日誌（CITL）和國際交易日誌（ITL），以及歐洲綜合登記系統（CESUR），來保障交易平臺安全運行。市場供需關係發展。2008 年金融危機之後，配額總量綽綽有餘，由於市場需求減少、碳價縮水，市場面臨挑戰：由供應過剩而產生的、與當前宏觀經濟現象相應的需求量，同先前設定的在非常不同的市場條件下確定的供應量之間的協調。為改善供大於求的情況，歐盟採取了擴大涉及行業、減少發放配額量，以及限制國際碳信用的使用等措施。

EU ETS 的法制特徵：① 總量與交易模式（Cap and Trade）歐委會統一分配，這樣做的優勢是能夠確保交易機制實施後的環境改善效果。② 國家分配計劃（NAP）的取消，原因是第一階段國家分配計劃過於寬鬆，導致總體配額供大於求，客觀說抑制了減排的動力，結果實現的減排量和經濟效益都非常有限。於是第二階段歐委會收緊了總體分配，加強了監督管理。第三階段分權轉變為集權，歐盟直接對企業分配。③ 排放許可證，用以責成企業具備監測與報告排放情況的技術和物質條件。④ 與其他碳市場的鏈接指令。

（二）美國的區域性溫室氣體減排機制（RGGI）

美國東北部區域溫室氣體行動計劃（The Regional Greenhouse Gas Initiative, 以下簡稱 "RGGI"）是美國第一個溫室氣體強制減排交易機制，也是美國區域溫室氣體減排機制中最為人們所熟悉的。RGGI 是有美國東北部和中大西洋區域的 10 個州組成，包括康涅狄格州、特拉華州、緬因州、馬裡蘭州、馬薩諸塞州、新罕布什爾州、新澤西州、紐約州、羅德島州和佛蒙特州。

1.RGGI 運行機制概況

2005 年 12 月 20 日，以 RGGI 備忘錄的形式，確定 RGGI 基本規則框架。2006 年，備忘錄簽署方頒佈 RGGI 的基本規則，詳細規定 RGGI 各方面內容，作為各州制定州內規則和具體實施的基礎。RGGI 從 2009 年 1 月 1 日開始實施，分為兩個階段：第一階段從 2009 年到 2014 年，減排目標是維持現有排放水平，第二階段從 2015 年到 2018 年，每年減排 2.5%，4 年總計 10%。RGGI 只選擇電力部門參與減排，涵蓋了區域內 200 多個裝機容量超過 25MW 的火力發電設施，這些設施的排放量約佔區域內發電設施排放總量的 95%。

拍賣是 RGGI 的主要分配方式，只有不到 10% 的配額是通過固定出售和從州賬戶直接分配的方法。目前各個國家地區在建立碳排放交易機制時，普遍選擇免費分配排放配額為主的方式，在此基礎上再逐步提高配額有償分配的比例。RGGI 的分配方式比較大膽和激進。每三個月舉行一次拍賣，每個發電設施可以購買任何一個參與州的碳排放配額，通過這種方式，10 個參與州的分散市場連接成了一個協調、統一的區域性市場。拍賣採用的具體形式為單輪密封投標、統一價格成交的形式。每個競拍者可以以特定的價格對特定數量的配額進行投標。為避免市場操縱行為，單位拍賣中，單個競標者的競買量不能超過該輪拍賣總量的 25%。配額拍賣為政府帶來可觀的拍賣收入。在 RGGI 運行的第一個履約期內，配額拍賣和出售帶來的收入的達到了 9.52 億美元。[1]

抵消機制的實際適用範圍非常有限。雖然 RGGI 允許購買一些減排項目所產生的配額，但是抵銷項目的配額總量一般不超過 3.3%，且只局限於美國本土。除了限制項目類型，RGGI 還就項目的其他諸多方面作出規定。

1　International Emission Trading Association, *The World's Carbon Market: A case Study Guide to Emissions Trading*, Regional Greenhouse Gas Initiative, 2014.

RGGI 以三年為一個履約週期，相比於受控排放體每年都進行履約，這種規定有更大靈活性。這個履約週期也不是固定不變。處罰價格機制，在某些情況下可以延長履約期限。當一段時期（前 12 個月）內的配額滾動平均價格超過了設定的觸發價格，則履約期限向後順延一年。

芝加哥氣候交易所採用會員制度，將有意出售或購買剩餘減排額的企業、個人、清算機構、市場流通部門納入統一的分級會員制度，有助於碳排放交易有序進行。

2.RGGI 的影響評價

RGGI 在減排的同時更刺激經濟增長。RGGI 成立的頭三年產生了16 億美元的淨經濟效益和 16000 個工作年（Job-year），[1]RGGI 的後三年產生了 13 億美元的淨經濟效益，並創造了 14700 個工作年。[2]

RGGI 一級和二級碳市場具有相當的規模，市場結構合理，運行穩定。儘管在初期，由於初始配額總量設置過於寬鬆和天然氣價格下跌等原因，RGGI 碳市場較為低迷，一級和二級市場交易冷清。但通過 2013年的成功改革，RGGI 自 2014 年開始，一級和二級市場逐步繁榮，主要表現在一級市場配額拍賣價格，以及二級市場配額實物交易價格和期貨價格均呈現不斷上漲的趨勢；一級市場參與主體逐漸增加，二級市場交易規模不斷增大。

多類型的碳金融工具使得 RGGI 碳市場更加多元化，增強了碳市場的流動性，激發了碳市場活力。控排企業除了可以在季度拍賣中夠得配額，也可以在二級市場的期貨交易和實物交易中國獲得配額。因此控排企業可以自身經營狀況隨時對持有的配額進行支配，幫助企業在履約過

---

1   Paul J. Hibbard, Andrea M. Okie, Susan F. Tierney, Pavel G. Darling, "The Economic Impacts of the Regional Greenhouse Gas Initiative on Ten Northeast and Mid-Atlantic States", *Analysis Group*, November 2011.

2   Paul J. Hibbard, Andrea M. Okie, Susan F. Tierney, Pavel G. Darling, "The Economic Impacts of the Regional Greenhouse Gas Initiative on Nine Northeast and Mid-Atlantic States", *Analysis Group*, July 2015.

程中有多種選擇。另外，眾多投資機構的參與，也繁榮了碳市場，一定程度上可以穩定一級市場配額價格的大幅波動，也有助於市場的價格發現。

RGGI 碳市場較好實現了經濟效益和減排效益。RGGI 碳交易市場建立實施以來，成員州在經濟保持一定幅度的增長情況下，發電行業二氧化碳排放量實現了 40% 以上的減排量；RGGI 一級市場配額拍賣收入用於區域內的能源效率提升、清潔和可再生能源使用等項目，使得 RGGI 成員州能源效率處於全美先進水平。此外，RGGI 的投資還拉動了當地的經濟增長和就業。[1]

（三）域內外碳排放權交易市場機制的比較

1. 各交易機制的制度比較

由於香港目前的碳交易實踐僅限於自願減排額度（VER），而非強制性配額，其碳排放權交易市場機制與內地、歐美所施行的強制性減排交易機制存在較大差異，因此本節之比較研究主要圍繞同屬強制性減排交易機制的中國內地、歐盟、美國三地碳排放權交易市場機制展開。

從上表比較可見，EU ETS 和 RGGI 都有具體設定總量控制目標，而域內的試點暫時沒有。配額種類上，域內試點市場除了初次配額還會保留部分配額給新進入者。對於交易機制的覆蓋部門，各交易市場基本集中於工業部門，尤其是電力部門，而 EU ETS 在第二階段加入了航空業。免費配額基本採用基準法和歷史法結合。目前全國市場尚未有拍賣份額，而廣深試點則已經將拍賣作為補充的配額分配方法，EU ETS 在每一階段逐步提供拍賣份額，對於 RGGI，拍賣是主要的分配方式。廣深試點和歐美市場均對於履約的抵消機制有一定的限制。碳交易的交易主體方面，基本上沒有限制，空拍企業和非控排主體均可參與。對於不履約的懲罰措施，域內的試點進行了不同程度的罰款規定。在是否與其

---

1 吳大磊,趙細康,王麗娟.美國區域碳市場的運行績效——以區域溫室氣體減排行動(RGGI)為例[J].生態經濟,2017,33(02):49-53.

項目		廣東省試點	深圳市試點	全國碳排放權交易市場	歐盟	美國 RGGI
時間		2013年12月	2013年6月18日	2021年7月16日	2005年	2009年1月1日
總量設定目標		—	—	—	第二階段：相比於2005年年下降6.5%；第三階段：總量逐年下降1.74%	第一階段減排目標是維持現有排放水平；第二階段每年減排2.5%，4年總計10%
配額種類		免費發放的企業配額（新項目和調整配額）	免費發放給現有控排企業的配額、拍賣配額、新進入者儲備配額、節儲備配額	碳排放配額分配以免費分配為主，可以根據國家有關規定適時引入有償分配	首次配額、新進入者配額（NER）	拍賣配額、固定年出售配額、州賬戶配額
配額分配	覆蓋範圍	電力、鋼鐵、石化、水泥（二氧化碳年排放量≥2萬噸）	工業（年排放5000噸以上）公共建築（2萬平方米以上）機關建築（1萬平方米以上）	屬全國碳排放權交易市場覆蓋行業；或年度溫室氣體排放量達到2.6萬噸二氧化碳當量。	第一階段：電力和熱力、水泥、其餘12個行業；第二階段：加入航空業和硝酸的一氧化二氮	只選擇電力部門參與減排，涵蓋了區域內200多個裝機容量超過25MW的火力發電設施
	免費配額分配方法	基準法歷史法	基準法歷史法	基準法	第一、二階段：祖父法；第三階段：基準法、祖父	—
	配額拍賣情況	拍賣用作補充的配額分配手段	拍賣僅用作完成約期配額清繳方法一種補充方法	—	第二階段：拍賣配額佔總量8%；第三階段：2013年拍賣配額額量達到總量的40%	拍賣是RGGI的主要分配方式

項目	廣東省試點	深圳市試點	全國碳排放權交易市場	歐盟	美國 RGGI
履約週期	一年	一年	一年	一年	三年
抵消機制	小於等於年度排放量的10%	小於等於年度碳排放量的10%	—	第一階段：不限制抵消 第二、三階段：需批准；限制來源	抵銷項目的配額總量一般不超過3.3%，且只局限於美國本土
交易平臺	廣州碳排放權交易所	深圳排放權交易所	上海環境能源交易所股份有限公司負責交易管理	歐盟能源交易所（EEX）、歐盟氣候交易所（ECX）	RGGI COATS 和美國洲際交易所（ICE）
配額交易 交易種類	初始分配額，CCER，碳普惠核證減排量（PHCER）	初始分配額，CCER	碳排放配額，經國務院批准的其他交易產品		配額實物交易，金融衍生品
交易主體	控排企業、投資機構和其他法人、個人	控排企業、其他未納入企業、個人和投資機構	重點排放單位以及符合國家有關交易規則的其他機構和個人	—	控排企業與非控排主體
交易方式	公開競價和協議轉讓	現貨交易、電子拍賣、定價點選、大宗交易、協議轉讓	協議轉讓、單向競價	—	現貨交易、金融衍生品交易

續表

項目	廣東省試點	深圳市試點	全國碳排放權交易市場	歐盟	美國 RGGI
市場風險管理 — 不履約懲罰	從第二年的初始配額中扣除超額排放量的兩倍，並處罰款	必須補交等於超額排放量的配額；繳納等於碳市場平均價格三倍乘以超額排放量的罰款	責令改正，罰款；逾期未改正的，於下一年度碳排放配額時，核減未足額清繳部分	罰款	—
與其他區域 ETS 的鏈接	—	—	—	EEA 國家（挪威、愛爾蘭、列支敦士登）	哥倫比亞特區、新不倫瑞克省、其他加拿大東部省

（來源：根據公開資料整理）

他區域 ETS 建立鏈接方面，EU ETS 和 RGGI 有一定的安排或計劃。

2. 域外碳交易機制對大灣區的啟發

EU ETS、RGGI 與內地試點排放交易體系之間的存在相似性，也有顯著差異。而其他域外 ETS 的建立也基於其政治，經濟和體制背景。盲目模仿會不適應本土情況，進而導致 ETS 的失敗和大量人力和資源的損失。因此必須考慮當地情況並從國際 ETS 的經驗中學習。

全國碳市場建立背景下，如何將試點市場進行取代或與之銜接是棘手的問題。我國區域發展不平衡，東南沿海經濟發達地區如與西北部地區處於同一碳交易市場，不利於碳價的提升，對經濟欠發達地區的產業也不公平。各地碳排放試點的規則，配額發放、核查、報告等相關管理都存在不一致性。特別是配額的發放依據方法和核查的方法，這將導致配額的價值區別較大。而大灣區先行統一碳市場，既能為其他試點地區納入全國碳市場進行統一先行試錯，也可以避免區域間發展不平衡導致的碳價低迷與不公平。

對於在試點區域內，通過購買或者自身節能減排所剩餘的碳配額該如何處置存在一定的不確定性和風險性。這將是試點區域內的控排企業急需要關注和解決的問題。特別廣東碳排放市場建設中，初期在試點碳市場建設中大力提倡碳配額交易時，部分控排企業響應號召積極參與市場交易，交易碳配額價格較高，資金投入較大，轉換為全國碳市場後壓力較大。[1]

全國碳市場的標準較低，大灣區可以先行發展，以初始分配為例，碳市場建立初期以免費為主是為了減少推行碳交易制度建立的阻力，對參與國際競爭的本土企業在一定時期內提供支持和保護。免費分配以祖父分配法為主，因為基準分配法需要大量基礎數據支持，而在初始階段難以獲得全面有效的數據計算出有效的基準值。但隨著交易制度逐步建

1　《全國碳市場建設過程面對的挑戰與存在的問題》，網頁文章。

立，免費分配要轉換到基準分配為主，以激勵企業採用節能減排技術，加大減排力度。固定價格出售，簡單易行，但對價格確定有很高的要求，需要建立複雜的經濟環境模型進行計算，考慮的參數眾多且參數值難以確定。

從長期來看，免費分配總體上降低了企業的生產能力，且在一定程度上妨礙競爭，理論分析和各國的經驗也都指出拍賣是初始分配的主要發展趨勢。[1] 廣東碳交易試點自 2014 年就開始拍賣，2015 年拍賣比例就到 10% 了。

粵港澳大灣區存在著三種法律制度，目前國際上存在的國家 / 地區的碳市場鏈接，將是重要的參考。目前，碳市場主要可以分為 2 種鏈接模式：以傘形鏈接合作和平行鏈接合作。傘形對接合作模式下，多個區域實行統一的碳排放交易法律制度，無論是否採用統一的碳排放配額和信用，統一的交易制度都能確保各個區域交易配額的同質性，同時各自保留了自身的部分立法權限，如涵蓋部門等。[2] 歐盟與挪威、冰島和列支敦士登的對接屬傘形鏈接合作模式。歐盟認為促進不同國家或地區之間碳交易市場的對接合作是構建全球碳交易市場的關鍵步驟，[3] 因此歐盟在碳交易市場構建初期就制定了針對對接合作的指令，對於合作的要求及如何進行對接合作進行詳細規定。[4] 碳交易市場的對接機制有利於平衡雙方的產業競爭，對歐盟關注的碳洩漏問題也有一定幫助。

平行鏈接合作模式下雙方處於不同的交易體系，在減排成本和制度設計等方面都存在諸多差異；該模式要求在配額分配、監測核查規則、

1　馬曉明,計軍平.碳排放與碳金融[M].北京:科學出版社, 2018:200.

2　魏慶坡.碳交易市場跨國合作法律問題研究[M].北京:對外經濟貿易大學出版社, 2019:63.

3　Ellerman, Danny A, Frank J. Convey, *Christian de Perthuis. Pricing Carbon: The European Union Emissions Trading Scheme*, Cambridge: Cambridge University Press, 2010, p. 54.

4　Directive 2003/87/EC of the European Parliament and of the Council establishing a scheme for greenhouse gas emission allowance trading within the Community and amending Council Directive 96/61/EC, (13/10/2003), article 15, article 30. Directive 2004/101/EC of the European Parliament and of the Council amending Directive 2003/87/EC establishing a scheme for greenhouse gas emission allowance trading within the Community, in respect of the Kyoto Protocol's project mechanisms, (27/10/2004), p. 3.

價格控制措施以及抵消規則等方面具備較大兼容性。[1] 美國加州與加拿大魁北克、歐盟與瑞士以及目前已經取消的歐盟與澳大利亞的對接屬平行鏈接合作。

三、粵港澳碳排放權交易制度協同展望

（一）碳市場協同可能遇到的問題

對目前發展較成熟的域外區域碳市場 EU ETS 以及美國 RGGI 分析後，大灣區碳市場建立過程中應當注意以下問題：

1. 配額過剩：建立儲存機制

EU ETS 與 RGGI 都遇到過配額過剩、供大於求的問題。在高峰期，歐盟碳排放交易體系過剩的配額量超過 20 億的配額單位（相當於 EU ETS 一年排放量）。主要原因是在 2008 年到 2012 年的第二個交易階段，所有的工業設施部門都以歷史排放量為基礎獲得了免費的碳排放配額。雖然 2008 年以後全球經濟衰退，工業設施的排放量銳減，但它們還是根據經濟較好時期的歷史水平獲得配額，因此導致大量剩餘。[2] 過量配額紛紛出售，導致交易價格迅速下滑。配額過剩另一個原因是，歐盟碳排放交易體系內國際信用（International Credits）的使用，[3] 當前信用使用已經取消。

（1）EU ETS：市場穩定儲備機制（Market Stability Reserve, MSR）

為了解決配額大量過剩問題，歐盟委員會先是把 2012-2014 年間 9 億配額單位的拍賣推遲到了 2019 年。但這一措施效果有限。2015 年，歐盟提出從 2019 年開始實施市場穩定儲備機制（Market Stability

---

1　魏慶坡.碳交易市場跨國合作法律問題研究[M].北京:對外經濟貿易大學出版社, 2019:70.

2　European Commission, "The State of the European Carbon Market in 2012", COM(2012), 652 final, p. 5.

3　European Commission, "The State of the European Carbon Market in 2012", COM(2012), 652 final, p. 5.

Reserve, MSR），並將除去 12% 的過剩配額，將其納入 MSR 備中。[1]MSR
持續從市場撤回配額比例，直至流通中配額總數維持在 8.33 億配額單
位。[2]MSR 中配額的消除對未來減少大量過剩配額至關重要，2024 年之
後，逐漸消除的配額將會減少歐盟碳排放交易體系內部允許的總排放
量。MSR 有助於在 EU ETS 內部創造更強的價格信號。[3]

（2）RGGI：成本控制儲備機制（cost containment reserve,
CCR）

RGGI 在最初幾年的運轉中遭遇碳排放配額嚴重供大於求的情況，
因此採用了減少配額總量、延長臨時控制期、改變成本控制機制、調整
碳排放抵消項目類別、更動保留價格規則等革新舉措。從革新之後的
數次拍賣就公共看，RGGI 革新卓有成效。為穩定一級碳市場，RGGI
設置了成本控制儲備機制（cost containment reserve, CCR），即當一級
市場配額拍賣價格高於某個閾值時（2014 年為 4 美元，以後每年增長
25%），RGGI 將把一定數量 CCR 投放到一級市場中來穩定碳價。截止
目前，RGGI 一級市場共出現兩次觸發 CCR 價格閾值的事件。

RGGI 在 2013 年出臺的包括配額總量消減在內的系列舉措取得了
成功，極大地改善了配額的市場供求關係，增強了碳配額的市場稀缺
性，配額價格逐步回升。從第 19 次拍賣開始（RGGI 宣佈配額總量削
減方案之後一次的拍賣），碳配額價格持續走高，在第 24 次拍賣中，
RGGI 的碳配額價格首次突破 5 美元；並在其後的第 29 次和 30 次拍賣
中連續突破 6 美元和 7 美元。

大灣區碳市場應對初期可能出現的配額供大於求以及碳價較低的情
形進行預防，採取配額儲存機制或價格底線控制。

---

1   Decision (EU) 2015/1814 of the European Parliament and of the Council of 6th October 2015 concerning
     the establishment and operation of a market stability reserve for the Union greenhouse gas emission trad-
     ing scheme and amending Directive 2003/87/EC [2015] OJ L264/1 (MSR Decision)
2   MSR Decision, (1).
3   同上。

2. 水床效應：與其他低碳政策協同

歐盟在 ETS 之外，還有其他的政策指令來改善氣候變化，雖然這些政策、機制單獨來看每一個都將會促進減緩氣候變暖，但是當兩個或兩個以上的政策同時實行，則可能會導致總體效用降低。

Stefano 等人對於 EU ETS 及相關政策（companion policies，廣義上包括排放效率標準，創新補貼和可再生能源科技應用補貼，能源稅以及碳稅，還有對污染設施的強制關停等）[1] 之間的相互影響進行分析，發現當 ETS 與相關政策比如 Effort Sharing Decision，[2] 以及 2020 Climate and Energy Package（C&EP）[3] 不協同，會導致 "水床效應"，指相關政策減少了排放量，導致配額過量供應，這部分多出的配額將會被那些大型高排放實體吸收，因為對其而言更多的排放以及更多的購買配額因為相關政策的作用變得更加便利。這就導致最終相關政策的效果，被 EU ETS 稀釋。如果不根據相關政策減少的排放自動調整，這種水床效應，會出現在任何包含有 EU ETS 的政策組合裡。除此之外，第四階段，成員國可以在因為額外國家措施而導致電力系統關閉的情況下，自願從拍賣量中取消配額。如此在這種重大而特殊的情況下，水床效應可以被完美解決。

政策協同十分重要，比如在 EU ETS 前兩個交易期，電力部門的減排是通過相關政策，而非碳價實現的，減排成本遠高於同期碳價。

大灣區應對各項減排政策進行梳理調整，避免水床效應。就我國各試點碳市場而言，因為配額不會根據對企業排放率有直接或間接影響的相關政策自動調整，在間接影響的情況下，還是會產生水床效應。比如，二氧化碳間接排放者電網運營商以及大型用電企業的配額是根據預

1　Verde S. F., Galdi G, Alloisio I, Borghesi Simone, "The EU ETS and its companion policies: any insight for China's ETS?", *Environment and Development Economics*, 2021, 26(03): 1-19.

2　該決定主要針對不被ETS覆蓋的行業，對不同發展水平的國家要求不一，最富裕國家需要在非ETS領域減少20%的碳排放，最不富裕國家需要在非ETS領域將碳排放增長控制在20%以內。

3　2009年通過，其中一個目標是在2020年，將能源消耗中可再生能源（RES）的比例提升到20%。在2018年，歐盟總能量消耗中RES比例增長到18%，有12個國家已經實現了其目標（EEA，2019）。

先確定的基準確定，事實上 RES 電力的發展減少了這些主體的間接碳排放量，但是如基準沒有相應調整，則會產生水床效應。因此相關政策環境上並不有效，而且會壓低碳價。

我國碳交易與節能政策之間也存在水床效應。我國 ETS 覆蓋企業與節能政策下的企業非常相似，這兩項措施密切相關，因為節能政策有助於解決能源消耗從而降低碳排放，而 ETS 最初也是針對化石燃料消耗產生的碳排放。碳交易制度與節能政策也存在很大差異：① 節能政策沒有對影響二氧化碳排放量的不同能源類型進行區分。② 某些企業可以通過購買配額來履行其減排義務，但是在節能政策則不考慮交易。③ ETS 下將建立嚴格的 MRV 系統，對數據質量有保證，而在節能政策下，數據核查比較鬆散。這種水床效應的後果是投資節能技術，企業不僅可以獲得政府財政補貼，還可以履行 ETS 下的義務，從而導致雙重補貼或過度補貼。由於這兩項措施分別由不同的中央政府部門提出，缺乏必要協調。而在省級層面，因為北京市的節能和 ETS 都由同一個部門（北京市發改委的同一個部門）負責，所以允許把節能的財政補貼轉化成碳減排，從而可以用於抵消企業在 ETS 下的排放。而在其他省份，比如廣東省、湖北省，由不同部門負責，它們之間缺乏協調，政策也沒有實現協同。[1]

就大灣區碳市場而言，協同發展不僅體現在各地之間的協同，更需要各項政策之間避免水床效應，以發揮政策集合的最大經濟效益和生態效益。

3. 碳洩漏：產業保護

由不同程度的氣候緩解嚴格性引起的僅溫室氣體排放地的變化（因

---

1 Maosheng Duan, Zhiyu Tian, Yongqiang Zhao, Mengyu Li, "Interactions and coordination between carbon emissions trading and other direct carbon mitigation policies in China", *Energy Research & Social Science*, 2017, 33: 59-69.

此對氣候沒有影響）被稱為碳洩漏。[1] 碳洩漏會在碳交易市場上損害企業的競爭力，同時也影響應對氣候變化的效率。雖然目前沒有試驗證據表明 ETS 一定會影響企業競爭力和造成碳洩漏，但是這些數據基本上基於過去碳價比較低的時候，而在未來，為了有效發揮碳交易市場的作用，碳價提高是必然趨勢，可能引發碳洩漏的風險。[2]

歐盟對於預防碳洩漏採取的措施是把一些企業識別為具有碳洩漏風險，對其進行免費發放配額。EU ETS 建立了免費配額機制，以保護符合定義的具有碳洩漏風險的燃料。針對與非歐盟國家貿易（進口和出口）強度超過 10% 的行業，以及直接和間接額外費用之和至少為 30%，或非歐盟貿易強度超過 30%。但是這造成了能源密集型行業實際獲得了超出所需排放量的許可證。在 2008 到 2015 年期間，這使得 EU ETS 中的重工業賺了 250 億歐元。[3] 行業能夠通過兩種機制獲利（windfall），第一是出售多出的排放許可證，第二是讓客戶為免費獲得的配額支付價格。針對這一問題，歐盟在 2018 年修改了第四階段的碳洩漏行業認定標準，改為：只有與第三國的貿易強度和排放強度的乘積超過 0.2 的行業，將被判定為存在碳洩漏的風險。這一修訂將減輕上述問題。

已有研究針對我國碳市場建模分析發現，在從管制排放源的資本因素到管制排放源的勞動因素的意外轉移支付的過程中很有可能發生市場扭曲和碳洩漏。[4]

大灣區是對外貿易密集的區域，如果市場中碳價過高，可能會導致

1　Verde S. F., "The impact of the EU emissions trading system on competitiveness and carbon leakage: the econometric evidence", *Journal of Economic Surveys*, 2020, 34(2): 320-343.

2　Zhang P., Yin G., Duan M., "Distortion effects of emissions trading system on intra-sector competition and carbon leakage: A case study of China", *Energy Policy*, 2020, 137: 111126. Verde S. F., "The impact of the EU emissions trading system on competitiveness and carbon leakage: the econometric evidence", *Journal of Economic Surveys*, 2020, 34(2): 320-343.

3　Carbon Market Watch, Industry's windfall profits from Europe Carbon Market 2008-2015, Policy briefing, Nov. 2016.

4　Zhang P., Yin G., Duan M., "Distortion effects of emissions trading system on intra-sector competition and carbon leakage: A case study of China", *Energy Policy*, 2020, 137: 111126.

某些能源密集行業碳洩漏。提前為此做準備是必要的。首先要識別出哪些行業是存在碳洩漏風險的，對此應設定比較嚴格的標準。其次也要避免"祖父法"免費發放配額可能造成的使企業不當獲利後果，對免費發放配額的比例進行適當調整。加強與貿易中的非減排國家的合作，使它們也開始對碳排放定價，這將會自動防止碳洩漏。[1]共同實施碳稅與 ETS 也能有效糾正市場扭曲，因為通過碳稅可以對低於碳交易入場門檻的排放源收取環境成本。

（二）協同設想：統一的大灣區碳市場

1. 統一頂層佈局，實現互聯互通

建立粵港澳碳交易統籌機構，由各地政府及交易所代表組成，並由中央政府派代表入駐，對各項工作開展進行統籌。從企業納入門檻、碳排放配額發放與拍賣規則、交易規則、履約週期、獎懲機制各方面各階段形成統一規劃。

研究梳理各地減碳政策，以最大經濟效益建立碳市場。分析存在的碳洩漏行業，並進行配額免費發放或其他補償、預防措施。

深圳碳市場與廣東省碳市場進行傘形對接，實行統一的碳排放交易法律制度，也可採用統一的碳排放配額和信用，統一的交易制度都能確保各個區域交易配額的同質性。香港和澳門可以通過協議加入廣東省碳市場。由四方協商後對大灣區內現存的兩個碳交易規則進行調整和統一，形成廣深兩個碳交易所相同的條件。

香港、澳門經濟體所產生的碳排放總量和獨立運行碳市場所具備的流動性是非常不夠的，可以探索研究將香港和澳門地區的企業納入廣深市場，並由四方共同商討港澳兩地企業的配額發放。

2. 落實監測、報告、核查體系

目前各試點地區尚無完整監測體系，大灣區應當積極探索，建立國

---

1 Rey F., Madiès T., "Addressing the concerns about carbon leakage in the implementation of carbon pricing policies: a focus on the issue of competitiveness", *J. Ind. Bus. Econ.*, 2021, 48: 53-75.

際認可的第三方核查機構，對碳排放的監測、報告、核查進行規範。對監測手段的完善和統一，也是實現我國"30碳達峰·60碳中和"的重要準備工作。同時，提高 MRV 體系的質量，將提升中國綠色債券市場的公信力、透明度和有效性。大灣區應將此作為重要項目進行發展。

對核查機構的管理需進一度規範化。在大灣區碳排放市場的建立後，各類核查將需要跨省跨區域工作，核查人員在語言交流、核查方法、評審依據上都存在不一致性。在灣區碳市場核查中建議所有人員都應取證上崗，定期審核，並設置核查過程的監督機構。

3. 發揮各地優勢，打造多中心碳市場

通過深圳繼續向境外投資者開放大灣區碳市場。我國正在推動允許合格境外投資機構以外匯或人民幣參與內地碳排放權交易。2014 年，深圳成為全國首個向境外投資機構開放的碳市場。截止 2020 年 5 月，境外投資機構累計交易量超過 1000 萬噸，交易額達 2.4 億元，分別佔深圳碳市場現貨交易量的 20% 和交易額的 16%。

發揮香港金融中心優勢，打造對外開放通道，完善香港的碳金融服務和基礎設施，離岸碳市場平臺，推動與國際碳交易市場對接。通過香港建立一個對外開放的通道（Carbon Connect），可以讓外國投資者便利地進入中國內地碳市場進行交易。

內地碳排放權金融衍生品市場的建設仍在探索中，《關於金融支持粵港澳大灣區建設的意見》中提出研究設立廣州期貨交易所，《粵港澳大灣區發展規劃綱要》也提出研究設立以碳排放為首個品種的創新型期貨交易所，目前該期貨交易所已於 2021 年 4 月 19 日揭牌。歐盟的成功經驗表明，發展碳排放權衍生品交易對於節能減排和推動碳市場發展具有重要意義。未來廣州期貨交易所可以在大灣區碳交易市場發揮價格作用，與香港的金融市場形成聯動。

結語

　　粵港澳大灣區的生存與發展離不開環境要素，人類社會的延續亦如此。智慧無邊界，協同治理的理念在實踐中有著諸多應用，雖形態各異，但在諸多層面中或多或少地緩解了人類社會因時空局限性而產生的治理困惑。作為紓緩之道，我們理應對如何有效應用協同治理有著更真實的理解。

　　生態環境的協同治理對於粵港澳大灣區這一特定界域有著尤為重要的意義。三地不同的政治、社會、經濟結構都為驗證協同治理的相關性與有效性提供了重要的實踐場景。如何在中國社會踐成生態文明，粵港澳大灣區的實驗與貢獻不可或缺。它將為中國、包括其他社會的管理者提供寶貴的經驗與教訓，為人類社會應對、解決因自身發展帶來的生態挑戰提供重要的思路。

　　行至今日，人類作為種群生存、延續的慾望從未稍減，實踐此慾望的行為亦愈演愈烈。我們已飽嚐物質文明發展帶來的諸多酸甜苦辣，承載人類慾望的生態系統早已不堪重負。始作俑者應有自覺、自發地理解問題、解決問題的覺悟。如何尋找有效的破解之道，路漫漫其修遠兮，吾將上下而求索。

後記

　　《粵港澳大灣區生態環境協同治理研究》一書終於塵埃落定。本書是南方海洋科技實驗室（珠海）的標誌性成果，意在為粵港澳大灣區踐行生態文明、實現雙碳目標探索可行之路。寫作組成員以中山大學法學院博士研究生及碩士研究生為主，包括梁樹森、程曉婭、楊雷、余聰敏、範小慈、張琳、範瑞盼、董碩語、侯志娟、李雋禹等同學。諸位同學不辭辛勞，數易其稿，為本書的出版奠定了堅實的基礎、

　　本書的醞釀，得益於中山大學法學院黃瑤教授與國家自然資源部海洋戰略研究所所長張海文教授的啟發。兩位學術前輩敏銳地感知到粵港澳大灣區在實現中國海洋戰略中不可或缺的關鍵地位，亦指出環境治理在這一追求中應扮演的重要角色。尋求答案之路不易，在此過程中，寫作組得到了諸多專家、學者、政府工作人員的大力襄助。尤其是中山大學法學院李摯萍教授、郭萍教授、闕占文副教授、陳惠珍副教授諸位同仁，對本書的寫作和出版提出了諸多寶貴的意見。

　　亦要感謝三聯書店（香港）有限公司欣然接納本書稿，編輯展現了極為專業的態度，不厭其煩地推動書稿的修改。本書最終能夠與讀者見面，他們功不可沒。

　　謹以此為記。